“十四五”国家重点图书出版规划项目

列国志

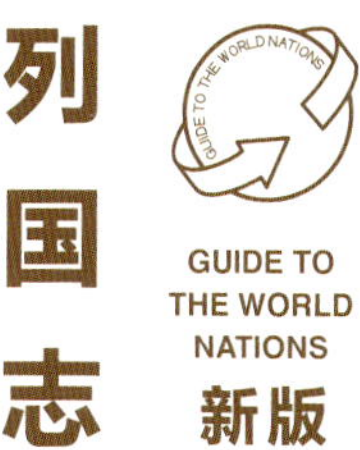

GUIDE TO
THE WORLD
NATIONS
新版

张传红　张宝增
编著

MOZAMBIQUE

莫桑比克

SSAP 社会科学文献出版社
SOCIAL SCIENCES ACADEMIC PRESS (CHINA)

马普托地质博物馆

马普托圣女雕像

莫桑比克国旗

莫桑比克国徽

马普托天主教大教堂

马普托圣安东尼奥教堂

马普托 MASJID TAQWA 清真寺

马普托巴洛克风格教堂

马普托火车站

马普托埃菲尔铁屋

葡萄牙遗址 Vila 村落

马普托渔村谢菲纳岛炮兵阵地遗址

马普托郊外马拉奎内土林

马尼卡山地风光

马普托海湾

马普托 925 大街街景

马普托跨海大桥

克利马内市区鸟瞰

彩插图片均由剑虹拍摄

出版说明

《列国志》编撰出版工作自1999年正式启动，截至目前，已出版144卷，涵盖世界五大洲163个国家和国际组织，成为中国出版史上第一套百科全书式的大型国际知识参考书。该套丛书自出版以来，受到社会各界的广泛好评，被誉为“21世纪的《海国图志》”，中国人了解外部世界的全景式“窗口”。

这项凝聚着近千学人、出版人心血与期盼的工程，前后历时十多年，作为此项工作的组织实施者，我们为这皇皇144卷《列国志》的出版深感欣慰。与此同时，我们也深刻认识到当今国际形势风云变幻，国家发展日新月异，人们了解世界各国最新动态的需要也更为迫切。鉴于此，为使《列国志》丛书能够不断补充最新资料，更好地服务于社会各界，我们决定启动新版《列国志》编撰出版工作。

与已出版的144卷《列国志》相比，新版《列国志》无论是形式还是内容都有新的调整。国际组织卷次将单独作为一个系列编撰出版，原来合并出版的国家将独立成书，而之前尚未出版的国家都将增补齐全。新版《列国志》的封面设计、版面设计更加新颖，力求带给读者更好的阅读享受。内容上的调整主要体现在数据的更新、最新情况的增补以及章节设置的变化等方面，目的在于进一步加强该套丛书将基础研究和应用对策研究相结合，将基础研究成果应用于实践的特色。例如，增加了各国有关资源开发、环境治理的内容；特设“社会”一章，介绍各国的国民生活情况、社会管理经验以及存在的社会问题，等等；增设“大事纪年”，方便读者在短时间内熟悉各国的发展线索；增设“索引”，便于读者根据人名、地名、关键词查找所需相关信息。

顺应时代发展的要求，新版《列国志》将以纸质书为基础，全面整合国别国际问题研究资源，构建列国志数据库。这是《列国志》在新时期发展的一个重大突破，由此形成的国别国际问题研究与知识服务平台，必将更好地服务于中央和地方政府部门应对日益繁杂的国际事务的决策需要，促进国别国际问题研究领域的学术交流，拓宽中国民众的国际视野。

新版《列国志》的编撰出版工作得到了各方的支持：国家主管部门高度重视，将其列入“‘十二五’国家重点图书出版规划项目”；中国社会科学院将其列为创新工程学术出版资助项目，王伟光院长亲自担任编辑委员会主任，指导相关工作的开展；国内各高校和研究机构鼎力相助，国别国际问题研究领域的知名学者相继加入编辑委员会，提供优质的学术指导。相信在各方的通力合作之下，新版《列国志》必将更上一层楼，以崭新的面貌呈现给读者，在中国改革开放的新征程中更好地发挥其作为“知识向导”、“资政参考”和“文化桥梁”的作用！

新版《列国志》编辑委员会

2013 年 9 月

前　言

自1840年前后中国被迫开关、步入世界以来，对外国舆地政情的了解即应时而起。还在第一次鸦片战争期间，受林则徐之托，1842年魏源编撰刊刻了近代中国首部介绍当时世界主要国家舆地政情的大型志书《海国图志》。林、魏之目的是为长期生活在闭关锁国之中、对外部世界知之甚少的国人“睁眼看世界”，提供一部基本的参考资料，尤其是让当时中国的各级统治者知道“天朝上国”之外的天地，学习西方的科学技术，“师夷之长技以制夷”。这部著作，在当时乃至其后相当长一段时间内，产生过巨大影响，对国人了解外部世界起到了积极的作用。

自那时起中国认识世界、融入世界的步伐就再也没有停止过。中华人民共和国成立以后，尤其是1978年改革开放以来，中国更以主动的自信自强的积极姿态，加速融入世界的步伐。与之相适应，不同时期先后出版过相当数量的不同层次的有关国际问题、列国政情、异域风俗等方面的著作，数量之多，可谓浩如烟海。它们对时人了解外部世界起到了积极的作用。

当今世界，资本与现代科技正以前所未有的速度与广度在国际流动和传播，“全球化”浪潮席卷世界各地，极大地影响着世界历史进程，对中国的发展也产生极其深刻的影响。面临不同以往的“大变局”，中国已经并将继续以更开放的姿态、更快的步伐全面步入世界，迎接时代的挑战。不同的是，我们所面临的已不是林则徐、魏源时代要不要“睁眼看世界”、要不要“开放”的问题，而是在新的历史条件下，在新的世界发展大势下，如何更好地步入世界，如何在融入世界的进程中更好地维护民族国家的主权与独立，积极参与国际事务，为维护世界和平，促进世界与人类共同发展做出贡献。这就要求我们对外部世界有比以往更深切、全面的了解，我们只有更全面、更深入地了解世界，才能在更高的层次上融入世界，也才能在融入世界的进程中不迷失方向，保持自我。

与此时代要求相比，已有的种种有关介绍、论述各国史地政情的著述，无论就规模还是内容来看，已远远不能适应我们了解外部世界的要求。人们期盼有更新、更系统、更权威的著作问世。

中国社会科学院作为国家哲学社会科学的最高研究机构和国际问题综合研究中心，有 11 个专门研究国际问题和外国问题的研究所，学科门类齐全，研究力量雄厚，有能力也有责任担当这一重任。早在 20 世纪 90 年代初，中国社会科学院的领导和中国社会科学出版社就提出编撰“简明国际百科全书”的设想。1993 年 3 月 11 日，时任中国社会科学院院长的胡绳先生在科研局的一份报告上批示：“我想，国际片各所可考虑出一套列国志，体例类似几年前出的《简明中国百科全书》，以一国（美、日、英、法等）或几个国家（北欧各国、印支各国）为一册，请考虑可行否。”

中国社会科学院科研局根据胡绳院长的批示，在调查研究的基础上，于 1994 年 2 月 28 日发出《关于编纂〈简明国际百科全书〉和〈列国志〉立项的通报》。《列国志》和《简明国际百科全书》一起被列为中国社会科学院重点项目。按照当时的计划，首先编写《简明国际百科全书》，待这一项目完成后，再着手编写《列国志》。

1998年，率先完成《简明国际百科全书》有关卷编写任务的研究所开始了《列国志》的编写工作。随后，其他研究所也陆续启动这一项目。为了保证《列国志》这套大型丛书的高质量，科研局和社会科学文献出版社于1999年1月27日召开国际学科片各研究所及世界历史研究所负责人会议，讨论了这套大型丛书的编写大纲及基本要求。根据会议精神，科研局随后印发了《关于〈列国志〉编写工作有关事项的通知》，陆续为启动项目拨付研究经费。

为了加强对《列国志》项目编撰出版工作的组织协调，根据时任中国社会科学院院长的李铁映同志的提议，2002年8月，成立了由分管国际学科片的陈佳贵副院长为主任的《列国志》编辑委员会。编委会成员包括国际片各研究所、科研局、研究生院及社会科学文献出版社等部门的主要领导及有关同志。科研局和社会科学文献出版社组成《列国志》项目工作组，社会科学文献出版社成立了《列国志》工作室。同年，《列国志》项目被批准为中国社会科学院重大课题，新闻出版总署将《列国志》项目列入国家重点图书出版计划。

在《列国志》编辑委员会的领导下，《列国志》各承担单位尤其是各位学者加快了编撰进度。作为一项大型研究项目和大型丛书，编委会对《列国志》提出的基本要求是：资料翔实、准确、最新，文笔流畅，学术性和可读性兼备。《列国志》之所以强调学术性，是因为这套丛书不是一般的“手册”“概览”，而是在尽可能吸收前人成果的基础上，体现专家学者们的研究所得和个人见解。正因为如此，《列国志》在强调基本要求的同时，本着文责自负的原则，没有对各卷的具体内容及学术观点强行统一。应当指出，参加这一浩繁工程的，除了中国社会科学院的专业科研人员以外，还有院外的一些在该领域颇有研究的专家学者。

现在凝聚着数百位专家学者心血，共计141卷，涵盖了当今世界151个国家和地区以及数十个主要国际组织的《列国志》丛书，将陆续出版与广大读者见面。我们希望这样一套大型丛书，能为各级干部了解、认识当代世界各国及主要国际组织的情况，了解世界发展趋势，把握时代发展脉络，提供有益的帮助；希望它能成为我国外交外事工作者、国际经贸企业及日渐增多的广大出国公民和旅游者走向世界的忠实“向导”，引领其步入更广阔的世界；希望它在帮助中国人民认识世界的同时，也能够架起世界各国人民认识中国的一座“桥梁”，一座中国走向世界、世界走向中国的“桥梁”。

《列国志》编辑委员会

2003年6月

CONTENTS

目 录

CONTENTS

目 录

CONTENTS
目 录

CONTENTS

目录

CONTENTS
目 录

CONTENTS

目录

CONTENTS

目 录

第一章
概　　览

第一节　国土与人口

一　地理位置

莫桑比克（英语：The Republic of Mozambique；葡萄牙语：A República de Moçambique；全称：莫桑比克共和国）位于非洲东南部，国土面积799380平方公里。莫桑比克南邻南非、斯威士兰，西界津巴布韦、赞比亚、马拉维，北接坦桑尼亚，东濒印度洋，隔莫桑比克海峡与马达加斯加相望。

全国陆地边界线总长4571公里，其中，与相邻的国家共有边界长度分别是马拉维1569公里、南非491公里、斯威士兰105公里、坦桑尼亚756公里、赞比亚419公里、津巴布韦1231公里。

莫桑比克与马达加斯加之间的莫桑比克海峡是世界上最长的海峡，全长1670公里。莫桑比克海岸线长2630公里，沿岸多为沙滩和珊瑚礁。海岸线最南端起自首都马普托（Maputo）所在地德拉果阿湾（Baia Delagoa），国土的最北端和东北角是岩石高耸林立的德尔加杜角（Cabo Delgado）。

二　地形地貌

莫桑比克南北向狭长，总长达1750公里；东西向北宽南窄，北部最宽处达1100公里，而南部最窄处仅几十公里。全国40%左右的国土海拔在200米以下，海拔200米以上的高原、山地约占全国面积的3/5。

莫桑比克的地势从西北向东南倾斜。西北部是高原山地；中部为台地，有岛山散布其间；东南部沿海为平原，呈带状分布，总面积33万平方公里。

莫桑比克西北部地区是宽广的高原和巍峨的山地，南纬17°以北均属此区，高原海拔自西向东倾降，渐至海滨；尤其是邻近赞比亚、马拉维和津巴布韦边界地区多高山。这种地形占全国国土面积的31%。有两块山地海拔最高。一为马拉维高地，位于马拉维湖东岸；另一为奈莫利高地（Namuli Highlands），海拔约2400米。总的来说，赞比西（Zambezi）河北岸的地表比南岸更加崎岖突兀。莫桑比克北部内陆的大部分地区属于莫桑比克高原和马孔德（Makonde）高原，为东非高地的组成部分。其他的高地还有戈龙戈萨高地（Gorongosa）和太特高地。位于马尼卡省与津巴布韦交界的宾加山（Binga），海拔为2436米，是全国最高山峰。其他超过海拔2000米的山脉还有：马尼卡省内的梅苏卢塞罗山（Messurussero），赞比西亚省内的纳穆利山（Namuli）、齐派罗内山脉（Chiperone），太特省内的多姆山（Dome）。这些山脉向莫桑比克北方延伸，一直到马拉维境内，成为希雷高原（Shire）的一部分。另外，纳穆利山实际上是东非大裂谷南端的东沿。

莫桑比克中部台地占国土面积的29%。这种地形包括赞比西河较低的河谷地区和萨韦河（Save）以南直到南非境内的地区。其中包括尼扬贾台地（Nyanja），该台地以北的地区就是全国最高峰宾加山所在地。尼扬贾台地北方是戈龙戈萨高地，是赞比西河与萨韦河的分水岭。在该地形区域也有一些著名的山脉，如林波波山脉（Limpopo）、齐马尼马尼山脉（Chimanimani）等。

南纬17°以南，东南部沿海为宽阔的平原，占国土面积的40%。沿海平原北窄南宽，从北方比较狭窄处10多公里，扩展到南方的300多公里。莫桑比克多沼泽及沙丘，在宽广的平原上，许多河流奔腾而过，并在一些地段形成湖沼；在赞比西河以南的沿海地区还形成了若干沙丘。全国的大型城镇几乎全部位于沿海地势平缓的平原上。

非洲古老的花岗岩基底复合体位于莫桑比克北部和中西部的大部分地区，而南部和中东部地区的土壤则是沉积形成的。莫桑比克的土壤类型多样，北部和中部省份的土壤通常比南部更肥沃，红土含量较高，保水。相比之下，中部地区沿赞比西河三角洲有广阔的冲积土壤。在南部，肥力高的土壤主要集中于萨韦河谷以及林波波河、恩科马蒂河（Incomati）、乌贝尔乌齐河（Umbelúzi）和马普托河流域的冲积地带。

非洲第四大河赞比西河流经莫桑比克，塞纳（Sena）以西为赞比西河的内陆谷地，河道大致为东西向。莫桑比克与马拉维共享马拉维湖、希乌塔湖（Chiuta）和奇尔瓦湖（Chilwa）。赞比西河两岸常年有洪水泛滥及萃萃蝇袭扰，居民不多。北侧的高原为班图人主要放牧区，称安古尼亚高原。赞比西河南部的高地为津巴布韦高地的一部分，称曼尼卡台地，和莫桑比克低地之间有大陡崖。

莫桑比克东部沿海多岛屿、沙滩与海礁围成的潟湖、浅滩和呈带状的海岸岛礁。总的来讲，在莫桑比克城以北，海岸线较平直，多浅滩和小岛，岩石多且陡峭，少海湾，船舶难以停靠；但在莫桑比克城以南，沿岸低平曲折，多港湾和湖沼，有马普托、贝拉、纳卡拉和门巴（Memba）等天然良港。

在众多的沿海岛屿中，不少岛屿吸引着历史学家和旅游者。德尔加杜角省沿海的基利姆巴群岛（Quirimba）由15个大小岛屿组成，其中最著名的是伊博岛（Ibo）。往南在楠普拉省沿海，有莫桑比克岛和安戈谢群岛（Angoche）。在索法拉省南部海湾有希洛阿内岛（Chiloane）。在伊尼扬巴内省沿海有巴扎鲁托岛（Bazaruto），这里旅游业发展迅速。在马普托海湾南部有伊尼亚卡岛（Inhaca）和塞菲纳群岛。

三 气候特征

莫桑比克气候宜人，降雨丰沛。但某些年份也会发生水灾，如1997年和2000年的洪水都造成了严重的灾害。莫桑比克南部地区会定期干旱，有时也会出现长期的干旱。

莫桑比克国土主要位于热带地区，大部分海岸受到印度洋环流的季节性影响。全国主要气候类型为热带气候，尤其以热带草原气候和亚热带气候为主。若更为详细地划分，又可分为北部的热带季风气候区、中部沿海的热带气候区和南部的亚热带气候区。全国各地的气候类型存在差异，干湿季节分明：4～9 月为旱季，气温较低；10 月至次年 3 月为雨季，气温较高。雨季的月平均气温为 27℃～30℃，而同处雨季的内陆高原地区的气温相对要低。旱季的最高气温在每年的 6～7 月，平均气温为 18℃～20℃。年平均气温南方为 22℃，北方为 26℃。但在最炎热的仲夏，马普托、太特省和德尔加杜角省气温可高达 40℃或更高。

全国各地的湿度和降水差异很大。赞比西河北部和希雷河（Shire River）以东的整个地区与南部的沿海平原潮湿而温暖，而南部的内陆地区和希雷河以西的赞比西河谷大部分非常干燥，中南部地区甚至被认为是半干旱地区。整个北部和希雷河以东的中部地区年降水量大，为 1010～1780 毫米；位于贝拉和克利马内周围的高地和沿海地区，年降水量最大，平均超过 1780 毫米。而在希雷河以西的赞比西河谷，年降水量则为 610～810 毫米；在南部，沿海平原的西部，年平均降水量只有 610 毫米左右。正如年降水量数据所示，莫桑比克中西部和南部受到周期性干旱的影响。莫桑比克是全球受极端气候事件影响最严重的国家之一。根据 2021 年全球气候风险指数，莫桑比克在 2000～2019 年排第五位。在应对气候变化中，莫桑比克在最脆弱的国家中排第 38 位，在最没有准备好的国家中排第 13 位。

不规律的降水严重影响农业生产。北部地区有时遭受热带风暴的袭击，农作物深受其害。莫桑比克的农业生产季节分为 11 月至次年 1 月的种植季节和 5 月、6 月的收获季节。气候和地貌差异决定了各地区经济发展水平的不同。在人口最为稠密的中部和北部地区，降水更为丰沛，规律较明显。与此形成鲜明对比的是，南方地区地势更为平坦，也较容易遭受干旱。

四 河流与湖泊

莫桑比克水资源丰富，全国的河流和湖泊面积约占全国总面积的13%。西高东低的地势特征决定了莫桑比克的河流全部由西向东流入印度洋。莫桑比克位于南部非洲几条主要的国际河流的下游，与莫桑比克相邻的内陆国家的河流都通过这些河流汇入印度洋。全国水系密集，共有100多条大小河流，分别在入海口形成大小不等的海湾。其中较为重要的河流有25条，大多发源于邻国。

莫桑比克比较重要的河流从北向南分别是鲁伍马河、梅萨洛河、卢里奥河、利孔戈河（Licongo）、赞比西河、蓬圭河（Pungoe）、布济河（Buzi）、萨韦河、林波波河、恩科马蒂河、乌贝尔乌齐河和马普托河等。除梅萨洛河、卢里奥河和利孔戈河以外，其他河流均流经邻国。其中，主要河流在莫桑比克境内的长度分别是赞比西河819公里、鲁伍马河650公里、卢里奥河605公里、梅萨洛河530公里、利孔戈河336公里、萨韦河330公里、蓬圭河332公里、布济河320公里、马普托河150公里。另外，卢任达河（Lugenda）、利戈尼亚河（Ligonha）、恩科马蒂河和尚加内河（Changane）也是莫桑比克境内的重要河流。这些河流中，鲁伍马河是莫桑比克和坦桑尼亚的界河；赞比西河位于莫桑比克的中部，是境内流量最大和历史上最具影响的河流。赞比西河、林波波河等大河均自西向东注入印度洋。

赞比西河穿越8个国家，为非洲第四大河流。赞比西河途中汇集了卢安瓜河（Luangua）、希雷河等多条重要支流。其中从太特市到河口，大型船只可航行的河段有460公里。历史上，赞比西河曾是从非洲东海岸进入非洲内陆地区的主要通道之一，最远可达安哥拉东部地区。萨韦河和林波波河位于莫桑比克的南部地区。马普托河构成了莫桑比克与南非的部分边界。此外，马拉维湖通往外界的唯一河流希雷河构成了莫桑比克同马拉维的一段边境后，在莫桑比克境内注入赞比西河。

莫桑比克大多数河流的流量同季节变化密切相关，一些河流在旱季流量锐减，有的甚至断流。但不少河流在奔向印度洋的过程中，汇集了众多的支流，水量丰富。这些河流在穿越高地与平原之间的断崖时水流湍急，咆哮轰鸣而下，形成了飞流直下的壮丽景观。从北方马拉维湖附近的科布埃瀑布（Cobue）到南方邻近莫桑比克与斯威士兰边界纳马阿沙（Namaacha）的尹帕马普托瀑布（Impamaputo），存在着不少壮丽的瀑布。由于境内多暴雨，为了蓄水截流，莫桑比克建有不少的水坝。这在萨韦河以南降雨相对稀少的地区更为普遍。

莫桑比克全国大约有1300个湖泊和水库，其中主要的有卡奥拉巴萨水库、马拉维湖和奇尔瓦湖。其中，后两个湖泊是马拉维和莫桑比克的界湖。在宾加山附近靠近津巴布韦边境处，是奥利维拉·萨拉扎湖（Antonio de Oliweiira Salazar）。许多水鸟在湖的沼岸繁衍生息。马拉维湖是东非大裂谷范围内大湖区最南端的大湖，其最深的部分位于东岸莫桑比克境内，湖内生活着多种热带淡水鱼。

五　行政区划

莫桑比克全国行政区划为省、市、县。现有10个省、1个直辖市、52个市、144个县。其中，10个省为太特省（Tete）、楠普拉省（Nampula）、赞比西亚省（Zambezia）、索法拉省（Sofala）、德尔加杜角省（Cabo Delgado）、尼亚萨省（Niassa）、加扎省（Gaza）、马普托省（Maputo）、马尼卡省（Manica）、伊尼扬巴内省（Inhambane）。直辖市为马普托（Maputo）。

全国主要城市有首都马普托及贝拉（Beira）、楠普拉（Nampula）等。马普托被誉为“腰果之乡”，是全国政治中心、经济中心、文化中心和交通枢纽，是非洲最大的港口之一。马普托拥有精美的殖民时期建筑、迷人的自然环境以及深水港口。贝拉港是全国第二大港。

六　人口与民族

1. 人口构成

1975年独立以后，莫桑比克在1980年进行了历史上第一次全国人口普查。当时公布的全国人口总数为1213万人，年均增长率为2.7%。但受内战和自然灾害的影响，20世纪80年代后半期人口增长缓慢。1992年和平协议签署以后，全国人口增长速度明显加快。此外，内战结束以后，全国还有上百万难民回国定居。

莫桑比克总人口数变化明显，增长很快。1950 年为 650 万人，1960 年为 760 万人，1970 年为 940 万人，1980 年为 1213 万人，1997 年为 1610 万人。2007 年达到 2050 万人，其中，女性 1070 万人，男性 980 万人。2009 年人口达到 2240 万人。2018 年增长到 2949.5 万人，其中，男性占 48.52%，女性占 51.48%。男女比约为 0.94，出生性别比为 1.03（男性/女性），25 岁以下的人口占总人口的 66%。

根据 2018 年的数据，每名莫桑比克妇女平均生育 5 个子女，农村地区妇女一生平均生育 6 个子女，而在城市地区这一数据则为 5 个。各省之间也存在着极大差异。西北部的尼亚萨省妇女的生育率最高，一生平均生育 7 个子女；中部和北部省份妇女平均生育超过 6 个子女；但在南部 3 个省以及直辖市等具有较好教育条件的地区，妇女的生育率明显下降，伊尼扬巴内省为 5 个子女，加扎省为 5 个子女，马普托省为 5 个子女，马普托市为 4 个子女。

2015 年莫桑比克人的预期寿命为 57.6 岁，其中女性为 59.4 岁，男性为 55.7 岁。2018 年莫桑比克人的预期寿命为 58.9 岁，与世界上大多数国家相比，这个数字还相当低；但与 1980 年第一次人口普查的 38.7 岁相比，已经有了显著改善。莫桑比克的儿童死亡率相当高。根据联合国儿童基金会（UNICEF）的数据，2018 年莫桑比克 5 岁以下儿童的死亡率为 75.6‰，而 1999 年这一数据为 180.5‰。

据联合国开发计划署（UNDP）数据，2018 年莫桑比克的预期受教育年限为 9.7 年，平均受教育年限为 3.5 年。而 2010 年，莫桑比克的预期受教育年限为 8.2 年，平均受教育年限为 1.2 年。莫桑比克的教育普及工作在逐步地开展，可以预见这一状况会得到明显的改善。

2018 年，莫桑比克全国 64% 的人口居住在农村地区，36% 的人口生活在城市或城镇地区。在 2017 年人口普查统计中，全国共有城市或城镇居住区 91 个。在职业分布方面，绝大多数人口在第一产业部门就业。按统计，2018 年莫桑比克 15 岁及以上的人口为 1638 万人，占总人口的

55.53%。其中71.8%的人被确认为具有经济活动能力，28.2%的人因为从事家务、上学、伤残或退休而被划为不具备经济活动能力人口。在具有经济活动能力的人口中，74.4%的人在农业部门就业，在工业和制造业部门工作的人数只占3.9%，服务业吸引就业人数比例为21.7%。1990～2018年部分年份莫桑比克人口情况见表1－1。

表1－1 1990～2018年部分年份莫桑比克人口情况

单位：万人

	1990年	2000年	2010年	2013年	2018年
男性人口	648.5	878.7	1176.9	1263.0	1431.2
女性人口	708.1	948.9	1228.8	1320.3	1518.3
总计	1356.6	1827.6	2405.7	2583.3	2949.5

资料来源：莫桑比克政府网站。

整体来看，目前莫桑比克的劳动力就业面临着巨大的转型压力。大部分劳动力在非正式经济部门工作，生产效率低下和工资水平低是这些非正式经济部门的典型特征。解决每年新进入劳动力市场的人员的就业问题是莫桑比克经济实现包容性增长的关键。

人口分布不均的状况多年来一直没有发生大的变化。按照2018年的人口统计，全国平均人口密度为每平方公里38.15人。南部马普托市、北部沿海地区和赞比西河流域人口稠密，内陆地区的林波波河中游地区、尼亚萨高原、索法拉山地因气候干燥和生活条件艰苦而人烟稀少。

值得注意的是，在预计莫桑比克每年的人口变化时，想要较准确地估算全国的人口，就要考虑艾滋病的泛滥而导致高死亡率这一因素。受艾滋病的影响，人口预期寿命会缩短，婴儿死亡率和总人口的死亡率也会升高，因而造成人口增长率降低，进而造成实际人口在年龄和性别方面的分布状况与预期结果产生出入。

2. 民族

莫桑比克是个多民族国家，全国有60多个族体。在语言学上，非洲族体大多拥有各自的族体语言，均属尼日尔－科尔多凡语系尼日尔－刚果语族贝努埃-刚果语支，即一般而言的班图语系。主要民族有马夸-洛姆埃族（约占总人口的40%）、绍纳-卡兰加族、尚加纳族、佐加族、马拉维-尼扬贾族、马孔德族和尧族等。马夸人（Makua）、马孔德人（Makonde）和尧人（Yao）目前主要居住于赞比西河以北；萨韦河以南有聪加人（Tsonga），他们是南非矿工的主要来源；在萨韦河与赞比西河之间的地区居住着绍纳人（Shona）。

（1）马夸人

亦称“瓦马夸人”“马夸-隆韦人”“瓦夸人”“马科阿人”“马科内人”，族体主体在莫桑比克，为境内第一大族体。1985年人口约520万人，占全国总人口的52%；1993年约936万人，占全国总人口的60%。2013年，人口达到2450万人。主要分布在北部的卢仁达河以南至赞比西河下游之间的广大地区。该族于5~9世纪从北方迁至现在的地区，包括马夸本支、隆韦人（Lomwe）、楚瓦博人（Chuabo，亦称奇瓦博）、洛洛人（Lolo）、马托人（Mato）等支系。其中，隆韦人最多，聚居在卢里奥河以南地区。该族体操马夸语、隆韦语和楚瓦博语等。沿海居民多信仰伊斯兰教（属逊尼派）或天主教；内陆居民多保持传统信仰，崇拜祖灵和自然神灵，信巫医巫术。生产活动以种植业为主，种植玉米、高粱、薯类和豆类作物，经济作物有腰果、茶叶、甘蔗、剑麻和椰子等。此外，内陆的马夸人还从事畜牧业和制陶业，沿海地区的人也从事渔业、手工业和贸易活动。手工艺发达，以银质首饰加工、木刻、椰纤维编织而闻名。不少人在种植场和工矿区做季节工，人口流动性颇大。

（2）聪加人

亦称“巴聪加人”“尚加纳-通加人”“通加人”等。族体集中分布在萨韦河以南地区，于10世纪前后从西方迁来，是莫桑比克第二大族体，20世纪晚期人口约为460万人。该族体包括聪加人本支、比拉人（Bila）、琼加人（Jonga）、隆加人（Ronga，亦译为巴隆加人）、乔皮人（Chopi）、茨瓦人（Tswa）、赫瓜隆古人（Ngualungu）等支系，另一特殊支系“尚加人”（Thonga）居住在南非境内。所操语言有聪加语、茨瓦语、隆加语和乔皮语等。聪加人与绍纳人的社会文化相近，多保持传统信仰，约1/3

的居民信仰基督教。传统社会还行服役婚，多从父或与甥舅同居。主要从事种植业，种植玉米、高粱、薯类，亦从事畜牧业和渔业，饲养牛羊和家禽。手工艺发达，以木刻、编制黑红色席子而闻名。有不少人在南非种植园和工矿企业做工谋生。

（3）马拉维人（Malawi）

亦称“马拉维－尼扬贾人”，族体主体聚居于马拉维，是莫桑比克境内的第三大族体。1985 年莫桑比克境内该族人口为 170 万人，约占全国人口的 12.1%；1993 年约 187 万人，占 12%。2020 年，人口达 1916 万人。主要分布在与马拉维、赞比亚交界的接近马拉维湖的西北部地区。该族体于 9 世纪以前从北方迁来，有尼扬贾人（Nyanja）、孔达人（Kunda，奇孔达人）、切瓦人（Chewa）、塞纳人（Sena）等支系。该族操奇尼扬贾语（Cinyanja）、塞纳语和恩仰圭语（Nyungwe）。部分人保持万物有灵的传统信仰，部分人信仰天主教或基督新教，一些支系如切瓦人则信仰伊斯兰教。主要从事种植业，种植玉米、高粱、木薯、花生、烟草和棉花，也有人从事畜牧业和渔业。不少人到赞比亚和津巴布韦的矿区做季节工，或到种植园和城市做工谋生。手工艺发达，以木雕、编织闻名。

（4）绍纳人

亦称“马绍纳人”“绍纳－卡兰加人”，族体主体居住在津巴布韦，在莫桑比克境内主要分布在赞比西河与萨韦河之间的地区，为莫桑比克第四大族体。绍纳人与聪加人的血缘和文化相近，除本支外还有卡兰加人（Karanga）、卡朗加人（Kalanga）、泽祖鲁人（Zezulu）、塔瓦拉人（Tawara）、马尼卡人（Manika）、恩达乌人（Ndau）等支系。莫桑比克境内的绍纳人以卡兰加人为核心，处于融合过程之中。南部非洲地区的各支绍纳人具有相同的历史。“绍纳”一词是 19 世纪 20 年代进入绍纳人地区的马塔贝莱人对当地族群的称呼。此前绍纳人各部族都操绍纳语，但没有统一的“绍纳人”这一称谓。所操绍纳语、恩达乌语和塔瓦拉语，均属东南班图语群。另外，多数绍纳人会讲尚加语，不少人还使用葡萄牙语。由于缺乏耕地和连年干旱，多数绍纳人到种植园做工，也有不少人到津巴布韦和南非工矿企业做季节工以弥补收入不足。婚姻习俗是一夫多妻制，从妻居。在宗教信仰方面，大部分人保持万物有灵的传统信仰，部分人信仰基督教。绍纳人手工艺发达，以铁铜加工、皮革制作、木刻而为世人所知，拥有丰富的音乐、舞蹈和口头文学作品。

（5）尧人

亦称“瓦尧人”“阿查瓦人”“阿贾瓦人”“穆贾诺人”，族体主体居住在马拉维境内，是莫桑比克境内第五大族体。主要分布在马拉维湖东部及卢达仁河上游与坦桑尼亚和马拉维毗邻的人口稀少地区。该族体还有马卡勒人（Makale）、马萨金加人（Massaninga）、曼琼吉人（Machinga）等支系。该族于10世纪以前从北方迁来，组成大村落定居。尧语为其通用语言，部分人会斯瓦希里语。多信仰逊尼派伊斯兰教，一部分人信仰基督教或保持崇拜祖先神灵等传统信仰。男子多行割礼。主要从事种植业和肉牛饲养业，也从事渔业。中世纪曾参与奴隶贸易，为莫桑比克北部地区的主要掠奴者，也是内陆与沿海地区奴隶贸易的中介。20世纪初至60年代受法、英、葡殖民者的统治。擅长贸易，所在地区贸易发达，不少人从事长途贸易。有些人在种植园或城市做工。手工艺发达，以铁加工和椰纤维编织而闻名。

（6）斯瓦希里人（Swahili）

自称“瓦斯瓦希里人”，东非沿海及大湖地区内陆的跨界族体之一。该族体的族源成分十分复杂，主要是由长期在该地区开展贸易的族群杂合而成，属黑白混血种的埃塞俄比亚人种。“斯瓦希里”系阿拉伯语词，意即“沿岸居民”，是12世纪前后形成的共同称谓。其共同语言为“基斯瓦希里”语，为班图语群的东北分支，是目前东非地区的通用语言。斯瓦希里人受阿拉伯文化影响甚深，多信仰逊尼派伊斯兰教。男子行割礼。主要从事种植业，渔业亦发达，过去的经济活动主要是海上贸易。手工艺发达，以石刻、木刻和象牙雕刻、金银首饰加工而闻名。近代以来，莫桑比克的不少斯瓦希里人定居城市，从事手工业和经商，在城市经济中占有一定地位。

（7）马孔德人

亦称“瓦马孔德人”“孔德人”“瓦孔德人”，族体的主体居住在坦桑尼亚东南部地区，在莫桑比克境内主要分布在东北部与坦桑尼亚交界的地区。该族体还有马坦布韦人（Mtambwe）和马维亚人等支系。操马孔德语，无文字，还通用斯瓦希里语。宗教方面大多保持传统信仰，部分人信仰基督教或伊斯兰教。主要从事种植业，种植玉米、高粱和木薯，善于种植剑麻。不少人在剑麻种植场和沿海城市做工。在反对葡萄牙殖民统治斗争中，从20世纪60年代开始，积极参加莫桑比克解放阵线（简称“莫解阵”）领导的民族解放游击战争。马孔德人能歌善舞，精于手工艺，其乌木雕刻艺术闻名于世。

（8）恩戈尼人（Ngoni）

族体主体主要分布在马拉维。在莫桑比克境内主要生活在西北部与马拉维接壤的高原山丘地区。19世纪初自瓦尔河谷北部迁移至此。生产和生活以在高原山丘地带牧牛为主，也少事种植业。受马拉维人文化影响已失去自己的语言，多操切瓦语（Chewa）或奇尼扬贾语。大多保持传统信仰，部分人信仰天主教。在婚嫁中，习惯以牛为聘礼。

（9）斯威士人（Swazi）

族体主体居住在斯威士兰，在莫桑比克境内主要分布在与斯威士兰交界地区，主要从事农牧混合经济，操斯威士语（Swati），大多数保持传统的万物有灵的信仰。

（10）祖鲁人（Zulu）

自称“阿马祖鲁人”，主体在南非境内，只有极少数分布于莫桑比克与南非和斯威士兰交界地区。

（11）非洲印巴人（Indio-Africano）

亦称“非洲印度人”，是东南非洲地区在殖民地时期主要以劳工形式移入的族体。多居住在沿海城市和港口，以经商为主，少数在种植场做技术工作。讲葡萄牙语或英语，也说当地语言。多信仰伊斯兰教或印度教。

（12）葡萄牙人（Portugues）

主要是葡萄牙殖民者的后裔，分布在沿海城市，以马普托市人数最多，从事工矿企业管理或经商。操葡萄牙语，多信仰天主教，生活习惯和婚姻习俗与欧洲的葡萄牙人相同。这里的葡萄牙人是从16世纪开始陆续前来定居的葡萄牙人的后裔，主要是传教士、殖民地管理阶层和商人。在人口最多时曾达28万人，但在莫桑比克独立前后，绝大多数迁往他国。

（13）其他

莫桑比克有少量阿拉伯人。此外，还有少量华侨和华裔，主要在马普托、贝拉等沿海城市和港口从事小本生意或开饭店。南部沿海各城市的华人多由南非迁入，北部的则由印度洋各岛国迁移而来，大多会讲英语或葡萄牙语，多信仰佛教。

七 语言

2004年宪法明确规定，莫桑比克共和国的官方语言为葡萄牙语；国家承认各民族语言的重要作用，并将推动民族语言的发展，不断发挥其在日常生活及教育中的作用。莫桑比克目前共有33种语言。

目前，葡萄牙语作为官方语言，在城市地区使用较为广泛。葡萄牙语一直是公办学校唯一的教学语言。2017年莫桑比克全国人口和住房普查结果显示，47.3%的5岁及以上莫桑比克人讲葡萄牙语，母语为葡萄牙语的人口占总人口的16.6%，其中包括38.3%的城市人口和5.1%的农村人口。

全国有13种主要的非洲语言。13种主要非洲语言是马夸语、聪加语、尧语、塞纳语、绍纳语、楚瓦博语、奇尼扬贾语、隆加语、马孔德语、恩仰主语、乔皮语、通加语和斯瓦希里语。

从语言学角度来看，莫桑比克的非洲语言均属于尼日尔-科尔多凡语系尼日尔-刚果语族贝努埃-刚果语支。但各种语言分布极不规律，而且没有一种语言在全国占优势地位。马夸语是全国最大的非洲语言，大多数使用者居住在赞比西河以北的北方地区，另外与该语言接近的当地语言还有隆韦语和楚瓦博语；第二大非洲语言是聪加语，亦称尚加纳语，是萨韦河以南的南方地区的通用语言，但将其作为母语的人主要居住在加扎省和马普托省，与该语言接近的是当地的茨瓦语、隆加语和乔皮语；在中部地区，以恩达乌语为主的绍纳语是萨韦河以北到赞比西河流域以南地区的通

用语言，而赞比西河流域以塞纳语和恩仰圭语为主；在北部沿海和尧人居住地区，斯瓦希里语也是重要的语言。这些语言均采用拉丁字母。

八　国旗、国徽、国歌

1. 国旗

莫桑比克国旗呈长方形，长与宽之比为3∶2。靠旗杆一侧为红色等腰三角形，其中有一颗黄色五角星、一本打开的书和交叉着的步枪和锄头。旗面右侧为绿、黑、黄三色的平行宽条，黑色宽条上下各有一白色细条。绿色象征农业和财富，黑色代表非洲大陆，黄色象征地下资源，白色象征人民斗争的正义性及所要建立的和平事业，红色象征争取民族解放的武装斗争和革命。黄色五角星代表国际主义精神，书本象征文化教育，AK－47步枪和锄头象征武装部队和广大劳动者的团结及共同保卫、建设祖国。

2. 国徽

莫桑比克国徽是在圆形图章中，绘有一幅莫桑比克地图，地图上面的金地中绘有壮观的日出景象，喻示新生的共和国正如旭日初升，它壮丽辉煌的前途将赢得世界其他民族的关注。地图下面蓝色的波纹轻轻荡漾，那是莫桑比克海峡在静静地呼吸。国徽上还绘有与国旗中意义相同的锄头、步枪、书本和五角星。边缘弧形的齿轮代表国家工业，环绕齿轮的甘蔗和玉米枝叶象征主要的农产品。国徽底部的红色饰带上写着国名全称“莫桑比克共和国”。

3. 国歌

莫桑比克的国歌是《最爱的祖国》（*Patria Amada*）。国歌歌词大意为：

> 万岁，万岁，“弗累里莫”，领导莫桑比克人拿起武器，拿起武器，推翻殖民主义，坚决推翻殖民主义。全体人民团结一心，从鲁伍马到马普托齐奋起，齐向帝国主义开火，再接再厉，到最后胜利。

第二节　宗教与民俗

一　宗教

莫桑比克在1975年独立之前，几乎1/3的人口是基督徒，少数人是穆斯林。在殖民地时期，基督教传教士在全国各地都很活跃，在1926年之后，罗马天主教会获得了政府补贴，并在非洲人口中的教育和福音派活动方面享有特权。虽然葡萄牙人普遍对新教徒持怀疑态度，新教各宗派——长老会、自由卫理公会、英国圣公会和公理会仍然活跃，特别是在北部内陆以及伊尼扬巴内和马普托的腹地，为非洲人提供替代医疗设施和寄宿学校。

莫桑比克的宗教政策在独立以后发生了巨大的变化。虽然1975年宪法保证公民拥有宗教信仰自由的权利，但在独立初期，由于莫桑比克新政府认为宗教是葡萄牙维持殖民统治的得力工具，并且没有支持莫桑比克的独立解放运动，所以，在推行“非葡萄牙化”和“反教化”政策的同时，对宗教采取了限制甚至取缔的政策。新政府关闭了天主教会，在全国范围内驱逐天主教会中的外国传教士，并取消了宗教信仰自由政策。此外，在实行国有化政策期间，莫桑比克政府还对教会拥有的各种教产、学校、医院等实行了国有化。到1976年底，莫桑比克9个天主教教区中有7个主教是本国人，政府停止了与天主教和新教的对话。但是，教会仍是最有影响力的民间机构。在70年代末莫桑比克政府与莫桑比克全国抵抗运动（简称“莫抵运”）的内战高潮时期，教会基本上已经被排挤出国家的政治生活。但全国尤其是在南部地区，仍有16%的居民继续到天主教堂参加宗教活动。

20世纪80年代初，莫桑比克政府采取措施缓和与教会的关系，教会也开始在和平进程中发挥越来越重要的作用。1982年萨莫拉·马谢尔（Samora Machel）总统对教会采取了某些友好性的举措，邀请其在社会大变革中以人道主义者角色发挥作用或在社会伦理教育中发挥作用。在经历了政府8年的打压排挤之后，教会最终得到了政府的认可。从此以后，教会在调解内战过程中，担当起和平使者的角色。

经过1978年8月和1986年7月两次修订的宪法规定：“莫桑比克人民共和国是一个世俗国家。在本国，国家和宗教组织完全分离。在莫桑比克人民共和国，宗教团体的一切活动都必须服从国家法律。”公民不得因宗教问题遭受歧视，“国家保证公民有信仰宗教和不信仰宗教的自由”。1988年8月，政府通过了一项新的法规，重申了宗教信仰自由，并宣布归还1975年以来充公和被没收的教堂与教会财产。

由于莫桑比克教会在启动国内和平谈判与实现国内和解的过程中发挥了不可或缺的作用，莫桑比克政府完全放弃了独立初期所采取的打压政策。2004年宪法规定，公民有信仰或不信仰宗教的自由。任何人不得因其宗教信仰或实践而受到歧视、迫害以及被剥夺权利。宗教教派有权自由追求其宗教目标，且有权拥有和获得资产以实现其目标，国家依法保护宗教场所。

目前，通行全国的宗教有传统宗教、基督教（包括天主教和各种新教）、伊斯兰教和印度教。莫桑比克有28.4%的居民信奉天主教，17.9%的居民信奉伊斯兰教，其他多信仰原始宗教和基督教新教。

1. 天主教

随着16世纪葡萄牙殖民者的入侵，天主教多明我会（拉丁语：Ordo Dominicanorum）教士进入莫桑比克的赞比西河口地区，在葡萄牙的军事据点周围定居下来，并开始向附近的居民传教。1560年，耶稣会进入莫桑比克。在此后的150年间，同属天主教的多明我会、耶稣会和奥古斯汀会在赞比西河流域的南部地区积极传教，成果显著，但后来发展缓慢。居住在西北部的尧人直到1930年才开始接触天主教传教士。在此前的葡萄牙殖民统治中，天主教会是殖民当局的有效组成部分，在教区内经营大片的土地，收取人头税，有时甚至从事奴隶贸易。

在1975年莫桑比克赢得独立以前，全国的天主教在教义和教礼以及教会的组织方式和活动方式方面完全照搬葡萄牙的教会模式。莫桑比克主教会议是莫桑比克天主教会的最高权力机构，是非洲和马达加斯加主教会议特别会议的组织成员。莫桑比克男性宗教机构联合会成立于 1965 年，葡萄牙全国女性宗教机构联合会莫桑比克分会成立于 1968 年。1976 年，这两个组织合并为莫桑比克神父和教职人员联盟。

在独立以后，莫桑比克天主教于 1976 年在贝拉召开了全国代表大会，这就是莫桑比克宗教史上重要的"贝拉会议"。这次会议通过了若干决议，其中之一就是接受政府对教会的医院和学校实行国有化措施，并号召在这些机构服务的原有工作人员继续留在自己的岗位工作上。会议通过的另一个决议是要求教会各阶层首先是主教团必须精诚团结，使革命胜利后的莫桑比克天主教会焕发出新的活力。

莫桑比克马普托主教区下设 9 个教区。现任马普托总主教是弗朗西斯科・希莫约（Francisco Chimoio）。目前在莫桑比克开展活动的主要天主教组织除了上述莫桑比克神父和教职人员联盟以外，天主教信徒协会也很活跃，圣母军是非洲籍信徒的组织，基督教教义班是欧洲籍信徒的组织，势力较弱。

2. 伊斯兰教

伊斯兰教在莫桑比克的历史久远。早在 9 世纪之前，阿拉伯人和波斯人就在莫桑比克北部沿海地区经商。他们带来了早期的伊斯兰教。在 15 世纪葡萄牙人到来以前，北部沿海地区已经受到桑给巴尔的穆斯林苏丹的控制。从 16 世纪初期开始，葡萄牙殖民者逐步征服了莫桑比克北部地区的穆斯林。目前，莫桑比克的穆斯林主要分布在北部和西北部地区，以斯瓦希里人、马夸人和尧人等为主，居住在马拉维湖以东地区的尧人已有 80% 以上的人口皈依伊斯兰教。北部的马孔德人中有近半数的人口信奉伊斯兰教（约占 43%）。马夸人中有许多人皈依伊斯兰教（约占 18%）。在首都马普托和沿海的城镇中，部分印度、巴基斯坦侨民也是伊斯兰教信徒，他们与南非德班地区的穆斯林同属一个集团，属于逊尼派沙斐仪教法学派。

二 节日

莫桑比克在独立以后设立了一套全新的节日体系。在主要节日里，商业活动会停止。

1. 主要节日

新年：1 月 1 日。

英雄日（Dia dos Heróis）：2 月 3 日，莫解阵第一任主席爱德华多·蒙德拉纳（Eduardo Mondlane）被害纪念日。

莫桑比克妇女节（Dia da Mulheres Moçambique）：4 月 7 日。

劳动节：5 月 1 日。

独立日（Dia da Independência）：6 月 25 日。

胜利日（Dia da Vitória，卢萨卡协议签署日）：9 月 7 日。

争取民族解放纪念日（Aniversario da Luta de Libertagao Nacional）和莫桑比克军队节：9 月 25 日。

和平与民族和解日（Dia da Paz e Dia da Reconciliação Nacional，纪念 1992 年为结束内战在罗马签署和平总协议）：10 月 4 日。

家庭节日/圣诞节：12 月 25 日。

2. 重要日期

莫桑比克解放阵线成立日为 1962 年 6 月 25 日。

独立战争日（Dia da Guerra de Independência）为 1964 年 9 月 25 日。

摆脱葡萄牙殖民统治、赢得独立的日期是 1975 年 6 月 25 日。

莫桑比克的第一部宪法于 1975 年生效。

独立以后的第一次选举在 1977 年进行。

莫桑比克第二部宪法于 1990 年生效。

第一次多党选举于 1994 年进行。

三　风俗

1. 诞生礼和寿礼

在莫桑比克，婴儿出生 1 个月或 2 个月后会举行诞生礼，老人到 50 岁会举行寿礼。

2. 嫁娶习俗

莫桑比克部族传统的夫妻模式是一夫多妻制。但随着社会的发展以及婚姻法的制定，莫桑比克现代社会越来越认可一夫一妻制。在莫桑比克北部少部分省份和农村地区，依然保留一夫多妻制。在传统家庭中，夫妻地位通常体现为男尊女卑，男人在家庭中拥有绝对主导地位。莫桑比克是一个多民族国家，各民族之间婚居传统各异。在南部地区，如尚加人，按照父系续谱和继承财产。在北部地区，大多族群按照母系续谱、居住和继承财产。在这些族群中，丈夫通常住在妻子家的附近。莫桑比克人非常重视婚礼。通常男方举办婚礼，花费巨大。如果新人没有钱办婚礼，可先同居，等有钱时再办。男方在婚礼前先要去女方家进行拜访，这有点类似中国“六礼”中的纳采。婚礼当天最为忙碌。早上新人先去民政局进行婚姻登记，然后到教堂，在亲朋好友的祝福下进行宣誓。接下来，便是到公园或海边与亲朋好友拍照留念。中午返回酒店或家中，举行接待餐宴。新人通常会请朋友或同一个教堂的教友组成6～8人的伴郎团和伴娘团。

整个婚礼都离不开舞蹈和歌曲，尤其伴郎和伴娘，会身着特别设计的统一服饰，从早到晚，围着新人，唱唱跳跳，用舞蹈和歌声表达祝福之意。

3. 家族谱系

赞比西河以北的各族体大体拥有某些相近的文化特征。其中之一就是按母系续谱，也就是通过母亲的家族而不是父亲的家族追溯族源和祖先。许多家庭每几年就要从原来的居所迁移到土壤更肥沃的新地方。由于他们一直居住在遥远偏僻的地区，远离大城市，因而并不像南方居民那样深受葡萄牙文化的影响。赞比西河以南的居民则由于在历史上直接受到葡萄牙人的统治，受葡萄牙文化影响较大，对欧洲服装、语言和宗教等接受度远比北方人高。赞比西河以南的各族体大多按父系续谱，即通过父亲的家族追溯族源和祖先。

4. 服饰穿着

在服饰方面，莫桑比克也受几种文化的影响。在城镇地区，男人经常穿西装。政府工作人员一般身着西装，且多为深颜色。妇女们往往穿戴用色彩艳丽的非洲花纹布料按西式裁剪的服装。在农村地区，许多妇女喜爱穿戴传统的非洲服饰，她们用一块长布将一条肩膀及胳膊以下的身体包裹起来，多数人还戴头巾或包头布等。农村男人已经放弃传统的缠腰布而改穿短裤，配以西式T恤衫或非洲图案的上衣，即称作达饰基思（dashikis）的宽松、色彩鲜亮的套头棉质衬衫。只要买得起，男人们往往戴太阳镜。孩子们上学一般会穿校服或浅色衬衣。不过许多校服是教会或国际组织提供的。

北方的穆斯林穿白色的长袍，戴头巾和面纱。沿海城市的阿拉伯裔男性一般穿两件套的白色套服，配以高领夹克衫；阿拉伯裔女性则穿黑色或色彩艳丽的丝织服装。在乡镇或城市的街道上，可以看到不同民族的人穿着五颜六色的服装。但多数莫桑比克人至今还不赞成服饰习惯西方化。

5. 饮食习惯

在饮食方面，莫桑比克继承了非洲人、阿拉伯人和葡萄牙人的三种饮食风格。莫桑比克北方以玉米、木薯为主食，南方多吃大米。就全国农村来讲，木薯是最普遍的日常食物。木薯的非洲语含义是“一切都够了”。营养丰富的木薯块茎可以像土豆那样烤食，可以磨成粉，也可以像水果那样晾干，还可以磨成浆并做成粥。一般的农村家庭准备一顿标准的饭食按如下程序完成：主妇先用木碗和木杵将玉米和木薯捣成粗粉，然后加入类似菠菜的木薯叶，并用水和成黄色面团。食用时，用干葫芦瓢盛放这种面食，配以一些炒熟的坚果，并以一种称作塞玛的清淡棕榈酒佐餐。肉食类最普遍的是牛肉、羊肉和鸡肉，猪肉很少。海鱼、海虾是莫桑比克人喜爱的食物，他们不习惯吃河里的鱼虾。沿海地区的居民能吃到更多的米食和水果。在全国范围内，人们普遍使用胡椒、葱和椰子油调制食品。莫桑比克的蔬菜种类齐全，但人们没有多吃蔬菜的习惯，而且吃法也很单一。平常食用较多的是西红柿、生菜、豆角、青椒。莫桑比克人吃饭需就水或其他软饮料，常见的有橘子汁、木瓜汁、腰果梨汁。逢年过节，人们也饮酒，进口的红葡萄酒、白葡萄酒、威士忌、马丁尼也为人们所喜爱。

莫桑比克人的饮食习惯在年龄、地域等方面存在一定差异。莫桑比克北方人和农村人大多保留手抓饭的习惯，而南方人和城市人就餐时大多用刀叉。同许多非洲国家相似，婚宴、公务场合、商务活动或者家庭聚餐等人数较多时，无论是在家里还是在饭店、宾馆等，大多采用自助方式，饮料或饭菜由客人自取。

6. 社交礼仪

莫桑比克人之间的交往淳朴自然。在称谓方面，同中国人的称呼习惯有很多相似之处。对至爱亲朋、长辈、领导或陌生人，都不能直呼其名；见到老人，即使不认识，也会敬称“爷爷”“奶奶”；对于那些比自己年长的人，熟悉的人可称“叔叔”“阿姨”，不熟悉的人一般称“先生”“女士”；朋友之间可称呼名字、朋友、兄弟、姐妹等；见到外国友人，常常热情地称呼“朋友”（葡语中，女性朋友称为 Amiga，男性朋友称为 Amigo）。

在社交场合采用国际通用的称谓，尊敬的称呼是“先生”“女士”。年长的人对初次相识的年轻人，一般可称“姑娘”或“小伙子”。

在职场，多称谓头衔、职务或职务加姓氏。上下级之间等级观念比较明显。下级称呼上级，通常是将职务与先生或职务加姓氏联称，如“部长先生”等；上级对下级，则是直呼本名，显得自然、亲切。

莫桑比克的礼仪形式多样。在莫桑比克，两个男性朋友见面，一般是握手问候，久别重逢时，则相互拥抱。妇女之间的问候方式是亲吻对方的面颊。男女初次见面时，一般是握手，比较亲近的同事或朋友之间则习惯互贴两腮。莫桑比克人很重视礼仪，在正式场合，无论天气多么炎热，男人也要穿上西装，打上领带，没有条件的就穿上自己最好的衣服，女子也穿上最漂亮、最艳丽的衣服，戴上各式各样的金属饰物。在外交场合采用国际通用的称谓。莫桑比克人很少称呼对方的名字，而是称呼其姓。

7. 马孔德人的成人礼

目前，在莫桑比克的某些土著族群中还通行传统的成人仪式。马孔德人在这方面具有代表性。马孔德人生活在交通不便、道路崎岖艰险的北部地区。这里几乎与世隔绝，外人很少造访。他们过着封闭、自给自足的生活。

按照马孔德人的传统，每年年初都要为孩子们举行历时两个月的成人仪式。对于将成为成人的孩子们来说，每年1月都是庄严的时刻。教父教母们把少男少女带到森林中的某个秘密地方，教导他们如何开始新的成人生活。这种训练通常要持续两个月，其间禁止父母探望自己的孩子，只有仪式的主办者才可以给孩子们送去食物。

仪式之始，参加跳舞的人从顶楼上取出玛皮克面具戴在头上，随心所欲地跳起各种节拍的舞蹈。各种面具代表着各个历史阶段的马孔德人，有殖民时期的，也有独立以后的；有本部落的，也有敌方的。这些舞蹈风格时而夸张豪放，时而神秘莫测。

成人仪式上备有丰盛的食物，漫长的庆典使马孔德人几乎忘记了他们身处艰辛的生活环境。在马孔德这样一个居无定所、生活艰苦的部落里，孩子能长大成人并不是一件容易的事情。他们要进入森林，学习成人应该具备的生活能力。

初到林中时，教父要为男孩子们割去包皮，并精心护理他们的伤口。对于男孩子来说，这是重要转折点。此后他们将改名换姓，穿上新衣服，这是告别童年走向成人的重要一步。与此同时，在村落的小路上，时常可以看见一群群妇女载歌载舞。她们家中都有孩子去参加成人仪式，她们用舞姿表达自己的思念之情。在这期间，马孔德人不停地饮用一种叫“束拉”的混合饮料。成人仪式最隆重的时刻是在即将结束时的星期天，从早上6点起人们就开始击鼓，喝“束拉”饮料，越来越多的妇女加入跳舞的行列。她们借此表达对分离了两个月的子女的思念之情。当孩子们从森林里返回时，教父把他们领到庆祝活动场所附近的一间茅草屋中，让他们在那里洗澡并换上新衣服。

自1975年莫桑比克独立以来，这个历史悠久的传统长期受到内战的影响，已经濒临消失。马孔德人正在逐步放弃他们的传统，他们不再文身，也许过不了多久，那些神秘的马孔德舞蹈也将消失。

8. 班图人的禁忌

班图人的禁忌较多。比如不能在晚上扫地，否则会有厄运来临；女人晚上不能照镜子，否则其所生养的孩子将是白皮肤；女孩子不能吃鸡蛋，否则她在将来分娩的时候会有危险。

第三节 特色资源

莫桑比克的旅游资源丰富。全国各个地区都拥有独特的旅游资源。下面分省市予以介绍。

德尔加杜角省 该省内陆大部分地区是夹杂着稀疏林地的热带草原。海岸边的沙丘地带多稠密的灌木丛，海岸上还有高大的猴面包树。这些景观在首府彭巴附近的旅游胜地温巴随处可见。红树林集中在伊博岛和基林巴岛与大陆之间的浅海海湾地区。腰果和椰子是该省的主要特产，大理石、陶土、石墨和硬木是该省的主要产品。

彭巴市位于广阔的彭巴海湾沿岸。该市至今少有工业企业，自然环境优美，美丽的海滩令人神往。从马普托到彭巴有定期的航班，另有 440 公里的公路连接彭巴市和楠普拉市。在彭巴市，旅馆和饭店较少。德尔加杜角旅馆位于爱德华多·蒙德拉纳大街。在温巴海滩有提供较好的住宿设施的旅馆。在老城区，有几个传统市场，被称作“巴扎”。在巴扎，游客可以看到技艺娴熟的银匠们在店铺中加工制作精美的首饰。他们可以在很短的时间内将几枚硬币打制成项链、手镯和耳环。

在温贝海滩（Praia do Wimbe），翠绿的棕榈树点缀在洁白的沙滩上，湛蓝的海水清澈见底。从该海滩往南，步行可到达灯塔海滩。在沿海的基里姆巴斯群岛中，伊博岛是最美丽的岛屿之一。在历史上，这个岛屿曾经是重要的贸易站。游客可从彭巴租船到访该岛。

德尔加杜角省的主要族体为马孔德族和马夸族。这里是马孔德人的故乡，他们聚居于姆埃德高原地区。马孔德人闻名于世的手工艺品是富有想象力的木雕和象牙雕刻。马孔德族是勇敢的民族，推崇成人仪式。马孔德人秉承传统审美观，人们普遍文身。

尼亚萨省 尼亚萨省是全国海拔最高的省份，平均海拔在 700 米以上。受到海拔高度的影响，夏季天气凉爽。在靠近马拉维的曼丁巴地区是开阔且广布金合欢树的热带草原，尼亚萨省山坡地带分布着常绿的森林。将马拉维和纳卡拉港连在一起的北方重要铁路干线穿越该省。该省的主要族体是马夸族、尧族和尼扬贾族。该省的主要产品有棉花、玉米、高粱、硬木和次等宝石。

尼亚萨省首府利辛加（Lichinga）位于利辛加高原，周围地区是广袤的松林。到访该市的最好路线是乘坐莫桑比克航空公司的航班。该市与沿海的彭巴之间有一条沙石路相通，但与坦桑尼亚无路相通。另外，从马拉维通过希珀代与曼丁巴的边界可到达利辛加和马拉维湖。该市的住宿设施有位于萨莫拉·马谢尔大街的华居旅馆和位于菲利普·萨缪尔·马盖亚大街的利辛加假日旅馆。

到尼亚萨省旅游，马拉维湖是必到的一个景点。但由于交通不便，道路崎岖难行，到访的游客不多，马拉维湖的旅游还未开发。但通往该湖的道路沿线，风光旖旎，别有洞天。湖边的三个小渔村梅奔达（Meponda）、梅唐古拉（Metangula）和科布埃（Cóbuè），分别距利辛加市 42 公里、138 公里和 190 公里。游客可以在这里品尝美味的鲜鱼，豪饮新鲜的椰汁。尼亚萨保护区位于该省的北部，以众多大象出没而闻名。音乐在该省居民的文化传统中占有重要地位。他们用风干的空葫芦制成吹奏乐器，其声音和喇叭发出的声音相似。成群的吹奏乐手用不同形状和大小的葫芦合奏乐曲。

楠普拉省 莫桑比克景色最优美的省份之一。楠普拉省呈现出一种独特的景观：一望无际的平原，稀疏的落叶林地与兀立地面的巨石相互掩映。这里是攀岩者的天堂。该省主要出产玉米、腰果、棉花、烟草、宝石。该省的主要族体是马夸人。

首府楠普拉市是一个内陆城市，位于该省的中心位置，四周平坦的平原地区散布着巨大的花岗岩。楠普拉市是仅次于马普托和贝拉的全国第三大城市，贯穿南北的国家公路经过该市。另外，从马普托到楠普拉市有定期航班。从马拉维经过尼亚萨省至楠普拉市，路程约 505 公里。该市有 3 家较大的旅馆：马科姆贝街（Rua Macombe）的热带旅馆（Hotel Tropical）、位于独立大街（Av. da Independência）的卢里奥旅馆（Hotel Lúrio）和位于弗兰西斯科·马尼安加大街（Av. Francisco Manianga）的楠普拉旅馆（Hotel Nampula）。

楠普拉大教堂（Catedral de Nampula）是该省的标志性建筑，有两个尖塔和一个巨大的圆顶。楠普拉博物馆（Museu de Nampula）位于楠普拉市爱德华多·蒙德拉纳大街，陈列着反映典型传统艺术文化的各种艺术品。

这里的马夸人妇女用从一种植物的根中提取的白色染料描画脸谱，制成可以在公众场合佩戴的面具。她们还擅长草编艺术，可以编制篮子、垫子和其他物品，还用乌木和黏土雕刻艺术品。

莫桑比克岛是一个小小的珊瑚岛，位于莫桑比克海峡的莫苏里尔海湾北口。据至今仍无法证实的传说，最早的葡萄牙殖民者结识的一个部族首领的名字为穆萨·姆·比基（Mussa M' Biki）。他的名字后来成了这个岛屿的名字，进而成了这个国家的名称。该岛只有2.5公里长、约0.6公里宽。岛上的莫桑比克市建有水道不太深的天然良港，是全国最古老的城市海港。

在公元10世纪到15世纪后期，该岛一直是阿拉伯商人的海上贸易中心。1498年，葡萄牙探险家达·伽马（Vasco da Gama）登上该岛。1507年，葡萄牙殖民者占领了该岛，并于1507~1508年修建了第一个城堡——圣加波瑞尔（St. Gabriel）城堡。该城堡为葡萄牙人夺取和控制与东印度的贸易发挥了重要作用。它奠定了如今莫桑比克城的基础。在16世纪中期，葡萄牙人又按照意大利文艺复兴时期的风格兴建了圣塞巴斯蒂安堡（St. Sebastian）。到19世纪奴隶贸易开始减少和1886年苏伊士运河开通以后，该岛的重要性开始减弱，逐渐让位于洛伦索-马贵斯市（马普托市的旧称），但直到1898年该岛一直是葡属东非洲的首府所在地。该港口水浅，并且与内陆联系不便，随着北方纳卡拉港的兴起而逐渐衰落。这里作为葡萄牙殖民者的据点和对外联系口岸直至1907年。1898年洛伦索-马贵斯正式成为葡属东非洲的首都。到20世纪中期，莫桑比克的海外贸易大部分已转到了纳卡拉港。1967年，莫桑比克岛与大陆之间建成了长达3.5公里的桥梁，使该岛同大陆连在一起。

在历史上，阿拉伯人、印度人、中国人和葡萄牙人等在这里聚居，因而至今该城的混血居民较多，且伊斯兰文化色彩较浓。现在，该市具有多种文化象征的各式各样的教堂、殿宇、碉堡等古老建筑随处可见。该岛的建筑风格反映了其在历史上受阿拉伯人、印度人和葡萄牙人的影响，但又将其协调并融合为一体。

古老建筑约占全岛面积的2/3，该岛著名的建筑包括16世纪修建的葡萄牙兵工厂、1522年修建的小教堂圣母玛利亚救难堂、1635年修建的圣母玛利亚恩慈教堂、1877年修建的新古典医院、1887年修建的对称布局的四边形的城镇市场、19世纪修建的印度教寺庙和清真寺。其中，1674年修建的圣保罗殿（Palácio de S. Paulo），在1763～1935年为总督的驻地，后来才改为博物馆。岛上的圣塞巴斯蒂安堡面积约4000平方米，始建于1558年，是葡萄牙殖民者为保护海上航线而建。第二次世界大战后，该城堡改建为地牢，建有秘密刑场和焚人坑。独立以后，该城堡成为教育青少年和供游客参观的场所。这里不少建筑是建在珊瑚礁上的，由于年久失修，许多古老建筑已岌岌可危。

联合国教科文组织于1991年将莫桑比克岛列为世界文化遗产。在1997年发起了保护和修复莫桑比克岛建筑遗产的运动。至今，这个港口城镇仍然是商业和渔业中心，但基本上没有工业活动。该岛的另一重要景点是宗教艺术博物馆。

该省著名的绍喀斯海滩与莫桑比克岛隔海相望，是楠普拉居民的度假胜地。在莫桑比克岛以北约80公里处为纳卡拉港。该港是非洲东海岸最深的天然港口，是莫桑比克重要的进出口港。自独立以来，国家已经投入了大量的资金，改善港口设施和通往马拉维的铁路线。

太特省 该省西部地区有世界闻名的卡奥拉巴萨水库，蕴藏着巨大的发电潜力，渔业开发前景广阔。这里既有崎岖不平的草原，散布着古老神奇的巨型猴面包树和突兀的巨石，也有被密林幽谷和蜿蜒曲折的赞比西河支流分割开的断续相连的莽莽丛山。该省的主要族体是尼扬贾族。

首府太特市位于海拔约500米的高原上，是全国最热的地区之一。该城建于1531年，曾是葡萄牙殖民者的据点，后来发展成为工矿业中心。赞比西河下游的河运航线可从河口直达太特市，大型船只运输方便。从津巴布韦经库沙马诺边关行191公里，或从马拉维经佐布埃边关行120公里，抑或从赞比亚经卡萨卡迪扎边关行293公里，均可到达太特市。另外，从贝拉经古罗和尚加拉的公路也可以到达太特市。从马普托或贝拉还有航班通往太特市。太特市的住宿旅馆主要有3家：位于爱德华多·蒙德拉纳大街的赞比西旅馆、位于“6月25日大街”的卡苏恩代旅馆（Hotel de Kassuende）和位于太特市吊桥附近的汽车旅馆——游泳池旅馆（Hotel Piscina）。20世纪60年代末建成的太特吊桥横空跨越赞比西河两岸，将太特市和莫阿蒂泽连接起来。这座横跨赞比西河的大桥全长3680米，为非洲著名的长桥，是不可错过的一大奇观。波若玛教堂（Boroma）距离太特市约30公里，19世纪末建成，气势宏伟。

卡奥拉巴萨大坝是非洲第二大和世界第五大水坝。该大坝形成的蓄水面积超过2000平方公里，构成了一个巨大的人工湖。距离太特市约150公里的松戈县是大坝和发电站的所在地，到那里旅游要事先得到设在太特市的卡奥拉巴萨水电局的书面批准。

该省的恩达乌人在举行成人仪式时往往以跳舞表示庆贺，这种舞蹈需要极灵活的技巧。舞蹈者在鼓点中欢快跳跃，同时还会拿着巨大的画有恐怖表情的面具不停挥舞。

赞比西亚省 从北部的利戈尼亚河河口到南部的赞比西河三角洲，是沿海平原地区。近海水域富产对虾、龙虾、鱼类和珊瑚。沿海有广阔的红树林沼泽地，相邻的内陆地区是潮湿的半落叶林地，内陆高地则是长年葱绿的森林。赞比西亚省河流密布。赞比西河流域面积占全省的1/5。生机盎然的椰子树随处可见，全国最重要的茶园也分布在该省。该省盛产棉花、茶叶和甘蔗，椰子和柑橘也是其特产。该省还出产小虾和宝石。该省主要族体是楚瓦博族和马夸族。

首府克利马内（Quelimane）是重要的河港，位于伯恩斯·西奈斯河（Bons Sinais）岸边。这里的居民以和善和友好著称。该市有航班通往马普托和贝拉，也有公路通往贝拉和楠普拉，且沿途风光旖旎。该市较好的住宿旅馆有位于萨莫拉·马谢尔大街的楚瓦博旅馆、位于卢萨卡协议大街的赞比西旅馆和位于菲利普·萨缪尔·马盖亚大街的六一旅馆。该市建有古老的教堂，风格古朴，气势恢宏。这里建有现代风格的清真寺，其顶部装饰着独具特色的格子图案。

从克利马内向东北方沿着柏油路行约45公里，可到达扎拉拉海滩(Praia da Zalala)。这里广布着一望无际的白色沙滩，海岸边生长着木麻黄树。这里建有名为卡斯卡斯（Kaskas）的食宿中心。

在该省北部的古鲁埃山区广泛分布着大大小小的茶园，全国第二高峰纳穆利山就位于古鲁埃山区。在莫伦巴拉（Morrumbala）、卢热拉（Lugela）和基莱（Gile）分布着热泉。这些泉水的温度很高，有的甚至可以煮熟鸡蛋或饭食。基莱禁猎保护区生活着各种哺乳动物和鸟类。

赞比西亚省还以其传统美食而闻名，但其口味相当辛辣。赞比西亚烤鸡是莫桑比克有名的美食。

马尼卡省　雷武埃河上的希坎巴·雷亚尔水库，可以为全省和贝拉提供所需的电力。全国最高峰宾加山位于该省西部。全省大部分地区是稀疏开阔的落叶林地，但在山区也分布着草本植物。该省的中部和东部地区有大面积的森林和潮湿的半落叶林地。马尼卡省的气候由于海拔高而比较温和。该省是莫桑比克重要的农业基地，出产各种蔬菜和水果。这里分布着柑橘园、柠檬园、荔枝园和杧果园，还有葡萄园和大规模的桉树及松树种植园。这里还种植各种园艺植物、谷物以及烟草。该省的工业产品有黄金、云母、黄铜矿和萤石等。著名的贝拉走廊从该省的中部地区穿过。处于内陆的津巴布韦通过该走廊的公路、铁路和石油管道与贝拉港相连。马尼卡省的大多数居民属绍纳族，另外的一个主要族体是塞纳族，都拥有丰富的口头传承的班图文化。

首府希莫尤市（Chimoio）是马尼卡省重要的贸易中心，来自周围农业区的农产品大多在这里进行交易。从津巴布韦经穆塔雷/马希番达(Mutare/Machipanda）边关行约87公里，或从贝拉行约200公里可到达该市。该市没有航班服务，只能租赁飞机。该市比较好的旅馆有马尼卡省招待所和磨坊旅馆，都位于6号国道附近。该市最有名的景点是“老人之脸”，由天然石头自然构成的一个老人面孔栩栩如生。

马尼卡市位于希莫尤市的西方，是历史名城。进入该城市，要通过两座历史悠久的大门。地质学博物馆是该市最重要的景点之一，展览有本地区矿石和岩石的全套珍贵样品。

希坎巴·雷亚尔水库位于马尼卡市和希莫尤市之间。从希莫尤市沿主路西行约36公里后，在路口左转，沿一条土路再行15公里可到达水库大坝。需要指出的是，这座大坝是沿着自然伸出的巨石修建的。沿大坝行进约1公里，有一个风景宜人的户外酒吧，坐在这里可以将湖光山色尽收眼底。另外，从希莫尤市向马希番达边境方向行45公里，然后向左转可到达名为穆西卡老屋（Casa Msika）的旅游胜地。其位于希坎巴·雷亚尔湖（Chicamba Real）边，是喜欢钓鱼的人和热衷观鸟者的理想之地。游客还可以参观附近的鳄鱼养殖场。

索法拉省 在贝拉以南的海岸有大面积的红树林浅沼。在贝拉的北部和西部是广阔的落叶森林带。稀疏分布金合欢树的热带草原延伸到与马尼卡省交界的地区。该省有大型的甘蔗种植场，树木种类丰富。索法拉省是全国最富裕的省份，主要出产虾、蔗糖和硬木。非洲最著名的国家公园之一戈龙戈萨国家公园位于该省非洲大裂谷南端。这里以狮子和许多其他野生动物而闻名世界。该省的主要居民是塞纳人和恩达乌人。

贝拉是全国第二大城市，也是全国第二大海港。贝拉市位于蓬圭河北岸，濒临莫桑比克海峡，海拔只有8米。贝拉最初只是一个穆斯林聚居村落，1505年葡萄牙殖民者占领附近地区后将其作为向内陆扩张的据点。1891年扩建为城市，并先后修建了一系列的铁路和公路，分别通往太特省以及处于内陆的津巴布韦、马拉维和赞比亚。因而贝拉逐步发展成为上述内陆国家最便捷的进出口海港和非洲东海岸现代化的商港。该市从港口沿海岸绵延到马库提区的灯塔。贝拉市建有不少高层公寓，市内分布着醒目别致的别墅、清真寺、教堂、饭馆和旅馆等。贝拉市附近的海岸有茂密的杧果树和椰林，洁白的海滩与碧海蓝天，构成一幅美妙的景观，使之成为著名的游览胜地。

沿6号国道，从津巴布韦到贝拉的距离为300公里左右，其间要穿越马尼卡省。沿1号国道，从马普托市到贝拉市的距离为1200公里左右。每天有航班往返马普托市和贝拉市。贝拉市的主要旅馆有位于色帕·宾托少校大街（Rua Major Serpa Pinto）203号的大使宾馆和位于巴加莫尤大街（Rua do Bagamoyo）3号的莫桑比克旅馆。在贝拉市中心地带是市政广场，四周建有殖民地时期的建筑以及露台、茶室和商店。葡萄牙宫是典型的殖民地风格的建筑，位于梅蒂卡尔广场附近。少年儿童文化宫气势宏伟，位于少年儿童文化广场。比克斯大厦位于萨莫拉·马谢尔大街，独具一格，主要用于举办展览或贸易活动。大教堂位于爱德华多·蒙德拉纳大街，建于1925年。贝拉市最美丽的海滩位于航海俱乐部和灯塔之间。

在距离贝拉市中心约10公里处有一个名为“6英里”的度假区。这里有一个潟湖，游客可以游泳或租借脚踏船。

距离贝拉市约150公里的戈龙戈萨国家公园非常有名。该公园占地面积约3770平方公里，是莫桑比克最大的国家公园，公园内有大象、狮子、野猪、羚羊和猴子等野生动物。另外，在该省的北部建有马鲁梅乌（Marromeu）水牛保护区。

加扎省　加扎省的生命之河是林波波河。水稻、玉米和其他谷物以及腰果是该省的主要作物，棉花种植集中于林波波河流域肥沃的冲积平原地区，因而该省有“莫桑比克谷仓”之称。该省的水果以柑橘属为主。该省还是全国主要的畜牛省份之一。该省的居民以聪加人的分支尚加人为主。

加扎省的首府为赛赛，距离马普托224公里。距该城市10公里处的海滩是旅游胜地。林波波河流经该城市的南部城区。赛赛位于开阔的肥沃平原上，这里盛产稻米。在马普托和赛赛之间有1号国道相通。如果租乘飞机，也可从马普托前往赛赛。市内有几家旅馆和饭馆，但大多数旅客更愿意住宿在赛赛海滩。海滩边建有哈雷旅馆，在海滩附近还建有一个赛赛车房公园。在赛赛海滩，巨大的珊瑚礁与蜿蜒的海岸线平行延伸向远方，形成了抵挡巨大海浪的天然屏障，并在海水退潮后构成了大小不等的潟湖。在潮落时分，当地的妇女儿童会在这些珊瑚礁区采拾五彩缤纷的贝类，向岸上的游客兜售。在距赛赛北方8公里远的尚戈埃内海滩（Praia do Chongoene），同样有珊瑚礁构成的抵挡海浪的天然防线。

沿1号国道向马普托市北方行驶约145公里到达小镇马希亚后，转向比伦内方向再行驶30公里，就可以到达比伦内海岸。这里的海滩上有一个巨大的长达27公里的潟湖，潟湖清澈见底，海岸到处是优质白沙。这里有几家提供食宿的地方，但值得特别推荐的是“蓝色的潟湖”。

在林波波河与尚加内河之间是巴伊内国家公园（Parque Nacional de Banhine），里面有种类丰富的野生动物，备受游客的喜爱。

伊尼扬巴内省 该省分布着落叶林和半落叶林，沿海地区有红树林沼地和沙丘林地。该省是莫桑比克仅次于楠普拉省的第二大腰果产地，这里还有大面积的椰子林。因而，这里的主要特产是腰果和椰子，此外还有柑橘。该省有全国有名的旅游胜地巴扎鲁托群岛。该省主要的居民是聪加人和乔皮人。

伊尼扬巴内省的交通十分便捷。若从马普托市、赛赛市或雷萨诺·加西亚边境出发，可以经高速公路到达，1 号国道也经过该省。同样也可从国家中部、北部或津巴布韦、马拉维、赞比亚等国由陆路入境。如果要乘飞机，LAM 公司有很多航线从马普托市、贝拉市、希莫尤市、太特市出发，到达伊尼扬巴内国际机场和维兰库卢什国际机场，也可转机前往南非、津巴布韦或其他地方。

伊尼扬巴内省拥有数不清的著名海滩，其中，距离基希克 11 公里远的扎瓦拉海滩、伊尼扬巴内城南方 85 公里处的扎沃拉海滩、伊尼扬巴内城东部 22 公里处的都弗海滩、伊尼扬巴内城北方 20 公里处的巴拉海滩和伊尼扬巴内城北方 174 公里处的波梅内海滩等最为著名。

巴扎鲁托群岛由巴扎鲁托岛、本圭拉岛（Benguera）、马加卢克岛（Magaruque）和圣卡洛琳娜岛（Santa Carolina）组成，环境宁静优美。这里距马普托市约 780 公里，位于维兰库卢什（Vilanculos）和伊尼亚索罗（Inhassoro）两个城镇之间。这些岛屿上建有优质的旅馆。赴岛上旅游的游客可以在陆地上租借船只，或从马普托、贝拉或从邻国直飞维兰库卢什，那里提供有移民与海关服务。

该省建有基纳韦国家公园和巴扎鲁托国家公园，为野生动物保护区。巴扎鲁托国家公园位于伊尼扬巴内省的巴扎鲁托岛上，是全国唯一的海洋公园。这里是潜水和水下钓鱼的好去处，是莫桑比克的一个重要的旅游区。

马普托省 全省居民以聪加人为主，当地语言是尚加语和隆加语，小部分人操葡萄牙语。马普托省3/4的人口是自给自足的农民或渔民。随着国家经济的发展，越来越多的人从事经济作物种植和肉类加工，从事商业、制造业、服务业、港口和交通运输业以及政府部门的工作。许多男性劳动力到南非矿井工作，这种从殖民地初期形成的传统至今未变。该省的主要农产品有柑橘属水果、蔗糖等。

马普托市 莫桑比克首都马普托市是全国最大城市。马普托港口可停泊万吨以上的海轮，不仅是非洲东海岸的最大优良港口之一，也是世界上最优良的天然港之一。该城是1544年葡萄牙殖民者入侵后建立的，并以殖民者的名字命名为洛伦索-马贵斯。1976年，该城根据穿城而过的马普托河而更名为马普托。该城建立之初是贸易居民点。在1884~1885年建成通往南非的铁路之后，城市迅速发展。现在，马普托市已经发展成为全国最大的城市，是政治中心、经济中心、交通枢纽以及旅游胜地。

马普托城区依坡傍海，市内绿树成荫，街道宽阔整齐。市内的街道上，花坛星罗棋布，常年花草飘香。掩映在葱绿林木与艳丽花丛中的各种别具一格的别墅、一幢幢白色的花园洋楼以及错落有致的高楼大厦，与印度洋交相辉映。早在18世纪建成的议会大厦位于市中心，大厦前面是可容纳万人的独立广场。总统府、国防部等政府机构位于海滨区。繁华的商业区由与海岸线平行的三条街道组成。宽阔的海滨路通向著名的马普托海滩。那里有俱乐部、大型海滨浴场和高级海滨宾馆。

马普托市的街道名称突出反映了年轻的莫桑比克的政治发展历程。由市中心向东通往马普托湾方向有一条2公里长、40米宽的街道，名为毛泽东大街，街道两边是枝叶茂盛的刺槐，街心是绿化隔离带。漫步在马普托的大街小巷，随处可见以革命家或其他国家领导人的名字，如卡尔·马克思、弗拉基米尔·列宁、金日成、胡志明、卢蒙巴、恩克鲁玛、卡翁达、尼雷尔、杜尔、卡斯特罗和阿连德等命名的街道。其中，弗拉基米尔·列宁大街和卡尔·马克思大街平行，是马普托市中心南北交通的主干道。毛泽东大街的西端与弗拉基米尔·列宁大街相连。更有意思的是，马普托市还用纪念日为街道命名，比如“9月25日大街”“6月25日（莫桑比克独立日）大街”。

马普托市作为历史上的殖民地重镇，市内随处可见殖民地时期的遗迹。马普托火车站就是其中最漂亮的一个。这座火车站看上去像一座拱顶教堂，由闻名世界的铁塔设计者法国人埃菲尔设计，于1910年建成。如今，马普托火车站每天上午都有列车往返于马普托与南非约翰内斯堡。现在，虽然铁路客运已失去了往日的辉煌，但马普托火车站成为马普托市的一个标志性景点。从火车站沿9月25日大街向东走，然后再向北边独立广场方向行约1公里，就可以看到闻名遐迩的“铁房子”。这座建筑整体结构是在葡萄牙本土用钢板预制，于1892年运到马普托组装而成。这座富丽堂皇的铁房子本来是作为葡属莫桑比克的总督府，但因马普托潮湿炎热，总督本人从没有入住过。现在，这座铁房子装上空调，被用作国家博物馆管理部门的办公室。马普托的博物馆很多，有自然历史博物馆、革命博物馆、地理博物馆、钱币博物馆和雕刻绘画艺术博物馆等，是市民和游客了解莫桑比克历史和文化的好去处。其中的卡斯特罗博物馆以其内容丰富的动植物馆、矿物标本馆、人种考古馆、古钱币馆等备受欢迎。马普托市内还有大学、教堂、印度教寺庙、中国塔等各具特色的建筑。

城区的西北部是工业区和工人居住区。马普托是目前莫桑比克工业部门最为集中的城市，其中重要的工业部门有纺织、炼油、金属加工、食品和肉类加工、制糖、制烟、制铝和农产品加工等行业。全国最大的腰果加工厂也位于马普托市。

马普托市的港区有9公里长的深水航道与外海相连。整个港区面积达30平方公里，港口长3000多米，最宽处达5公里，航道水深8～13米。该港口设有各种专业码头和现代化的专业设施，可同时停靠20～30艘万吨轮船。马普托港每年可接待2000～3000艘轮船，年吞吐能力达2500万吨。港口有3条铁路通往内陆，不仅是全国货物的主要出海口，南非、斯威士兰和津巴布韦的货物也在此转运。马普托市是全国公路的交通枢纽，以这里为起点的公路网可以通往全国各地。城市郊区还有设施完善的国际航空港。

马普托市附近的南非克鲁格国家公园内有各种珍禽异兽，邻近的小镇马拉风景宜人，是环境幽静的疗养胜地。城市的南面有野生动物保护区，这里有濒临绝迹的白犀牛等珍稀野生动物出没。城市的北面有许多水域宽广的淡水湖和咸水湖，适于举行各种水上运动。

第二章

历　　史

第一节　国家的起源

一　科伊桑人社会

据人类学家考证，至今可知最早的类人猿在 200 万年前就生活在非洲南部，今莫桑比克一带。有据可考，莫桑比克最早的居民是石器时代广泛分布在南部非洲地区的科伊桑人（Khoi San）。约 22000 年前的石器时代，科伊桑人是一个靠采集狩猎为生的群体，他们在几万年的独立生活中形成了自己独特的社会组织和沟通方式。科伊桑人的体貌特征与一般非洲人明显有别，他们肤色较浅，呈黄褐色，面部扁平多皱，颧骨突出，眼睛细小，多内眦褶，带有蒙古人种的很多特征，并且身材矮小，成人平均身高仅 145～150 厘米。

科伊桑人维持生计的方式主要是采集和渔猎。他们猎取大象、羚羊、兔子等野生动物，采集蜂蜜、野果和一些植物的根、茎、叶。他们有高超的狩猎本领，能够敏锐地捕捉到动物发出的信息。从分工方面来看，科伊桑人的采集活动主要是由妇女来完成，妇女的采集活动为部落提供了大约 80% 的食物；渔猎则是由男人来完成的，除此之外，男人们还负责用木头、骨头、石头来制造各种武器和工具，利用狩猎获得的兽皮制作衣服，甚至制造各种乐器等。广泛分布在非洲南部的各种岩画，既反映了当时科伊桑人的狩猎技巧、宗教信仰和审美观念，又说明了从事狩猎和采集的部落之间存在频繁的交流。

氏族是科伊桑人最基本的社会组织单位。男人们以氏族为单位进行狩猎，妇女们主要从事采集，这是他们最主要的食物来源。科伊桑人居住在用树枝、树叶、草、泥等搭成的小屋里，也有露天的营地。各氏族的土地有一定的划分。科伊桑人在旷野中逐食物而居，很少过定居的生活。他们往往在物产丰富的地区居住，当食物变少时就会搬迁至新的地方。在搬迁到新址后，妇女们负责搭建新屋，火种由氏族首领保存。

科伊桑人具有突出的艺术才能，他们的石雕、赭石绘画、雕蛋艺术都十分有名。这些作品有的反映了他们的狩猎活动和社会生活，有的与他们所信奉的自然神有关。莫桑比克境内的科伊桑人创造了有名的“斯蒂尔贝文化”，在布姆巴山区保留至今的岩画是他们的文化遗迹。

二　班图人社会

公元 1 ~4 世纪，一群班图人从非洲北部地区迁入莫桑比克。他们擅长制作工具和武器，知道如何冶铁、打制枪矛、使用铁器进行农耕和畜牧生产。考古资料记载，东非班图人于公元 1 世纪就掌握了制陶术，3 世纪掌握了冶铁技术，7 世纪中叶掌握了炼铜技术。班图人利用先进的生产技术，赶走或逐渐同化了科伊桑人，成为这片土地的新主人，这标志着莫桑比克铁器时代的到来。

班图人的农业生产方式被历史学家认定为混合农业，包括农业、牧业，此外，班图人还从事金属冶炼业。班图人的农业耕作采取轮休方式，农业劳动主要由妇女承担，主要的农作物是高粱，还种植谷米、南瓜、葫芦和烟草。狩猎在班图人社会长期存在，以此获取肉食和做衣服的兽皮。在班图人社会中，已出现手工业和农牧业的分工。班图人掌握了冶炼技术，炼铁已经是一种专业化的职业，铁匠享有特殊地位。铁器主要用于生产，铜制品则用于装饰。班图人也会制作食盐。

班图人在 15 世纪就已形成权力集中的酋长领地。但这些酋长领地还没有构成统一的国家，相互之间的纽带是亲族关系。班图人社会已形成富裕和贫穷的不同阶层。但是根据班图人的传统习惯，酋长将土地分给部落成员，分到土地的人可以在自己的土地上进行耕种、采集树上的果实或者打猎。他们及其子孙后代无权出售或者转让土地的使用权，并且他们在迁移到其他地方时，要将土地的使用权归还给酋长。富人要借牲畜给穷人，使他们不至于被饿死，形成一种依附关系。此外，酋长作为领地的所有者象征还可以收受各种礼物，实际上相当于我们现在所说的“征税”。其中最重要的一种就是死在自己领地范围内的大象的象牙。这一时期存在的礼物说明，在葡萄牙人到来以前的莫桑比克班图人社会中明显存在着社会地位差异。

世袭的酋长制是班图人的政治制度，部落理事会是酋长管理族群事务的主要机构，主要由祭司和当地有名望的长者构成，通常在酋长家附近的大树下召开各家族的头领议事。祭司的工作主要是举行各种仪式，抚慰祖先的灵魂和各种生灵，祈雨求安。在部族会议上，男人有发言权，有很大程度的平等权利。

在葡萄牙殖民者到来以前，班图人创造了辉煌灿烂的文明。甚至直到17 世纪，莫桑比克中部地区还受到两个班图人国家的控制，其中最重要的一个就是姆韦尼·马塔帕（Mwene Matapa）王国。

三 阿拉伯人社会

7 世纪，阿拉伯人到达东非海岸。9 世纪，阿拉伯人开始进入莫桑比克北部和中部沿海地区进行贸易，并在这一过程中与当地人通婚，形成了阿拉伯人和非洲人的混血种族——斯瓦希里人。此后，阿拉伯人和斯瓦希里人逐渐在莫桑比克地区建立了商业城邦。15 世纪中叶，莫桑比克成为姆韦尼·马塔帕王国的一部分。在姆韦尼·马塔帕王国中，虽然国王和贵族掌控着王国的经济，但他们依旧需要通过阿拉伯人和斯瓦希里人垄断贸易。在经济繁荣时期，先后出口大量的黄金和象牙，而阿拉伯人和斯瓦希里人是其对外贸易的中转商人。

第二节　殖民者入侵

一　早期探险和冲突

15世纪末，葡萄牙为打开西欧通往东印度的航路来到莫桑比克。1498年，葡萄牙探险家达·伽马率领船队从赞达美拉地区、赞比西河三角洲地区和北方莫桑比克岛登陆，首次来到莫桑比克。达·伽马一行的目的是为葡萄牙探索通往东方的新航路，并建立中途供应点。但他们很快被阿拉伯商人和斯瓦希里商人的黄金和象牙贸易吸引，并留下了关于莫桑比克热带雨林地区隐藏着黄金果和黄金城的传说。这些传说吸引了许多探险家和冒险家来到莫桑比克，由此产生了早期阿拉伯商人、斯瓦希里商人与葡萄牙人之间的冲突。

1505年，葡萄牙用武力驱逐了在索法拉的阿拉伯人，建立了第一个殖民据点。1507年，葡萄牙占领莫桑比克岛。葡萄牙人与当地的阿拉伯商人在扩张活动中发生了冲突，但最终战胜了阿拉伯商人，逐渐控制了这一地区的黄金和象牙贸易。16世纪20年代，葡萄牙人控制了莫桑比克沿海的几个主要港口。到16世纪30年代，葡萄牙人相继占领了莫桑比克一些内陆地区和赞比西河流域的塞纳与太特，通过收买当地贵族，在当地非洲人部族的经济和政治等方面攫取了很大的权力，进而削弱了在这里经营多年的斯瓦希里商人的贸易网络。1544年，葡萄牙军队在克利马内建立要塞，试图控制赞比西河三角洲地区的航线。

葡萄牙在莫桑比克初步扩张以后，企图通过宗教控制整个王国，阴谋失败后在1567年发动大规模军事战争，莫桑比克人顽强抵抗击退了葡萄牙军队。葡萄牙军队随后的多次进攻也都以失败告终，但王国内部因各方势力混战而逐渐走向衰落。

二　葡萄牙的扩张

葡萄牙虽然几次入侵失败，却丝毫没有打消对莫桑比克的野心。在1607年以提供武器支持为条件得到了姆韦尼·马塔帕王国辖区内的金矿经营权。

1629 年，趁姆韦尼·马塔帕王国内讧之机，废除了老国王，另立新国王马武拉（Mavura）。马武拉本人发表了支持葡萄牙拥有姆韦尼·马塔帕王国主权的声明，承认本国为葡萄牙附属国的地位。这表明葡萄牙取得了对莫桑比克内陆地区的支配权。王国从此逐渐瓦解。王国内部纷争不已，17 世纪赞比西河南岸兴起了罗兹维王国（Rozwi），迫使葡萄牙势力大批撤退，也使得姆韦尼·马塔帕王国沦为盘踞在赞比西河下游流域的小酋长国。尽管如此，衰弱的姆韦尼·马塔帕王国也一直延续到 19 世纪末期才宣告灭亡。

17 世纪初是葡萄牙人在东非势力极盛的时期，他们从莫桑比克输出大量黄金，每年仅从克利马内输出的黄金就有 6 万盎司。与此同时，赞比西河以北的地区形成了强大的马拉维联邦，对外贸易发达，并且向姆韦尼·马塔帕王国和葡萄牙殖民者发起了进攻。1608 年，葡萄牙人为了缓和与马拉维人的关系，以欺骗的手段与其结成军事联盟，开始向赞比西河以北的内陆地区进行渗透。1632 年，马拉维国王不满葡萄牙势力的影响，对葡萄牙人占据的城镇克利马内发动了突袭，但被击败。可是马拉维人一度强大的实力使得葡萄牙人向内陆扩张推迟了一个世纪的时间，直到 18 世纪初马拉维联盟瓦解为止。在几个世纪里，葡萄牙人不断试图建立起对莫桑比克内陆的控制，但由于受到当地非洲人的强烈反抗，均遭到了失败。

1700 年，葡萄牙宣布莫桑比克为“保护地”，1752 年改为殖民地，由里斯本任命总督进行统治，当时莫桑比克被称为“葡属东非洲”。17 世纪中叶，葡萄牙在莫桑比克实行“巴拉佐”制，由王室特许土地给一些大地产所有者，代替地方酋长统治。这些大地产所有者对非洲人行使绝对权力，甚至可将他们出卖为奴。同时，葡萄牙开始从莫桑比克输出奴隶。到 18 世纪，奴隶已取代黄金和象牙，成为赞比西河流域的主要出口“商品”。

直到 19 世纪，奴隶贸易还是葡萄牙人获取巨额利润的主要贸易项目。葡萄牙殖民当局在 1888～1893 年成立了莫桑比克公司、尼亚萨公司和赞比西亚公司，主要是为了征收棚屋税和保障劳力供给，最终实现对广大领土的有效占领和军事控制。

三 列强的争夺

进入 19 世纪以后，葡萄牙在名义上已经对莫桑比克进行了 300 多年的统治，但实际上其统治非常脆弱。葡萄牙对莫桑比克的占领不断遭到西欧其他列强的挑战。

17 世纪，荷兰人的船曾多次包围莫桑比克岛，但未能占领。19 世纪 60 年代，邻近莫桑比克的开普殖民地发现黄金和钻石，西欧列强对莫桑比克的争夺更趋激烈。这一时期，日益强大的其他国家势力，尤其是英国势力不断向莫桑比克渗透。1869 年，英国试图占有德拉瓜河湾未遂。19 世纪 70 年代，英国建立了商业定居点，从此可以深入马拉维湖地区。英国人在莫桑比克中部的希雷峡谷的活动越来越频繁，与此同时，南非的阿非利坎人和德国人也试图进入马尼卡高地的土地肥沃地区定居。在莫桑比克南部，英国投资者不断扩大在洛伦索 - 马贵斯的经济影响，攫取对该港口的控制权。

1884 ~ 1885 年的柏林会议正式确立了有效占领原则，该原则让欧洲列强对非洲大陆的殖民统治正式化。根据柏林会议，建立殖民地的一个标准是宗主国必须确保殖民地的经济发展。于是葡萄牙开始了在其殖民地上真正的军事行政统治。

1891 年，英国人抢占了希雷峡谷和马尼卡高地大部分的肥沃土地后，同葡萄牙签订协议瓜分赞比西河流域的条约，承认整个莫桑比克划归葡萄牙。1891 年，莫桑比克正式定界，称为葡属东非，从而在名义上葡萄牙对莫桑比克的绝对统治权得到了国际社会的承认。同年，德国占领了葡萄牙垂涎已久的鲁伍马河以北的地区，并于 1894 年迫使葡萄牙签署了协议，割占了鲁伍马河以南的地区。1898 年葡萄牙殖民者将首都从莫桑比克岛迁到洛伦索 - 马贵斯。

20 世纪初，葡萄牙实行改革，给莫桑比克以相对的自治权。1930 年，葡萄牙军事独裁者萨拉查颁布殖民条例，重新将莫桑比克定为殖民地，取消莫桑比克人有限的自治权和特许公司的开发权。1951 年，莫桑比克成为葡萄牙的海外省。60 年代以后，随着非洲民族解放运动的高涨，葡萄牙被迫修改殖民政策。1964 年初葡萄牙颁布“海外省组织法”，虽名义上给非洲人以葡萄牙公民权，并扩大了莫桑比克地方政府的权力，但实际上仍对非洲人进行军事镇压并加强政治控制。

四 反侵略斗争

葡萄牙的入侵削弱了姆韦尼·马塔帕王国的实力，但同时遭到莫桑比克人的英勇反抗，非洲人坚决捍卫自己的独立自主权利，一直不屈不挠地抗击任何损害其独立地位的侵犯。1571 年，1000 名葡萄牙军人从塞纳出发攻打姆韦尼·马塔帕王国，在当地人的回击下，几乎全军覆没。1574 年，莫桑比克人歼灭了驻赞比西河的 200 名葡萄牙军。17 世纪，居住在巴卢埃地区的民众以及赞比西河地区的聪加人反抗葡萄牙的统治最为激烈。18 世纪，当地非洲人经常袭击葡萄牙人的贸易据点及占领军驻地。

19 世纪，莫桑比克各族民众几乎都参加了反抗葡萄牙入侵和统治的斗争，恩戈尼人反对葡萄牙人的斗争持续了 70 年。他们一度占领洛伦索－马贵斯，攻陷索法拉，没收赞比西河以南的大地产。1885 年，恩戈尼酋长根根哈纳团结周围各族组成加扎联邦进行斗争，直到 1895 年才被镇压下去。居住在中部马尼卡高原的绍纳人在酋长乌姆塔萨和马庞德拉的领导下，从 19 世纪 60 年代开始，反抗葡萄牙统治 30 多年，一度将葡萄牙人逐出莫桑比克和津巴布韦交界地区。

自非洲出现殖民狂潮以来，非洲酋长一直领导反抗葡萄牙殖民军队的武装起义，这也成了欧洲人呼吁教化“野蛮非洲人”的主要理由之一。解放斗争的领导人认为“原始抵抗”（primary resistance）是他们解放运动的源头，并利用它来鼓舞士气。这一点在解放战争时期建立的军事基地的名称中表现得非常明显。例如，位于莫桑比克最北部的尼亚萨省的一个军事基地是以加扎王国（Gaza Kingdom）的最后一任国王冈冈哈纳（Gungunhana）的名字命名的，加扎王国位于莫桑比克的南部。据称，莫桑比克解放阵线的创立者爱德华多·蒙德拉纳（Eduardo Mondlane）和次任领袖萨莫拉·马谢尔是听着冈冈哈纳反殖民战争的故事长大的。

莫桑比克殖民政府经常使用暴力对民众实施“恐吓战术”。1917 年 4 月，通过英国驻索尔兹伯里总领事，殖民政府为其军队订购大量机关枪和自动步枪。为了“保护”贝拉和南罗得西亚①之间的铁路线和英国控股的塞纳糖业公司（Sena Sugar Company），英国政府接受了这一订单。这是葡萄牙和英国在非洲南部逐渐增强的经济联系影响当地政治局势的一个例子。在此背景下，莫桑比克的解放运动开始从反对殖民统治，逐渐拓展到反对资本主义的斗争，呈现出反殖民主义和反资本主义的双重特征。

虽然各种“原始抵抗”确实促成了后来的解放斗争，但在某些方面，它们从未超出由个别领导人（王国、联盟、氏族或血缘）指挥的独立斗争的范畴，也未能成为更广大的运动的一部分，因为这些非洲酋长无法克服彼此之间存在的地理、文化和社会差异。由于彼此之间缺乏有效交流和互动手段及整体的政治领导机构，他们在和葡萄牙殖民军队战斗时很难组成统一战线以获得大规模的支持，且武器质量低下。在殖民军队不断分化下，这些非洲酋长之间的分歧不断加深。但不能否认的是，后来解放斗争的领导人从这些经历中吸取了教训，从“原始抵抗”中认识到团结非洲人民进行武装斗争的重要性。

莫桑比克首任总统马谢尔在独立后的就职仪式上大大肯定了莫桑比克人民“原始抵抗”的作用：在历史进程上的所有征服战争中，莫桑比克人民在各地不断地与殖民主义掠夺者作斗争。从姆韦尼·马塔帕王国的抵抗到巴吕埃的起义，人民在争取自由和独立的斗争中的光辉行为被写入莫桑比克历史。

第三节　民族独立与国家重建

20 世纪开始的时候，葡萄牙已经在具有战略意义的莫桑比克南半部

① 在历史上罗得西亚包括现在的赞比亚和津巴布韦两个国家。赞比亚在独立以前曾被称作北罗得西亚，津巴布韦在独立以前被称作南罗得西亚。由于赞比亚独立较早，所以在赞比亚独立以后，一般也将没有取得独立的津巴布韦称为罗得西亚。不过，为了方便起见，本书将独立前的津巴布韦统称为南罗得西亚。

分巩固了统治地位，并且在第一个 10 年期间，葡萄牙殖民军队通过残酷暴力的镇压，基本上平息了赞比西河以北地区非洲人的反抗。这时葡萄牙实际上已经控制了整个莫桑比克殖民地。从这一时期开始，葡萄牙对莫桑比克进行直接的殖民统治，在根本上改变了莫桑比克的社会结构。普遍怀有文化优越感和种族歧视习惯的殖民统治者，在推行新型的强制劳役制时无端暴虐，在征税时横征暴敛，给莫桑比克人带来了深重灾难，也激起了莫桑比克人的英勇反抗。独立解放运动就是在这样的背景下迅速发展壮大并最终取得胜利的。

一 葡萄牙的殖民统治

从 20 世纪初葡萄牙在莫桑比克全境建立殖民统治，至 1975 年莫桑比克独立大约 3/4 个世纪的时间里，莫桑比克的历史大致上可以分为三个阶段。

第一个阶段为 1900 ~ 1926 年。这一阶段的统治特征有三。其一，殖民政府的统治及权力分散且缺乏有效组织，各级政府腐败盛行，行政效率低下；其二，白人移民社会中的特殊利益集团和外国特许租借公司肆虐为患，引发政治危机；其三，经济上开始依附于邻国南非和南罗得西亚。葡萄牙没有发达的工业体系，无法对莫桑比克进行大规模的工业投资，因而莫桑比克殖民政府维持统治的主要财源有：向南非和南罗得西亚输出大量劳动力，殖民当局靠垄断劳工工资牟取暴利；靠向南非和南罗得西亚提供港口运输服务牟利。

为了有效地进行殖民统治，葡萄牙当局逐步在莫桑比克建立了系统的行政体系。在那些没有租借给欧洲公司的地区，莫桑比克总督之下的行政区分为三个级别。最高一级是地区总督，通常为里斯本指定的地区级军事长官。

殖民地的警察构成了殖民地统治的另一个国家机器。其来源最初是从殖民地的士兵和忠于殖民地统治的王族中招募，后来形形色色的前武士、猎奴者和雇佣兵成为警察的重要来源。他们没有经过统一的训练，也没有统一的规章制度，主要负责辅助征税、征召劳工、传送行政官的命令和逮捕反叛者。只要能够令来自葡萄牙的行政官员满意，就可以胡作非为，肆意横行。

殖民政府还建立了独立的司法体系，但莫桑比克作为葡萄牙的殖民地，法律体系完全照搬其宗主国的法律体系。法律分别适用于“文明的欧洲人”和“不开化的土著人”，主要是为了保护葡萄牙人和外资企业的利益，同时利用税收法律和劳工法在莫桑比克创造一个能够提供无限廉价劳动力的供应地。由于莫桑比克的葡萄牙经济部门缺乏吸引力，大量的当地人宁可到遥远的南非和南罗得西亚工作，也不愿进入葡萄牙人的企业，所以劳工法强制要求当地人服劳役，通过盘剥到南非打工的莫桑比克人以增加财政收入。

由于葡萄牙的经济掠夺，20 世纪初莫桑比克已经面临严重的政治危机和经济危机。严重的通货膨胀、货币贬值和农产品价格猛跌加剧了莫桑比克经济形势的恶化。为了扭转莫桑比克的局势，1920 年葡萄牙向莫桑比克委派了高级专员曼努埃尔·布里托·卡马修，取代总督进行改革，但遭到了葡萄牙本土势力和南非的反对。直到 1926 年 5 月 28 日，葡萄牙的保守势力发动政变。1928 年，经济学教授安东尼奥·萨拉查出任财政部部长。他在此后的四年间巩固了独裁权力，开始了在葡萄牙 30 多年的法西斯统治历史。

第二个阶段为 1928 ~ 1962 年。这一时期为萨拉查独裁统治时期，他采取了不同于以往甚至完全相反的殖民地统治政策。这一阶段葡萄牙在莫桑比克的统治政策主要包括以下几个相互依存的组成部分。

其一，葡萄牙中央政府在殖民地强制推行高度集权化的独裁统治，加强对莫桑比克的控制，殖民地的一切重大决策均由葡萄牙海外部做出。其二，废除外国公司的土地租借权，推行新的商业政策，允许政府直接干涉各级经济领域的活动，制定新的劳工法以使强制劳役体制合法化，从而帮助支持萨拉查攫取政权的新兴资产阶级。其三，制定种族主义的同化政策和移民政策。所谓的同化政策是由殖民政府同天主教会结盟去同化非洲人，使非洲殖民地和葡萄牙之间结成牢固的纽带。其四，实行所谓的“民族主义”经济政策，使莫桑比克成为原料供应地和商品市场。

在社会政策方面，萨拉查政府一上台就开始系统实施土著人制度，以便将大多数非洲土著人“合法”固定在一个从属的种族、阶级和文化地位。此时期，莫桑比克总督又取代了葡萄牙派驻莫桑比克的高级专员，但此时莫桑比克的总督只能执行由葡萄牙海外部制定的政策，莫桑比克的地方政府和省议会成了葡萄牙维持殖民统治的橡皮图章。为了确保社会的和谐与稳定，葡萄牙在莫桑比克设立了一系列的镇压机制，包括审查制度及密探、秘密警察、警察、军队和法院系统。

萨拉查执政以后，葡萄牙殖民政府在莫桑比克推行的政策目标是将其变成母国的原料供应地和母国制造业的商品市场。为了达成这一目标，葡萄牙当局并不想建立一个生产体系，而是推行这样的经济战略：将莫桑比克生产的所有农业原材料运往葡萄牙，并阻止当地兴办农产品加工产业；与此同时，在殖民地实行保护性高关税，最终确保莫桑比克成为葡萄牙相对落后和低效的工业部门的主要销售市场。长期推行殖民地经济政策的结果是莫桑比克在经济上形成了典型的殖民地经济，即农业建立在小规模生产和为数不多的大规模种植园的基础上，工业基础薄弱，工业品主要靠进口，国民经济唯一的现代化部门是港口和铁路运输业，主要为邻国服务。

由于殖民地经济政策继续依赖向南非输送廉价劳工，殖民政府建立了更为集中的管理机制，通过人口统计、征税和更严厉的劳工法等，达到更有效和更堂而皇之地征召及剥削输往南非的廉价劳工的目的。萨拉查的劳工政策，再加上大萧条结束后世界农产品市场的迅速扩大，促进了莫桑比克种植园经济的复苏和膨胀。葡萄牙政府除了剥削压榨殖民地以外，也不会投入资金用于发展教育。由于教育条件极差、殖民地剥削性的劳工政策和税收政策的实施、严格的升学制度等，莫桑比克教育发展缓慢。到1958年，莫桑比克98%的人口没有接受过教育。

第三个阶段为1962～1974年，为莫桑比克民族独立的战争时期。时值非洲民族解放运动高潮，莫桑比克和安哥拉先后发起武装斗争，葡萄牙因为经济与军事实力空虚，被迫对西方国家的投资开放国门，借以换取其他西方国家和邻国的支持。与此同时，莫桑比克新形势的发展迫使萨拉查及其继任者马尔塞洛·卡埃塔诺（Marcello Caetano）采取某些象征性的改革措施，在国际上制造殖民地进行改革的假象。他们改变某些统治手段并在一定程度上放松对莫桑比克行政和财政的控制，终止了那些最具掠夺性和剥削性的赤裸裸的措施，废除了强制性种植制度，开始打起多种族文化的幌子。

二 莫桑比克的觉醒

殖民地政策在社会领域日益反动，引起莫桑比克人强烈的不满，加速了民众的觉醒，也为莫桑比克民族解放斗争的兴起准备了条件。最为典型的是严厉的种族隔离和合同工政策，其使非洲人在就业方面饱受歧视，为了逃避无穷无尽的强制性劳役，成千上万的莫桑比克人常年流亡在外，收入微薄，并且有家不得归。所有的这些殖民掠夺政策给莫桑比克人带来了深重的灾难，同时蓄积着反抗的怒火。

在莫桑比克国内，为了争取自身的权益，在20世纪20年代就出现了第一批政治组织。1920年，在里斯本留学的莫桑比克学生成立了“非洲人联盟”。不久，莫桑比克国内出现了反殖民主义的激进组织“非洲人同业公会”，后来改称“非洲人联合会”。1949年创建于洛伦索－马贵斯的莫桑比克高中学生中心就是一个早期的民族主义组织，这是由接受过葡萄牙文化教育的新一代人建立的。该组织的重要性不仅仅体现在其坦诚的民族主义立场，还因为该组织培育了20世纪后半期莫桑比克最重要的一些政治家，包括1964年开始领导独立运动的爱德华多·蒙德拉纳、1986年成为莫桑比克总统的若阿金·阿尔贝托·希萨诺（Joaqim Alberto Chissano），以及总理帕斯库亚尔·曼努埃尔·莫昆比（Pascoal Manuel Mocumbi）。建立统一独立的莫桑比克的梦想在少数知识分子的心中诞生了，到了50年代，激进的民族主义运动在知识分子中发展起来。

第二次世界大战后，在非洲民族解放运动高潮的推动下，莫桑比克人民日益觉醒，反对葡萄牙殖民统治的民族解放运动空前高涨。50年代末

60年代初，流亡在海外的莫桑比克侨民相继成立了一些民族解放组织，其中影响最大的有三个：1960年成立的莫桑比克民族民主联盟（UDENAMO）、1961年成立的莫桑比克非洲民族联盟（MANU）和后来成立的独立莫桑比克非洲人联盟。在国内的城市地区，工人罢工运动也动摇着殖民统治的基础，如1933年肯嫩塔（Quinhenta）工人罢工、1948年洛伦索-马贵斯发生的罢工斗争以及1956年码头工人大罢工等。在农村地区，反对强制劳役制和强制种植制度的斗争不断涌现。农民的反抗往往采取逃避或者迁移的方式进行，但有时也会激化为公开的请愿示威。殖民政府经常动用警察和军队，采取残暴的手段镇压手无寸铁的抗议者。许多人认识到只有拿起武器才能保卫自己的生命安全。莫桑比克的民族解放运动很快就爆发了。

20世纪60年代初期，许多欧洲国家相继承认了非洲殖民地国家的独立地位，但葡萄牙无视世界的潮流，仍认为莫桑比克和其他的领地是葡萄牙母国的海外省，并迅速大批向这些殖民地移民。莫桑比克独立之时葡萄牙人已经达到25万人。此时，莫桑比克人反对葡萄牙的统治，建立自己国家的斗争进入了新的时期。

60年代莫桑比克民族主义运动兴起，明确提出要求独立的口号。在邻国建立并开展活动的莫桑比克民族解放组织为创建一个全国性的激进民族主义组织做出了不懈的努力。1960年，莫桑比克民族民主联盟在南罗得西亚的索尔兹伯里成立；翌年，莫桑比克非洲民族联盟在肯尼亚成立，独立莫桑比克非洲人联盟在尼亚萨兰成立。这3个组织1962年6月25日在达累斯萨拉姆合并为莫桑比克解放阵线。这是莫桑比克人首次为反对殖民统治而建立的联合组织。莫解阵努力团结全国各派爱国力量，统一协调全国各地的斗争，为完成民族解放和民族独立的目标开创了新局面。莫解阵的成立标志着莫桑比克民族解放斗争进入新阶段。

1962年9月，莫解阵举行第一次全国代表大会，宣布可以使用一切斗争手段争取民族独立，直到葡萄牙同意谈判独立问题。莫解阵是一个具有马克思主义倾向的民族独立运动政党。在此次代表大会上，爱德华多·蒙德拉纳当选为主席。由于蒙德拉纳主张尽可能广泛地建立反抗殖民地统治的联合阵线，莫解阵在成立初期接纳了各种各样的思想派别和政治派别。这种情况也导致了主张与葡萄牙当局进行对话和向联合国申诉的少数派从莫解阵中分离出去。由于葡萄牙秘密警察的渗透、缺乏战略物资以及北约国家作为葡萄牙盟友的公开漠视，莫解阵在初期的发展异常艰难。与此同时，葡萄牙当局在莫桑比克国内加紧监视和镇压活动，北方具有反抗殖民统治传统的德尔加杜角省和尼亚萨省民众的不满情绪日益高涨，莫解阵利用这种条件首先在这里建立全新的农村网络，为开展武装斗争准备了条件。

三　民族独立

1964 年 9 月 25 日，以坦桑尼亚为阵地的莫桑比克解放阵线领导开展游击战争，在当地人的支援下，一举摧毁了葡萄牙殖民者在德尔加杜角省沙伊（Chai）的行政点。蒙德拉纳领导的争取民族解放的武装斗争正式打响了。莫桑比克游击队利用游击战术，发动丛林战摧毁殖民地的通信和铁路交通线。莫解阵在弹药运输和重要物资供应方面得到了当地农民的大力支持，逐渐在德尔加杜角省和尼亚萨省建立了解放区。到 1968 年，游击队已经控制了全国 20%~25% 的区域，而且在具有重要战略意义的中西部太特省开辟了第三条战线。这给葡萄牙殖民者以沉重的精神打击，引起了葡萄牙和南部非洲地区的殖民统治者的极大恐慌。

莫解阵领导的推翻殖民政权的武装斗争得到了非洲其他国家和阿拉伯国家、东欧社会主义国家以及中国的支持和援助。莫解阵战士先后在阿尔及利亚和坦桑尼亚等国家进行军事训练或建立军事基地。莫解阵也从中国、苏联和其他社会主义国家得到大量的武器援助。

随着军事斗争不断取得胜利和解放区不断扩大，莫解阵面临一系列新问题：在摧毁了殖民统治的政府机构和剥削制度以后，应该在解放区建立什么样的政府，在政治、经济、文化与卫生事业方面如何建设等。围绕这些问题，莫解阵内部也经历了激烈的斗争，到 1968 年分裂成以蒙德拉纳为首的多数派和莫解阵副主席乌利亚・西芒戈（Uria Simango）为首的少数派。1968 年 7 月，莫解阵在尼亚萨省解放区召开了第二次全国代表大会。以蒙德拉纳为首的多数派取得了胜利，他们坚持革命路线，蒙德拉纳再次当选为莫解阵主席。部分少数派仍旧坚持并展开分裂活动，策划杀害莫解阵高级领导人。1969 年 2 月，蒙德拉纳在达累斯萨拉姆的办公室被杀害。

蒙德拉纳的去世对莫解阵武装斗争造成了重大的打击，他的去世曾引发莫解阵领导层内部的短期分歧和斗争，直到莫解阵军事司令萨莫拉·马谢尔在 1970 年 5 月被中央委员会选为莫解阵主席。他迅速巩固了对莫解阵的领导权，使该党的军事斗争水平不断提高。在萨莫拉的领导下，莫解阵认真地总结了解放区的实践经验和规则，排除部族传统权力机制的影响，加大力度解放妇女，发展卫生和教育事业。在军事领域，莫解阵游击队扩大在太特省的战果，并从 1972 年开始突入莫桑比克南部地区。1973 年底，莫解阵部队已经深入马尼卡省和索法拉省的腹地，游击队前锋推进到萨韦河流域距马普托仅 640 公里的地区开展活动，对贝拉城构成了军事威胁，重创葡萄牙殖民统治。经过 10 年英勇战斗，武装力量由 200 人发展到 2 万人，解放了北部三省以及中部两省的部分地区，控制了全国 1/3 的国土。在解放区内，莫解阵普遍摧毁了殖民机构，建立了民族民主政权，其成员由民众选举产生；实行一系列的新型社会经济制度和措施，设立了“人民商店”网络。

最初，葡萄牙殖民政府试图将战线控制在最北部的边境地区，尤其是那些没有经济价值、人口稀少的地区，进而将其同大多数非洲人口隔离开。殖民当局强行将农民迁移到“战略村落”定居，并在莫桑比克与马拉维边境和坦桑尼亚边境建立了警戒所。殖民政府建立战略村落的目的是切断莫解阵同农民的联系，减少农民对莫解阵的支持，甚至在战略村中组建“民兵”并使之成为殖民地的第一道防线，或借以帮助控制当地居民。

随着莫解阵进攻的不断加强，葡萄牙殖民政府从 1965 年开始在德尔加杜角省靠近坦桑尼亚的边境实行“焦土政策”，同时将成千上万的农民驱赶到围着铁丝网的村庄。当地不少农民称这些战略村落为“死亡营”或“集中营”。到 70 年代初，战略村落在莫桑比克北部大部分地区设立。

但最终殖民政府的这种策略还是失败了，这些战略村落并没有达到阻止莫解阵从非洲人那里获取粮食、兵员和战略情报的目的。在这一时期，葡萄牙殖民政府企图在赞比西河流域建立起以白人为主的半军事性移民定居点网络的策略也破产了。

为了摧毁莫解阵武装力量，将其从解放区驱赶出去，葡萄牙殖民政府于1970年6月发动了莫桑比克殖民史上最大的反攻战役。葡萄牙军队在优势空军的掩护下，调派1万兵力，对马孔德高地和尼亚萨省东北部地区的解放区发动大规模的进攻，使用燃烧弹，实行“焦土政策”。在此战役期间，葡萄牙军队用法西斯手段对待战区农民，大部分人被强行驱赶到受严格控制的战略村落。尽管葡军在战役开始阶段取得了胜利，但不久就陷入了持久战和消耗战的泥淖。

在外交领域，葡萄牙政府利用各种手段争取北约盟国在外交、军事和经济方面的援助。葡萄牙对外宣称，自1961年实施改革以来，莫桑比克等葡属非洲殖民地已成为“多种族”的乐园，成为葡萄牙的合法海外省；如果受苏联支持的莫解阵取得胜利，在冷战中受益的将是苏联。这些对外宣传在解放战争初期为葡萄牙赢得了北约盟国的广泛支持。为巩固北约盟国的支持并提高葡萄牙进行战争的财政能力，1965年，葡萄牙首次允许西方资本独自在莫桑比克进行投资。葡萄牙政府希望通过这种开发战略与西方国家建立密切的经济利益关系，以便支持其对莫解阵的镇压。卡奥拉巴萨大坝就是从这时开始筹划的一个最大的多国投资项目，最初参加开发活动的有英国、美国、南非、法国、联邦德国和意大利资本。建立这个大坝，也是葡萄牙殖民者企图把南非势力引入莫桑比克独立战争的战略组成部分，这样既能在经济上加强同南非的关系，又能通过引入南非的强大实力在赞比西河和卡奥拉巴萨水库地区建立一个阻挡莫解阵前进的缓冲区。

尽管西方国家在口头上支持民族自决，但美国领导的北约盟国不断加强对葡萄牙非洲政策的支持。在武装斗争开始以前，北约盟国就着手为葡萄牙军队提供大批先进的武器，使其军队实现了全面现代化。在民族解放战争期间，西方国家还向葡萄牙提供了大量急需的贷款和经济援助。莫解阵向西方国家提出的人道主义援助和军事援助的要求，却遭到了北约国家的一致拒绝。在国际上，萨拉查政权一直得到北约国家的支持。在联合国和其他国际场合，西方国家代表多次反驳对葡萄牙的“有害批评”，希望国际社会多给葡萄牙一些时间以推行其改革政策。自1964年开始，联合国西方国家代表一直拒绝支持关于葡萄牙殖民地自决权的任何决议。

虽然葡萄牙得到了西方国家强有力的支持，但到1973年，葡萄牙国内反战势力发展起来。由于长期背井离乡和服役期不断延长，厌战情绪蔓延，士气低落。不少白人军官，尤其是指挥黑人部队的白人军官，往往憎恶白人移民对待非洲人的态度和做法，对非洲人争取自由的斗争越来越同情。葡萄牙国内反战情绪日益高涨，越来越多的人逃避甚至拒绝服兵役。在这种情况下，葡军内部出身社会下层的许多低级军官成了葡萄牙国内反战活动的激进分子，他们厌恶在莫桑比克无休止地进行毫无希望的战争。

1973年夏天，葡萄牙190名年轻军官签名请愿，批评政府的现行政策。最初主要是为了表达对自己职业不满的低级军官组织，很快发展成为“尉官运动”。1973年11月，尉官运动发展成了“武装部队运动”。这时，该运动本身已经发展成为一个持不同政见者的完善组织，其秘密成员来自不同的政治领域。除了职业地位受到威胁之外，军官们还对工资低和在国外艰苦环境下的长期驻军生活不满。对政府殖民地战争政策不满的葡军高级军官分为两个集团。右翼集团以葡军前莫桑比克总司令考扎·德阿利亚加将军为首，主张在非洲推行以军事解决的战争政策。温和派高级军官以总参谋长弗朗西斯科·达·科斯塔·戈麦斯将军和副总参谋长安东尼奥·斯皮诺拉将军为首，主张同非洲独立解放运动组织进行谈判。斯皮诺拉将军在1974年2月22日出版了著名的《葡萄牙及其未来》（*Portugal e o Futuro*）一书。他在书中主张，应该同非洲殖民地建立一种松散的联盟，因为葡萄牙根本不可能取得完全的军事胜利。他的这一理论使得越来越激进的“武装部队运动”密谋者们采取果断措施。

1974 年 3 月，葡萄牙总理卡埃塔诺以斯皮诺拉和科斯塔·戈麦斯不支持政府现行非洲政策为由解除了两人的职务。在政府失去了军队高级领导人支持的情况下，4 月 24 日至 25 日夜，“武装部队运动”发动政变，没有受到忠于政府部队的抵抗，废除了萨拉查指定的卡埃塔诺政府。“武装部队运动”迅速组成了斯皮诺拉将军为首的七人军官委员会——民族拯救军官团，立即呼吁在一年之内举行公民投票以决定葡萄牙的政治体制和同非洲殖民地的关系。军方政府承诺在国民自由选举立宪机构之后，就将政权转交给新政府，并结束所有的殖民地战争。但“武装部队运动”的实际领导人和以斯皮诺拉为领导的委员会之间在和平与非殖民地化方针问题上产生了分歧。“武装部队运动”主张立刻断绝同殖民地的关系，并立即撤回军队；而斯皮诺拉支持采取逐步解决的政策，主张为葡萄牙联邦内的殖民地保留有限的自治权。大多数被征召入伍的军官和士兵渴望停止战争，早日平安回家，因而斯皮诺拉在殖民地政策方面失去了多数人的支持。

葡萄牙发生政变以后，莫桑比克的军队和政府陷于瘫痪，出现了各种势力集团都试图同葡萄牙新政府谈判的局面。1974 年 6 月，葡萄牙新政府同莫解阵进行谈判。9 月 7 日，葡萄牙和莫解阵在赞比亚首都卢萨卡签署了《卢萨卡协议》，葡萄牙政府同意把政权交给以莫解阵为主的过渡政府，正式结束了殖民统治。根据协议，1974 年 9 月 20 日，莫桑比克成立了以莫桑比克解放阵线为主体的过渡政府，若阿金·希萨诺为总理，包括 6 名莫解阵成员。

在过渡时期，莫解阵利用民众的支持在全国范围内扩大其影响和建立组织网络，并同民众建立广泛联系。而在此之前，许多地区尤其是南部地区的莫桑比克民众在独立战争期间根本没有同莫解阵建立联系，不了解其政治、经济政策，也没有莫解阵解放区群众民主参与决策的经历。为了让民众了解莫解阵的政策目标和动员他们参与民主决策，莫解阵组织动员小组派驻全国各地，按照在解放区的经验开展工作。这些动员小组的使命包括组织讨论莫解阵的思想理论，鼓励群众在决策过程中发表看法和参与决策，保护群众免遭蓄意伤害，结束罢工，说明合作劳动优势等。此外，过渡政府也面临着长期殖民统治遗留下来的严重社会问题。为解决这些问题，过渡政府采取措施，推行扫盲运动、卫生保健运动和提高妇女地位运动。希萨诺总理还通过公共讲话和私人会晤，努力缓解白人社会的紧张情绪，防止大规模白人外迁造成技术劳动力大量流失，避免本已十分落后的经济彻底陷入瘫痪。

1975 年 6 月 25 日，莫桑比克正式宣告独立，成立莫桑比克人民共和国，萨莫拉·马谢尔宣誓就任总统。这一天成为莫桑比克独立日。洛伦索-马贵斯改名为马普托，成为首都，其含义是“家乡”。

四 国家重建

1975 年独立时，莫解阵接管的是一个社会、经济各方面已经崩溃的国家。实际上，当时的莫桑比克只是一个支离破碎的联合体，远没有达到现代国家实体的水平。经历了葡萄牙殖民势力近 500 年的掠夺和统治，莫桑比克成为世界上典型的经济落后、社会扭曲的国家。现有的基础设施十分有限，而且大多是为了支撑殖民战争才修建的。工业和农业一直紧紧地控制在葡萄牙人手里。所有技术性工作一直由葡萄牙人负责，社会失业率畸高。粮食产量很低，不能自给，每年都要从南非和南罗得西亚进口粮食。大量土地荒芜，得不到有效的开垦，工业十分落后。1957 年以后，莫桑比克的财政收入每年都入不敷出。到 1970 年，出口收入还不及进口支出的一半，当年的贸易赤字增加到 5000 万美元。莫解阵取得胜利后的短短三年间，葡萄牙居民从 25 万人急剧缩减到大约 2 万人。成千上万的葡萄牙人抛下正在修建的公寓和尚未安装的崭新的贵重机器，落荒而逃。此时，莫桑比克全国 95% 以上的人口没接受过教育，是世界上教育水平最低的国家之一。这些情况加重了国家恢复和重建的困难。

1. 政治变革

在社会领域和政治领域，莫解阵在独立以后依据建设解放区的经验开始在全国范围内探索建设符合本国特色的“社会主义”政治制度。1975 年独立以后，莫解阵通过的第一部宪法就是在总结解放区的执政经验并对其中某些法规进行修改后颁行的。这部宪法在 1978 年进行了修改。宪法规定，莫桑比克国家政体为共和制，国家政权属于工人、农民所有。独立以后，莫桑比克进入“人民民主革命阶段”，致力于建设一个“没有人剥削人”的社会。宪法规定国家所有制为国民经济的基础，土地和矿产资源等最重要的生产资料归国家所有；国有企业在国民经济中起主导作用；国家实行计划经济体制。在不损害人民和国家利益的情况下，宪法允许私有制经济的存在。宪法对公民的权利和义务做出了明确的规定：保证公民享有平等而广泛的自由，包括言论、集会和结社等自由；享有参与和建立民主制度的权利，享有劳动和受教育的权利，在丧失劳动力和年老退休后享有社会保障的权利；公民人身和住宅受法律保护不受侵犯，公民享有通信自由和书信保密权利；等等。宪法的宗旨是在莫桑比克“致力于建设社会主义社会的政治、思想、科学和物质基础”。

宪法还规定，莫解阵在莫桑比克社会和国家体制中是唯一的领导力量。莫解阵根据宪法规定的路线，领导莫桑比克独立初期的政治、经济和社会建设。为了广泛地动员民众参与莫桑比克的建设，政府继续在全国范围内大力推广动员小组的方法。通过动员小组这一过渡性的机制，在全国范围内宣扬和贯彻莫解阵的民族统一政策、妇女解放政策、文化建设政策，进一步瓦解传统社会的权力机制，在居住区和工作场所对民众进行政治思想教育以提高群众的政治觉悟，动员群众参与集体性的经济、社会和文化活动。动员小组同莫解阵和政府保持松散的联系，并得到其广泛的政治指导。通过动员小组的活动，农村地区的集体农业生产方式得到接受并推广，进而农村公社、合作社和国有农场等集体所有制经济组织得以发展，农业生产得到恢复；积极恢复工业生产，提高产量；在居住区，促进居民和谐共处，共同解决各种问题，实现了团结和稳定。

1977 年 2 月，莫桑比克解放阵线召开第三次全国代表大会，正式宣布改名为莫桑比克解放阵线党（Partido Frelimo，简称“莫解阵党”），并宣布在莫桑比克建设科学社会主义社会，将经济命脉及土地收归国有，发展公社村与合作社。莫解阵党是马克思列宁主义先锋队政党，其使命是“领导、组织、引导和教育群众，进而将人民群众运动转变为摧毁资本主义和建设社会主义的强大武器”。会议的最后决议确定工农联盟为“人民民主权利的政治基础”。一系列的“群众民主机构”据此建立起来，以动员和确保莫解阵党对工人、妇女、青年和记者的领导与管制。莫桑比克还加强了同苏联和东欧国家的联系，并从这些国家得到了重要的政治、经济和军事支持。

为了扩大党的政治基础，建立同群众之间的牢固关系，进而有效地发挥政党的作用，从 1978 年 2 月开始，莫解阵党在全国范围内开展了创建党支部的运动。到 70 年代末，不少地区已经建立了地方政治会议和生产委员会，接掌了动员委员会的许多职能，开始作为政府部门行使政治和经济职能。动员委员会作为临时性的机构似乎已经完成了使命，但在城市地区，动员委员会仍然是联系居民和城市议会的中间机构，还承担着教育和动员群众的重要责任。为了密切同群众的关系，莫解阵党成立初期还不断加强同三大“群众民主组织”的联系。这三大组织分别是莫桑比克妇女联合会、莫桑比克青年联合会和莫桑比克生产委员会。这三大群众组织，不仅保证了莫解阵党的政令畅通，还在原则上确保了莫解阵党“向群众学习”的渠道畅通，保证了全国的非党员群众能够参与国家的政治生活。到 1980 年，莫解阵党已经在全国范围内建立牢固的根基。

打碎殖民地时期遗留下来的旧国家机器，建立新的国家机器。1977 年 9～12 月，莫桑比克通过所有合格公民参与的民主选举，组成了各级议会。在全国的 894 个乡镇地方会议中，共有 22000 多名男女代表成为议员。各地的乡镇议会代表选举出各自的县（区）地区议会代表，组成县（区）地区议会；同样，县（区）级的议会代表再选举出省级议会代表，组成各省的议会。莫解阵党中央委员会从各省议会中指定若干名代表组成国家最高立法机构——人民议会。1977 年 12 月，各省议会均已批准了人民议会的代表。议会制度的建立以及议会代表比例的确立都表明莫解阵党实现了建立人民民主机构的诺言。在各级议会中，农民和工人代表占有议会的大多数席位。在人民议会中，工农代表的比例高达 60%，另外，6% 来自群众民主团体，15% 的代表来自军队且大多数属于农民背景。长期遭受殖民统治的人民在莫解阵党领导的选举中开始参政议政，成为国家的真正主人。

除了创建各级议会之外，莫解阵党第三次全国代表大会还提出要根据宪法和莫解阵党主张的“社会主义”原则重建司法体系。莫桑比克赢得独立时，极度缺乏律师、法官和其他专业人员，又没有新型的法典和司法机构，过渡政府和新政府只能推广在解放区时的非正规司法体系并通过动员小组在地方发挥司法职能。到 1978 年底，司法部才开始建成全国性的司法体制。到 1981 年，全国的大多数城市中心地区，各省的一些县（区）、镇或集体农庄（乡）已经建立了 300 多个各级法院。与法院系统相适应，莫桑比克进行了刑罚改革，废除了殖民地时期的严惩体制，建立了新型的刑罚体制。该体制强调通过教育和集体劳动来改造罪犯。与此同时，莫桑比克逐渐关闭了备受争议的再教育集中营。到 1982 年，再教育集中营中的大部分犯人——其中的一些人是被强行收容的——已重获自由并融入莫桑比克社会。

1983 年 4 月，莫桑比克解放阵线党第四次全国代表大会确定今后三大任务：保卫祖国、战胜不发达和建设社会主义。为了改进党的领导和增强党内民主，党的中央委员会也从 57 人增加到 130 人，许多新委员来自各省和非国家机关单位。

随着内战日趋激烈，莫桑比克政府在行政管理方面也不断进行改革。1986 年，为了集中精力解决内战问题，萨莫拉总统指定莫解阵党政治局 4 名主要成员负责监督政府各部的运转。当年 7 月，萨莫拉总统为了能够专心领导打击“莫抵运”的军事行动，任命马里奥·马顺戈（Mario Machungo）担任总理，负责国家行政部门的日常管理。

1986 年 8 月，莫桑比克开始进行本应在 1982 年完成的人民议会选举。但受萨莫拉总统在 10 月坠机身亡和“莫抵运”加紧军事进攻的影响，这次大选直到 12 月才完成。11 月，莫解阵党中央委员会任命若阿金·希萨诺为总统。选举结果是莫解阵党任命了人民议会 250 个议席中的 229 个席位，所有的党和国家领导人全部获得连选连任。1987 年，莫桑比克党、政、军领导班子相继进行改组。莫桑比克政府对经济做了重大调整，提出建立符合本国历史、文化、社会和经济现状的“莫桑比克式的社会主义”。

2. 经济建设

在经济建设领域，新生的莫桑比克进行了“社会主义”经济道路的探索。独立后，有近 90% 的白人移民离境，政府接管了葡萄牙人逃离时遗弃的银行、工厂、工矿企业和大种植园，但政府推行的集中计划经济体制因技术力量和管理人员缺乏难以实现。因此，1975 ~ 1977 年是维持经济运转最为艰难的一段时间，但得到了生产领域工人委员会的支持。在农业领域，较大的农场荒废，贸易网络瘫痪。

1977 年 2 月，莫解阵党第三次全国代表大会规定，将莫桑比克建设为“社会主义国家”，实行计划经济，以国有经济为主，鼓励合作企业，并提出优先发展农业，继而发展工业的经济方针。在农业方面，1976 年 5 月以后的农业政策是大规模组建国有农场，并推行农业合作化政策，组建集体农庄。很快，在全国范围内组建了 1500 多个集体农庄。在城市地区，政府在独立以后不久就推行国有化政策。首先将主要的金融机构收归国有，后来又将城市的大房地产、医疗卫生机构、教育机构以及保险公司收归国有。少数几个企业也实现了国有化，政府还控制了所有被抛弃的企业，其中大多数是小商行和商店。经营不善的较大的公司也越来越受到政府干预，政府虽然承认这些公司是私营公司，但管理层由政府指派。1980 ~ 1982 年，政府建立了 12 个国有公司，并逐步控制了工矿企业。虽然从 1980 年开始政府控制着国家经济命脉，但在纺织业、农业和银行业等领域国有企业和私有企业共同存在，相互竞争。在销售领域，1976 年，政府成立国营的销售企业，管理进出口贸易和国内大宗商品贸易。“三大”以后全国各地又建立了国营零售商业系统“人民商店”，控制了零售业。独立的最初几年，出口明显下降，而受工业的瘫痪和葡萄牙人大批撤离后对进口需求的急剧减少的影响，进口也急剧萎缩。因而，1975 年和 1976 年实现了适度的收支平衡，缓解了独立战争引发的危机。

1980 年，莫桑比克国内生产总值（GDP）为 23.6 亿美元，人均国内生产总值为 230 美元，是世界上最不发达的国家之一。1981 年，莫桑比克政府制定“战胜不发达”计划，大量投资兴建大工业项目和国有农场。到 1985 年，国有农场和合作社的产品占市场销售量的 40% 以上。但独立后的社会经济遭受了国内战争、旱涝灾害、饥馑、人口流动频繁以及技术工人和外汇极度短缺等的毁灭性打击。另外，巨额的贸易赤字又加重了这种负担。工业大项目“既无资金，又无技术”，国有农场又大规模赔本。社会和经济发展举步维艰。

1983 年，莫解阵党“四大”开始实行调整政策，强调发展使用地方原材料的小项目，并将大农场分成易于管理的小农场。然而这些措施不足以扭转经济下降趋势，粮食及日用消费品奇缺。1980 ~ 1986 年，国内生产总值下降了 60%，出口减少 3/4。农业收成在 1981 ~ 1986 年减少了 1/2。

总的来说，自独立至 1986 年萨莫拉总统去世，莫桑比克的社会经济建设取得了三个明显成就。其一，动员和组织莫桑比克民众反对内部的颠覆破坏与外部侵略，捍卫国家的独立；其二，改善莫桑比克民众教育与卫生状况；其三，支持邻国尤其是津巴布韦人民反对白人种族主义政权的斗争。但是，在政治上，莫解阵党全盘照搬苏联模式搞“社会主义”，实行专制政策，在部族结构复杂的莫桑比克过早地剥夺酋长的政治权力，把不少农村居民推向对立面；在经济上，新政府推行中央计划经济体制，不顾文化落后、文盲率高达 95% 的现实而盲目地全面接管银行、工厂、矿山和大种植园，尤其是在全国范围的农村强制推行集体农庄制度，造成了工农业生产水平的全面下降；在外交上，莫桑比克支持南罗得西亚解放斗争而遭受了重大损失，之后又向南非非洲人国民大会（简称“非国大”）提供军事基地和入境通道，为南非种族主义政权支持“莫抵运”提供了借口。受国内外各种因素的影响，莫解阵政府同“莫抵运”爆发了长达 16 年的内战，极大地破坏了本来就很落后的社会经济。

3. 社会发展

社会建设方面，新政府采取各种措施，打破从殖民地时期遗留下来的各种剥削体制，代之以新的体制，大力发展教育和卫生事业，改善人民的生活水平。重视教育和医疗卫生事业是莫解阵党的重要传统。在独立初期，尽管资金非常紧张，莫桑比克政府还是每年支出约 30% 的国民预算用于教育、卫生和住房事业。

1975年7月，在独立以后不到一个月，莫桑比克政府宣布废除私有学校——主要是教会兴办的学校，并宣布对教育系统实行国有化，规定所有的莫桑比克公民都可以免费接受教育。很快，莫桑比克就建立了完善的教育体制，对所有的儿童实施义务教育。适龄儿童的入学人数从1975年的13.3万人增加到1982年的67.2万人。其间，四年级毕业生人数已达43万人。同时，普通中学学生人数从1975年的2.3万人增加到1982年的9.44万人，中学学校由33所增加到121所。在此期间，还培训了1.02万名小学教师。与此同时，大力开展扫盲教育，自独立起已使文盲率下降了20个百分点。

1976年1月，政府又对医疗事业实行了国有化，宣布适当的医疗保健是公民的权利，而不是某一阶级或种族的特权，发起了大规模的预防医疗运动，许多医疗队到农村地区巡回治疗。政府在对医药卫生事业实施国有化之后，公民的医疗服务完全免费。独立时，全国的医生人数从1973年的500名减少到87名，但到1977年，莫桑比克已经从全世界20多个国家征召了500多名医药工作人员，并在全国范围内推广预防医疗运动。到1979年，接种麻疹、破伤风和天花等免疫疫苗的人口占全国总人口的90%以上，被世界卫生组织誉为非洲奇迹。莫桑比克在独立后的3年之内为95%的儿童注射了疫苗。1982年，世界卫生组织将莫桑比克列为低收入国家改善农村卫生和教育事业的典范，并在1983年将莫桑比克的这种农村医疗模式在欠发达国家进行推广。

在同一时期，政府对那些房主没有居住的空余住房实行国有化，安排在城郊贫民区的无房户入住那些在独立以前专为白人建设的高质量标准住房。通过对出租住房实施国有化，到1978年，全国有16万以上的人口从非标准住房或贫民窟住进了那些以前欧洲人居住的高质量住房，平均房租只占莫桑比克家庭收入的10%～20%。

建设新社会的另一项重要措施是整治国家官僚主义、腐败和作风问题。1978年，莫解阵党中央委员会解除了4名领导成员的职务，其中3名犯有“滥用权力、道德败坏、不尊重妇女和违反纪律”等罪行和过失。1982年，莫解阵党中央委员会第14号人物、加扎省省长诺奥·佩雷贝(Joao Pelembe)因腐败问题被开除出中央委员会。

第四节　改革与发展

一　内战与和平

1. 国内冲突和南非种族主义政权的威胁

莫桑比克独立以后，新政府为了巩固政权采取了一系列过激措施，损害了许多莫桑比克人尤其是农村地区民众的利益，并留下了难以治愈的创伤。在某些农村地区，由于行政部门管理不善，在推行政策时不能一视同仁，引发了地方不同族群之间的紧张关系。葡萄牙人放弃的那些大种植园大多被改建成了国有农场，并得到政府的大量投资。农民能够在当地市场上出售的农产品迅速减少。莫桑比克政府强制推行“集体农庄化”计划，进一步引起和加剧农村居民的普遍不满与怨恨。尽管生活在集体农庄中的农民人口从未超过15%，但这场运动与同时开展的剥夺传统权力的运动所形成的政治氛围，为莫解阵党的反对派提供了可乘之机。随着南罗得西亚军队和莫桑比克国内反对派在70年代后期对政府的进攻不断升级，政府军为了反颠覆斗争的需要进一步推行集体农庄化运动。这项措施虽有助于政府在更大程度上控制和管理农村人口，但也使许多人联想起殖民地时期可怕的军事控制定居点。这种情况又加剧了农民对政府的不满和敌视，激化了国内的矛盾和冲突。莫桑比克实施的激进政策是激化内战的内在原因。

莫桑比克摆脱葡萄牙殖民统治，使当时的南非种族主义政权失去了东北部的屏障，同时使南罗得西亚白人政权的东部地区完全暴露。这两个政权为了遏制民族解放运动对本国的冲击，早在莫桑比克刚独立时就伺机染指其内部事务，设法扶植反政府势力。

为了响应联合国的号召对南罗得西亚进行经济制裁，并表明支持津巴布韦人民解放斗争事业的鲜明立场，1976年3月3日，莫桑比克政府关闭了同南罗得西亚的边界，实施葡萄牙政府一直拒绝执行的经济制裁政策。这样，南罗得西亚失去了莫桑比克的贝拉港和马普托港的海上通道，经济受到沉重打击。除了关闭边境以外，萨莫拉总统还允许津巴布韦游击队员在莫桑比克西部地区建立训练营地等开展活动，加强了对津巴布韦民族解放军的支持。津巴布韦游击队不断从莫桑比克境内发动勇猛进攻，沉重打击了南罗得西亚白人政权。南罗得西亚军队为此不断进攻位于莫桑比克境内的津巴布韦游击队，并伺机颠覆新生的莫桑比克政权。在关闭边境的演讲中，萨莫拉总统指出，南罗得西亚实际上自 1975 年 8 月 5 日就已经对莫桑比克发动了军事进攻。

莫桑比克公开支持津巴布韦和南非人民争取民族解放的斗争，为南罗得西亚和南非插手莫桑比克国内政治斗争提供了可乘之机。南罗得西亚和南非的大力支持是莫桑比克内战发展和升级的决定性外部因素。1976 年初，从莫解阵党分裂出来的一批军人，加上葡萄牙前殖民政府的一些士兵和对莫解阵不满的人士，在安德烈·马塔德·马桑盖塞（Andre Matsangaissa）的领导下成立了“莫抵运”，并开展以“推翻共产主义政权”、建立“民主政权”为目标的武装斗争。由于其在国内中部和北部有部族基础，在国外得到南罗得西亚和南非种族主义政权的支持，“莫抵运”的力量逐步壮大。

南罗得西亚中央情报局于 1977 年开始插手“莫抵运”。其操纵“莫抵运”的最初目的是颠覆莫桑比克政府，搜集有关津巴布韦民族解放军游击队员在莫桑比克境内活动的情报。但总的来讲，“莫抵运”在兴起的初期只得到了部分民众的支持，不会对莫解阵党政权构成严重的威胁。但这种情况在进入 80 年代以后发生了变化。

1980 年，津巴布韦实现独立以后，南非种族主义政权接手支持“莫抵运”。南非军事情报局接管了对“莫抵运”的控制权。在随后一年左右时间里，南非军事情报局对“莫抵运”的作战情况做了评估和指导，莫桑比克保持了相对平静。但在 1981 年以后，莫桑比克内战规模迅速升级。南非重振“莫抵运”的目标是促使莫桑比克取消对南非反种族隔离制度斗争的支持，并阻挠新生的津巴布韦利用莫桑比克的出海口，以确保南非在南部非洲地区的经济霸主地位。在南非种族主义政权的支持和指导下，“莫抵运”的人数迅速从 500 人增加到 8000 人。到 1982 年，这支颠覆势力活跃于莫桑比克的大多数省份，构成了对政府的严重军事威胁。随着内战迅速升级和规模不断扩大，全国很多学校、医疗所、工厂、房屋、公路、桥梁和铁路等基础设施被摧毁。国家的经济和社会发展建设无法正常进行，内战造成的总体损失巨大，无法估算。

2. 调整与邻国的关系

为了加强政治经济合作以及寻求津巴布韦的帮助解决“莫抵运”问题，莫桑比克政府和津巴布韦政府在1980年签署了一份内容广泛的协议。该协议允许津巴布韦直接参与保卫莫桑比克的“交通走廊”，这是津巴布韦的经济生命线。在“莫抵运”得到南非种族主义政权的充足援助和支持，并对铁路、港口和对外通信设施实施了大规模和持续的进攻与破坏后，第一支津巴布韦军队于1982年正式部署在“贝拉走廊”。

长期以来，莫桑比克在经济上严重依赖南非。双方关系恶化使莫桑比克在军事上不仅面临着南非军队本身随时入侵的危险，而且在南非支持下“莫抵运”对国内的破坏活动日益升级。为了最大限度地减缓来自南非的军事压力、结束南非对“莫抵运”的军事支持并稳定同南非的经济联系，莫桑比克政府被迫寻求途径改善同南非的关系。1984年3月，莫桑比克总统萨莫拉同南非总统皮特·博塔在恩科马蒂河畔两国交界处的小镇恩科马蒂签署了《互不侵犯和睦邻条约》（又称《恩科马蒂条约》）。这为双方停止敌对状态打下了基础。条约规定，双方互相尊重主权和独立，互不干涉内政，缔约国不支持对方的反政府力量，不使各自的领土成为反对另一方的敌对分子的基地、训练中心以及隐蔽、住宿和途经的场所，拆除反对另一方政府的叛乱分子所使用的武器库、指挥所和通信联络设施，不设立反对另一方政府的电台等。该条约意味着，南非停止支持“莫抵运”；作为交换，莫桑比克在自己的领土上终止支持南非非洲人国民大会的军事行动。此后，南非为莫解阵党和“莫抵运”进行了一系列暂时的调解活动，但由于来自南非军方和其他集团势力的压力，这些调解活动没有取得任何效果。虽然莫桑比克履行了《恩科马蒂条约》的条款，但南非则阳奉阴违继续支持“莫抵运”的活动。

《恩科马蒂条约》签署以后，南非对“莫抵运”的支持表面上减少了。但“莫抵运”改变了既往的策略，继续进行武装斗争。就在该条约签署之后，南非军队公然给莫桑比克境内的“莫抵运”基地空投了足够其6个月消耗的武器弹药作为军事援助，并建议其采取新的颠覆策略。此后，“莫抵运”不再依赖位于南非的后方基地，转而依靠当地的居民提供支持，并从内战的缴获中获得补给，增加了武器弹药的储存量。到1985年底，该条约已经名存实亡。

作为其战略调整的一部分，“莫抵运”对重要的战略地区实施有限的常规战略行动，转而越来越集中在“软性的”民用目标上。最为世人关注的是，为了激起并控制农村人口的恐慌，他们开始残害包括儿童在内的平民。此外，他们还摧毁交通运输网络、医疗诊所、学校和其他基础设施。

为了应对这一日益升级的危机，萨莫拉总统和津巴布韦的穆加贝总统在1985年6月讨论了增加对莫桑比克的军事援助问题。穆加贝于8月在国会宣布，为维护津巴布韦在莫桑比克的出海口，将驻扎在莫桑比克的军队人数增加到3万人。这样，到当年8月底，津巴布韦部署在贝拉走廊的军队就超过了1万人。1987年，津巴布韦驻莫桑比克军队已达到2万人。

最初，津巴布韦驻军只采取防守措施。但随着“莫抵运”发动一系列的攻势，从1985年初期开始其采取有限的进攻行动，以摧毁“莫抵运”的基地。这样，津巴布韦军队采取了“以攻为守”的战略。津巴布韦军队在攻占了“莫抵运”的基地以后就交给莫桑比克政府军防守。但后勤供应问题无法解决，莫桑比克政府军不愿意派军队防御这些零星的据点，因为这样做会使那些位于人口更稠密地区的驻军基地更容易遭到“莫抵运”的进攻。这样，津巴布韦军队攻占的“莫抵运”的基地往往最后又复归原主，重新被“莫抵运”占领。这种情况使津巴布韦清醒地认识到，莫桑比克政府军不可能与“莫抵运”进行长期的对抗并战胜对方。此后的津巴布韦政府虽然在军事上仍然不断加强同莫桑比克政府的合作，但主张同“莫抵运”进行和谈以解决莫桑比克内战问题的政策日益明朗。

“莫抵运”部队活动分散，采取游击战略，回避直接的冲突，而莫桑比克政府军又无法控制广大的地区，军队士气日益低落。到1986年，“莫抵运”的常规部队巩固了其在莫桑比克中西部的据点后，深入赞比西亚省，彻底击败了那里装备不足的政府军。

在军事形势不断恶化的情况下，莫桑比克政府通过外交努力，得到了邻国坦桑尼亚和津巴布韦的支持，并联合两个国家向支持“莫抵运”的马拉维施加压力。1986年10月，有关国家在卢萨卡举行紧急会议，讨论解决莫桑比克内战问题。莫桑比克的外交努力取得了成果。马拉维在1986年驱逐了“莫抵运”在其境内的活动势力，并确保不为“莫抵运”提供基地。1986年后期，为了保护自身的经济利益，马拉维在纳卡拉交通走廊的铁路沿线部署了有限的军队。虽然这些外交努力取得了一定的成果，但来自南非政府某些机构、葡萄牙实业利益集团和某些基督教新教徒组织的资助还是源源不断地通过马拉维和肯尼亚等渠道到了“莫抵运”手中。

在遭受马拉维政府驱逐后，“莫抵运”部队在赞比西河流域几个省发动了其有史以来最大的一场攻势。“莫抵运”一旦赢得这场战役，就有可能将莫桑比克切割成南北两部分，并在北方建立另一个独立政权。在这些进攻中，“莫抵运”经常突破坦桑尼亚的边境。坦桑尼亚为了自身的安全利益也派出了几支部队帮助莫桑比克政府军守卫收复的地区。这样，在坦桑尼亚和津巴布韦两国军队的支持下，莫桑比克政府军成功地发动了军事反攻并扭转了被动局面。在此期间，成千上万的人逃离家园，到邻国避难，在伊尼扬巴内省和加扎省则发生了大规模的屠杀惨案。

3. 大选进程

1992年10月，莫桑比克政府同“莫抵运”达成停火协议，结束了长达16年的内战。莫桑比克此时已经实施多党政治体制的宪法条款。在签署和平协议以后，各政党着手准备参加计划在1993年10月举行的首次总统和议会选举，政治气氛活跃起来。11月中旬，由政府、联合国和“莫抵运”代表组成的监督监察委员会成立，全面负责监督和平总协议的实施。

1994年4月11日，希萨诺发布命令，确定进行大选的日期为10月27~29日。5月5日，联合国安理会再次将联合国莫桑比克行动的日期延长到11月15日。6月1日，大选登记工作开始，按计划到8月15日完成。估计选民约为789万人。7月底，全国选举委员会宣布，旅居国外的莫桑比克公民人数难以统计，暂时无法参加即将举行的大选。

大选在1994年10月27~29日进行，在27日早晨大选正式开始前的几小时，“莫抵运”声称确保公正和自由大选的条件还不成熟而退出了大选。在以联合国、监督监察委员会、穆加贝和南非新总统纳尔逊·曼德拉等为代表的国际社会的共同压力之下，“莫抵运”又在28日凌晨放弃了对大选的抵制策略，参加大选。11月19日，全国选举委员会公布了大选结果。

在全国610万名有资格的选民中，约80%的人登记参加了大选。莫解阵党主席希萨诺以53.30%的选票击败对手“莫抵运”主席阿方索·德拉卡马（Afonso Dhlakama，获37.73%选票），再次当选总统。在250个席位的议会选举中，莫解阵党获得了129席，刚刚超过半数；“莫抵运”获得112席；莫桑比克民主联盟获得9席。“莫抵运”在中部和北部的省份获得了相当高的支持率，在全国10个省和1个直辖市中的5个省获得绝对多数选票。德拉卡马在选举后接受了选举结果，但仍然坚持认为在选举中存在某些违规行为。联合国也承认存在某些违规行为，但认为这些现象不足以影响总体的选举结果，因而，联合国宣布莫桑比克大选是公正自由的。这个结论得到了参加监督大选活动的2300名国际观察员的支持。按照联合国开发计划署的统计数字，莫桑比克首次多党民主大选的总费用为6353万美元，其中5900万美元是由国际社会捐助的。

在竞选过程中，德拉卡马提出了过分要求：在大选之后，建立一个由两党组成的“民族团结政府”。作为回应，教会和几个西方国家努力帮助“莫抵运”与莫桑比克政府达成一项选前“交易”，以防“莫抵运”退出大选。莫桑比克政府同德拉卡马在9月举行了两次谈判。希萨诺反对进行这种交易。不过，他又承认了德拉卡马的“反对党领袖”的身份，为其提供薪水和其他福利，包括一本外交护照。

在1994年的整个9月，莫解阵党和“莫抵运”等14个政党参加议会竞选，12名候选人参加总统竞选。尽管莫桑比克政府和“莫抵运”双方在竞选过程中不时出现彼此威胁的声音，甚至“莫抵运”进行了整整一天的抵制大选活动，但莫桑比克历史上首次多党选举在独立的全国选举委员会的监督下，于10月27～29日在安宁平静的气氛中顺利完成了。表2－1是1994年莫桑比克议会选举中各党派的地区选举结果，莫解阵党以129票领先，成为执政党。

表 2－1　1994 年莫桑比克议会选举中各党派的地区选举结果

单位：票

省份	莫解阵党	“莫抵运”	民主联盟
北方省份	65	80	6
德尔加杜角省	15	6	1
楠普拉省	20	32	2
尼亚萨省	7	4	0
太特省	5	9	1
赞比西省	18	29	2
中央省份	7	27	0
马尼卡省	4	9	0
索法拉省	3	18	0
南方省份	57	5	3
加扎省	15	0	1
伊尼扬巴内省	13	3	2
马普托市	17	1	0
马普托省	12	1	0
总计	129	112	9

对于大选的平静气氛，不少学者认为，这是因为 1975 年独立以后人们第一次能够民主选举自己的领导人。许多人同意联合国特使阿尔多·阿杰罗的说法，即总统大选的结果和新议会的构成比例反映了莫桑比克人民的意志。

二　经济改革

莫桑比克的改革实际上是从经济改革开始，逐步向政治改革过渡的。建国以后，经济发展长期处于停滞甚至倒退的境况迫使政府进行改革。到 20 世纪 80 年代中期，莫桑比克政府首先考虑改变过于集中的农业政策，采取了一次改革措施。为了推动经济改革，莫桑比克政府开始在外交上向西方社会开放。1984 年，莫桑比克加入了世界银行和国际货币基金组织（IMF）。在同一时期，莫桑比克还制定并公布了一部新的更自由的外国投资法规。

希萨诺连任总统之后，经济改革进一步加快，推行务实开放的政策，国家经济状况有所好转。80 年代后期政府开始进行市场经济改革，并于 1987 年与世界银行和国际货币基金组织签署了结构调整协议，以缩减财政赤字，将国有企业私有化，以扭转经济颓势。自 1987 年起，莫桑比克政府提出实行为期 3 年的“经济复兴计划”，这标志着经济体制改革的开始。该计划后来又增加了社会改革的内容，改名为“重建经济与社会计划”。市场改革、自由化和宏观经济稳定为“重建经济与社会计划”提供了整体框架。

实际上，在 80 年代后期，政府的政策着重于放开市场价格和外汇汇率，以增强资源的有效配置，减少预算赤字和降低通货膨胀率。国际货币基金组织对信贷最高额加以限制，以遏制国家银行体系不良贷款规模的恶化。

到 80 年代末，政府加快了农业政策的改革步伐。进入 90 年代以后，农业政策改革的重点是市场刺激和小农式农业生产。莫桑比克的经济改革到 90 年代中期取得了巨大的成就。

三 多党政治

从 1988 年开始，教会人士就国内战争问题一直建议希萨诺总统尽早同“莫抵运”进行谈判。莫桑比克政府宣布返还教会在 70 年代国有化过程中被没收的所有教产。政府同教会的关系全面恢复。教会开始积极参与和平调解进程，参与国家的政治生活。1992 年以后，莫桑比克教会在促成地方性的停火与缓和地区紧张关系方面继续发挥重要作用。

20 世纪 90 年代初，国际形势发生巨变，冷战结束，南部非洲形势迅速好转。在“多党民主”风潮席卷非洲的背景下，莫解阵党加快了社会政治改革的步伐。1989 年 7 月，莫解阵党召开第五次全国代表大会。在会上，莫解阵党放弃了马克思列宁主义的纲领，放宽了其政治和经济改革的计划。大会决议同意接纳宗教人士和企业家入党。会上还发表了一份文件，列举了“12 条对话原则”，作为莫解阵党同“莫抵运”进行直接对话的先决条件。

此后，莫桑比克大刀阔斧地开始了政治改革进程。不过，其政治改革的进程基本上同和平谈判的进展息息相关，既推动了和平谈判进程，又受到和平谈判的牵制。为了推动国内和平进程，争取政治改革的主动权，并以此争取全国民意的支持，1990 年 1 月，希萨诺总统颁布新的宪法草案，广泛征求社会意见。新的宪法草案规定总统和议会代表由普选直接选举产生，实行多党民主；莫解阵党同政府分离；“莫抵运”只要放弃暴力政策和承认政府的合法性，就有资格参加竞选；司法独立和承认罢工权利；计划在 1991 年 1 月举行多党大选。这部草案的目的就是营造结束内战的氛围，减少政府同“莫抵运”之间的政见分歧。

1990 年 8 月，莫桑比克的政治改革进程取得了新的进展。莫解阵党宣布 1991 年举行多党参加的立法选举，将国名从莫桑比克人民共和国改为莫桑比克共和国。

1990 年 11 月，莫桑比克立法机构人民议会批准了新宪法。新宪法于当月底生效。新宪法为多党政治体制、普选权、司法独立、新闻自由、罢工权利和市场经济体制的确立奠定了基础。新宪法得到了西方援助国家的一致好评，但“莫抵运”由于还没有做好参与国家政治生活的准备，以及担心在和平谈判中处于被动地位，立即否决了新宪法，并认为新宪法是由非选举的议会制定的，不具有代表性。因而，宪法问题成为罗马和谈的关键主题之一。

1990 年 12 月，莫解阵党和“莫抵运”签署了涉及莫桑比克两大主要交通要道林波波走廊和贝拉走廊的部分停火协议。尽管在 1990 年和 1992 年，和平谈判的最后阶段进展缓慢，但谈判各方在选举制度、政党和谈判构架这三方面达成了共识，形成了一系列政治军事协议。1992 年 10 月 4 日，莫政府和“莫抵运”在罗马签署了和平总协议，结束了内战。

莫解阵党在推动国内政治改革的过程中，开放党禁是关键步骤之一。1991 年 2 月生效的政党法案，允许在国内成立新政党。国内很快出现了许多政治党派。1992 年 3 月，莫桑比克民族联盟经过登记注册成为莫桑比克第一个合法的反对党。莫桑比克一党制的历史到此正式结束了。

在政治改革过程中，莫解阵党内部反对多党民主化改革的势力也是存在的。1991 年 6 月，莫桑比克政府挫败了一场政变阴谋，逮捕了在职或退休的不少官员，其中包括前政府军参谋长巴斯蒂奥·马伯特（Sebastiao Mabote）上将。8 月，内政部长迈努埃·诺泽·安东尼奥（Manuel Jose Antonio）因牵扯到这一政变阴谋而受到调查，但他本人向政府通报了这个阴谋而使政变流产，对他的指控在 1992 年 2 月取消，并于当年 4 月恢复了他的工作职位。9 月，最高法院取消了对马伯特的所有指控，将其无罪释放。其他的 13 名被捕人员在 10 月获得大赦而恢复自由。

如何对待工会等民众组织问题也在政治改革中取得了突破。1990 年 8 月，莫解阵党举行了第六次全国代表大会，再次选举希萨诺为主席，并首次通过秘密投票的方式选举了中央委员会。费利西亚诺·贡达纳被任命为总书记。12 月，议会通过了新的工会法律，允许工人根据自己的意愿组织工会、自愿参加或退出工会，工会将被建设成为自我管理和自己决策的组织，不受外来势力干涉。

为了有效地组织大选，按照和平总协议成立全国选举委员会是重要条件之一。1993 年 3 月，政府公布了选举法草案，提议建立由 21 名成员组成的全国选举委员会来组织和监督大选的进行，其主席由最高法院的法官担任。4 月底举行多党会议，讨论修改选举法案，但与会的 12 个政党代表抗议政府不提供食宿和财政支持，使会议中断。此后，12 个政党提出在大选期间组建联合过渡政府的提议，遭到政府的断然拒绝。7 月底，政府允诺在 1994 年为各政党提供资金，多党会议得以重新召开。但在这次会议上，“莫抵运”以该选举法草案违背和平总协议而予以抵制。为了解决选举法等政治问题的分歧，希萨诺和德拉卡马于 1993 年 8 月首次在本国国土上会晤。这次会晤略微缓解了政治紧张局面，但不久以后新问题又出现了。其中的一个难题就是“莫抵运”坚持莫桑比克政府要为其组建为一个政党提供资助。面对“莫抵运”不断设置的新障碍，联合国秘书长加利在 10 月访问莫桑比克，劝说双方化解僵局。他的这次访问使双方就选举法问题以及军队的驻兵营地和非军事化问题达成了协议。这样，经过几个月的争吵，多党会议最终确定了全国选举委员会的组成人员。

1994 年大选的投票情况对于莫桑比克的和解前景而言是令人鼓舞的。就全国范围而言，两大政党之间相对的势均力敌本身可以加强全国的政治稳定。但各地方的投票情况表明，内战以来莫解阵党和“莫抵运”在各族体及各地区之间形成的影响将在莫桑比克政治中长期发挥重要作用。在大选中，某些选区的社区和教会领导人呼吁选民进行有策略的投票。这直接影响了这些选区的大选结果。因为人们普遍渴望和解，所以在投票时，许多人受到社区和教会领导人的影响，投票支持希萨诺当选总统，同时支持“莫抵运”进入议会。

莫桑比克和平的巩固主要取决于如何解决巨大的社会贫富差距、政治分歧和贫困等问题。大多数农民远离大城市和经济中心，处于绝对贫困境地，很少享受到和平的收益，因而社会经济重建要满足他们的生存需要尤为重要。重新安置数百万流离失所的人口和难民仍然是一个令人忧虑的问题，并将使土地争端加剧。

为应对内战结束以后这些亟待解决的难题，争取国外援助是莫桑比克政府优先考虑和采取措施的重点。大批的国际援助机构涌入莫桑比克并为其重建带来助益，但国际债务则严重阻碍了社会经济重建。1997 年，外国援助约占政府开支、主要卫生和教育开支的 60%，许多莫桑比克人依赖这些援助。在莫桑比克政府急于四处延揽更多的国际资金时，这些援助潜在的不利代价却一直没有引起足够重视。政府没有充分认识到莫桑比克经济是否能够吸收这样多的国际援助。一些开发机构的援助甚至参与了地方不同派系的政治活动，削弱了政府的立法权和行政权威。

持久的和平取决于能否实现人们获得美好生活的愿望，也在很大程度上依赖于莫解阵党和“莫抵运”的相互关系。20 世纪 90 年代以来，两党关系一直在合作和冲突之间摆动，政府不断推迟地方选举，这在某种程度上反映和加剧了双方业已存在的互不信任。总的来说，民主选举制的确立为新的政治时代开辟了一条道路。但是，在政党竞争激烈的政治生活中，莫桑比克的政局稳定更多取决于两大政党领导人在这一框架之内不断进行调整。

四 21世纪以来的发展

1994年选举成立的政府面临战争遗留的影响，尤其是农村地区有多达200万个地雷。一项国际行动扫除了一些矿区特别是公路沿线的地雷，但许多农村地区仍然面临地雷的威胁。将“莫抵运”部队遣散并组建一支新的统一军队的努力也遭到了拖延和困难，20世纪90年代中期，士兵们在复员营地等待了数周，没有食物、金钱或工作前景，爆发了分散的暴力起义。

21世纪初，莫桑比克遭受了几次自然灾害，包括干旱、地震和毁灭性的洪水。莫桑比克的经济增长虽然受到这些事件的不利影响，但得到了显著的债务减免，且政府制定了一系列经济改革措施。21世纪也迎来了领导层的变化。2001年，希萨诺宣布他将不会参加下一届总统选举。然而，当总统候选人阿曼多·格布扎在2004年总统大选中获胜时，莫解阵党保持了对总统任期的控制。格布扎在2009年以75%的选票再次当选，轻松击败了“莫抵运”的候选人德拉卡马等人。莫解阵党还维持了对立法机构的控制权。

尽管莫桑比克在21世纪经历了强劲的经济增长，但大多数莫桑比克人并没有得到好处，一半以上的人口陷入贫困。这种不平衡，以及对政治边缘化的恐惧，加剧了“莫抵运”与莫解阵党领导的政府之间的紧张关系。政治改革的讨论没有结果，“莫抵运”发动了低级叛乱。2013年10月，“莫抵运”与警察及政府军之间的零星战斗最终以“莫抵运”放弃1992年罗马和平总协议结束。2014年9月5日，德拉卡马和格布扎签署了一项新的和平协议，以期结束为期两年的不稳定局面。

2014年10月的总统选举和立法选举竞争激烈。由于格布扎被禁止参加第三个任期的竞选，莫解阵党推出的候选人是菲利普·纽西，他面对的是德拉卡马和西芒戈。纽西轻而易举地击败了对手，获得了58%的选票，而德拉卡马和西芒戈分别获得了36%和6%的选票。虽然莫解阵党连续第五次赢得选举，但其总的表现不如上次选举。莫解阵党设法维持了议会中最多的席位，但该党占席位的比例从大约3/4降到了1/2多。2019年10

月，纽西再次赢得总统选举，获得第二任期。

莫解阵党领导的政府和“莫抵运”之间的摩擦在选举后继续存在。“莫抵运”拒绝接受2014年总统选举结果，于2015年8月中断了和平进程，冲突再次爆发。战斗集中在莫桑比克西北部，数千名莫桑比克人逃到马拉维附近。双方的和平谈判始于2016年年中，12月，“莫抵运”宣布了为期两个月的停战协议，双方在随后的和平讨论中继续进行了两次停战。2017年5月，“莫抵运”同意无限期延长停火时间。2018年5月3日，自1979年以来一直领导“莫抵运”的德拉卡马因心脏病发作去世，奥苏福·莫马德（Ossufo Momade）被选为“莫抵运”的领导人。2019年8月1日，莫桑比克总统纽西与莫马德签署了和平协议，结束了长达6年的武装冲突。此后，莫马德宣布“莫抵运”将集中精力“维护和平与民族解放”。

2015年以来，受国际大宗商品价格低迷、自然灾害、债务问题和货币贬值等因素影响，莫桑比克经济增长有所放缓。2016年4月媒体披露，莫桑比克政府为莫桑比克金枪鱼公司举借的8.5亿美元高息商业贷款提供主权担保，另有2笔总额超过10亿美元的主权担保贷款未向国际货币基金组织通报，美国、英国、G14集团、国际货币基金组织等多个西方援助国和国际组织因此暂停对莫桑比克的财政援助，涉及金额近5亿美元。2017年初，莫桑比克的债务重组贷款出现了极高的违约率。莫桑比克政府不断加大基础设施投入，发展旅游业，改善投资环境，鼓励开发矿产、能源、农林渔业等资源。为应对经济下行压力，莫桑比克政府还采取了增税减支、吸引外资、加快推进工业化等措施，收到积极效果。2017年以来，随着莫桑比克北部鲁伍马盆地海上天然气4区块项目和1区块项目相继正式启动，其经济形势有所好转。但2019年的热带气旋灾害、2020年新冠肺炎疫情均对莫桑比克经济造成较大负面影响。

第五节　著名人物

爱德华多·蒙德拉纳（Eduardo Mondlane）　莫桑比克民族团结的奠基人，莫桑比克解放阵线的创建者和首任主席，是莫桑比克民族解放运动最著名的领导人之一。1920 年 6 月 20 日出生于加扎省曼亚卡泽地区名为恩瓦德雅哈内的聪加人村庄。1962 年莫桑比克解放阵线推举蒙德拉纳为主席。由于武装斗争运动发展迅速，葡萄牙殖民主义政权视蒙德拉纳为心腹大患，1969 年 2 月 3 日早晨，蒙德拉纳在达累斯萨拉姆的办公室里被邮包炸弹杀害。蒙德拉纳生前有若干著作出版，其中阐述莫桑比克民族解放运动历史的《为莫桑比克而奋斗》最为著名。为了纪念蒙德拉纳在解放战争中的巨大贡献，莫桑比克独立后在马普托设有蒙德拉纳大学，其是全国最先进的大学。

萨莫拉·莫伊塞斯·马谢尔（Samora Moisés Machel）　萨莫拉·莫伊塞斯·马谢尔为莫桑比克开国总统。1933 年 9 月 29 日出生于加扎省希莱贝内村的一个农民家庭。萨莫拉亲身经历了殖民主义者对非洲人的压迫和歧视，从小立志为民族解放而斗争。1963 年，他离开莫桑比克，被派往阿尔及利亚接受军事训练。1964 年 9 月，莫桑比克解放阵线发表“武装大起义”宣言，萨莫拉率领游击队进入莫桑比克，打响了反殖民统治武装斗争的第一枪。1966 年，萨莫拉任莫解阵军事书记。1968 年，任莫解阵武装部队总司令。1970 年，萨莫拉当选为莫解阵主席。1975 年，莫桑比克独立后，萨莫拉任总统兼人民解放军总司令。他被授予共和国最高军衔——元帅衔。1977 年 2 月，莫桑比克解放阵线改建为莫桑比克解放阵线党，萨莫拉任主席。

当政期间，萨莫拉将原葡萄牙殖民者的财产国有化，并在不发达地区普及基础教育和医疗体系。莫桑比克在萨莫拉总统领导下，对内重视发展民族经济和文化，对外奉行不结盟政策，坚决支持南罗得西亚和南非黑人反对种族隔离的斗争。

1986 年 10 月，萨莫拉在赞比亚卢萨卡出席了一个国际会议。19 日，在返程途中，他的专机在南非、斯威士兰和莫桑比克三国边境地区突然失事。萨莫拉同 24 名随从人员遇难。

若阿金·阿尔贝托·希萨诺（Joaquim Alberto Chissano）　若阿金·阿尔贝托·希萨诺亦名戴姆布扎（Dambuza），1939 年 10 月 22 日出生于南部加扎省西布托县马来伊赛村。1962 年成为莫解阵的成员，1963

年被任命为莫解阵首任主席蒙德拉纳的秘书，并负责教育事务到1965年。1975年6月25日莫桑比克独立后，他出任外交部部长直至1986年11月。1986年10月19日莫桑比克总统马谢尔因飞机失事遇难后，希萨诺于11月4日被莫解阵党中央委员会选举为莫解阵党总书记及共和国总统，他于6日正式继任莫桑比克总统、莫解阵党主席和莫桑比克人民解放军总司令等职。1989年7月30日，希萨诺再次被莫解阵党中央委员会选举为主席。1991年8月23日在莫解阵党第六次全国代表大会上，希萨诺再次当选为主席。1994年10月，在首次多党民主大选中，当选为莫桑比克共和国第一任民选总统。希萨诺于1996年9月起担任南部非洲发展共同体（SADC）副主席，1999年8月至2000年8月当选为该组织主席。他在1999年12月举行的第二次多党民主选举中再次当选为总统。2002年，在莫解阵党“八大”上，再次当选党主席一职。2005年3月，在莫解阵党第八届中央委员会第四次会议上，他辞去党主席职务。

阿曼多·埃米利奥·格布扎（Armando Emílio Guebuza） 阿曼多·埃米利奥·格布扎，1943年1月20日出生于北方楠普拉省的穆鲁普拉。格布扎在20岁时就加入了莫解阵，并在1966~1968年当选为莫解阵中央委员会委员和执行委员会委员，1971年被任命为莫解阵武装部队总政治委员。1977年2月莫解阵更名为莫桑比克解放阵线党后，他当选为中央委员会委员、政治局委员会常委、中央监察委员会书记。1977年6月，格布扎历任国防部副部长兼武装部队总政治委员，1981年任索法拉省省长，1983年再次出任内政部长，1986~1994年两次出任运输和交通部部长等政府要职。在2002年6月莫解阵党“八大”上，当选为该党总书记，同时被确立为莫解阵党参加2004年12月总统选举的候选人。在2004年12月初举行的第三次全国多党大选中，格布扎赢得2/3的有效选票，当选莫桑比克历史上第二位民选总统。2005年2月，格布扎宣誓就职，成为独立以来的第三位总统。当年3月，他在莫解阵党第九次全国代表大会上当选为主席，并兼任该党总书记。

菲利佩·雅辛托·纽西（Filipe Jacinto Nyusi） 现任总统，莫解阵党主席。1959年2月9日生。捷克斯洛伐克布尔诺军事学院机械工程学学士，英国曼彻斯特维多利亚大学管理学硕士。历任莫桑比克国家港口和铁路公司铁路部主任、经理、执行董事、国防部长等职。2014 年 10 月当选总统，2015 年 1 月就职，2015 年 3 月当选莫解阵党主席。曾于 2009 年、2012 年两次以国防部长身份访华。应国家主席习近平邀请，于 2016 年 5 月 16 日至 21 日对中国进行国事访问。2016 年 5 月 19 日下午，国务院总理李克强在人民大会堂会见来华进行国事访问的莫桑比克总统纽西。纽西在 2015 年 1 月 17 日任命卡洛斯·多罗萨里奥为政府总理。此外，为了削减政府预算，纽西还对内阁进行了“缩水”，对矿产部、能源部、文化部、旅游部等多个部门进行了合并。2018 年 9 月来华出席中非合作论坛北京峰会。2019 年 4 月来华出席第二届“一带一路”国际合作高峰论坛。同年 10 月，纽西总统赢得连任。

卡洛斯·多罗萨里奥（Carlos do Rosário）　1954 年生，农业经济学家。莫桑比克蒙德拉纳大学农村经济学学士，英国伦敦大学农业经济和农村发展硕士。曾任赞比西省省长、农业和渔业部长、议会议员。此后调任莫驻印度高专、驻东帝汶大使、驻马来西亚高专、驻新加坡高专。2015 年 1 月至 2020 年 1 月任莫桑比克政府总理。2016 年 10 月赴澳门参加中国—葡语国家经贸合作论坛第五届部长级会议。2020 年 1 月，新一届政府成立后，再次出任莫桑比克政府总理。

第三章

政　　治

第一节　国体与政体

一　政治制度

1975 年莫桑比克独立后的第一部宪法规定，莫桑比克是一个共和制国家。该部宪法还规定，莫解阵是唯一的合法政党，直接处理各阶层的事务，莫解阵做出的决定对所有的政府官员都具有约束力。莫解阵主席被定为共和国总统，总统为国家元首，任命内阁成员，召开并主持内阁会议。内阁成员和内阁会议向总统提供建议。各省省长也由总统任命。通过间接选举产生的国民议会是国家最高权力机关。

1977 年，莫桑比克在全国及各地建立了相应的议会制度，其代表经直接选举产生。这在莫桑比克历史上是第一次。上一级议会代表由下一级议会选举产生。当时实行的是等额选举。莫解阵获得了人民议会（后改称“国民议会”）全部 57 个席位。1983 年国民议会席位增加至 210 席，增加了正副部长、省长、每省 10 名军队代表和 10 名莫桑比克其他公民代表。本应于 1982 年举行的选举由于内战等原因几度推迟，直到 1986 年才举行。与 1977 年不同的是，此次为差额选举，议员席位增加到 250 个。由于所有的候选人都要获得莫解阵党的认可，实际上是由各省议会从莫解阵党候选人中选举国民议会。国民议会由莫解阵党中央委员会和执行委员会的 160 人、政治局 15 人、政府部长、省长、军队代表和各省代表组成。

1990年8月15日，国民议会决定将国家名称由莫桑比克人民共和国改为莫桑比克共和国。同年，莫解阵党中央委员会同意于1991年举行多党选举和扩大国民议会。这意味着莫桑比克向多党制民主国家的转变。1990年11月30日，莫桑比克通过了新宪法。新宪法修改了旧宪法的许多根本原则，标志着莫桑比克政治制度进入新的历史时期。根据新宪法，国民议会改称共和国议会。

1991年1月，莫桑比克通过立法建立了政党合法化标准，从此结束了一党统治的历史，开始实行多党制。1992年10月4日，莫桑比克政府和“莫抵运”在罗马签署了和平总协议，从而结束了长达16年的内战。和平总协议中关于国家选举制度的部分规定，通过比例代表制进行议会的选举；国家选举委员会中1/3的成员由“莫抵运”任命。莫桑比克政府帮助“莫抵运”在各省省会建立分支机构。

1993年12月，议会通过了选举法。1994年10月，莫桑比克顺利进行首次多党制的议会选举和总统选举。这也是莫桑比克历史上的第一次总统直选。

1994年总统选举有12名候选人参加竞选。在总统选举中，在任总统希萨诺以53.30%的选票得以连任，居第二名的是“莫抵运”主席德拉卡马，得票率为33.73%。总统选举的投票率达87.87%，联合国裁定这次选举是自由公正的。

“莫抵运”等参选政党均表示接受大选结果，大选后政局基本稳定，莫桑比克进入和平建设时期。1995年，莫桑比克政府制定五年施政纲领。其优先目标是巩固国内和平与稳定，加快民族和解，发展生产，降低绝对贫困程度，扩大就业，改善人民生活，发展教育、卫生事业。新政府以国家重建为中心任务，经济建设不断取得进步。但失业人员增加，犯罪率有所上升。议会制定并通过了多项法律，国家的民主和法制建设逐步健全。

在1994年、1999年、2004年、2009年、2014年、2019年6次多党议会和总统选举中，莫解阵党均获得胜利。2019年10月，莫桑比克顺利举行第六次大选，莫解阵党赢得议会250个议席中的184席，纽西以73%的得票率蝉联总统。

二 宪法

莫桑比克第一部宪法于1975年6月25日独立时颁布，1978年进行了修改。1990年11月30日，莫桑比克以新宪法取代了1975年宪法，该宪法于1996年增加了修正法案。现行宪法于2004年11月通过，并于12月生效，2007年进行了调整，2018年又进行了修改。2004年莫桑比克将基于权力分立、权力依赖、多元主义原则的依法治国理念写进宪法，并为多党制奠定基础。

宪法结构。莫桑比克现行宪法共306条，分为17个章节，具体包括：（1）基本原则，（2）国籍，（3）基本权利、义务和自由，（4）经济、社会、金融和财政组织，（5）政治权力组织，（6）共和国总统，（7）共和国议会，（8）政府，（9）法院，（10）检察院，（11）宪法委员会，（12）公共行政、警察、监察员和地方国家机构，（13）国防和安全委员会，（14）地方行政，（15）宪法保障，（16）共和国的符号、货币和首都，（17）最终和临时条款。

基本原则。2004年宪法体现民主和法治，以多元党派为基础，尊重公民基本权利和自由；国家元首是宪法的保证人，同时也是政府首脑；共和国总统为国防安全部队总司令；共和国总统由选民选举产生。

政治制度。2004年宪法第一条明确规定“莫桑比克共和国是一个独立、主权完整、具备社会正义的民主国家”。公民拥有普选权，莫桑比克公民应通过普遍、直接、平等的定期选举和无记名投票选举代表，国家重大问题由全民投票解决，公民拥有永久参与国家事务的权利。以多党制取代一党制，实行党政分开和司法独立，宪法指出，“多党制是政治多元主义的表现，有助于形成和表现人民的意志，是公民民主参与治国的基本工具”。总统为国家元首和政府首脑，总统和议员均由选民直接选举产生，任期5年，可连任一届。

2004年宪法充分体现了统一和平等的原则，宪法规定，“所有公民在法律面前一律平等，包括肤色、种族、性别、民族、出生地、宗教、受教育程度、社会地位、婚姻、职业以及政治偏好”，“男女在政治、经济、社会和文化等所有领域享有平等的法律权利和义务”，“残疾人享有宪法规定的权利，履行宪法规定的义务”。宪法对公民的基本权利、义务和自由做出了规定，公民的基本权利包括生命健康权、姓名权、名誉权、隐私权等，同时规定公民享有言论自由、新闻自由、集会自由、组建或参加政党的自由、信仰宗教的自由、迁徙自由等。此外，公民在享有权利的同时，也应对国家、集体、同胞履行相关的义务。

在经济政策方面，2004 年宪法规定，“国家经济政策以公民参与、有效利用人力和物质资源、奠定发展基础、改善人民生活条件、加强国家主权、巩固民族团结为目标。在不阻碍发展的情况下，保障国家财富分配”。

根据分权制衡原则，莫桑比克的主权公共机构包括共和国总统、共和国议会、政府、法院和制宪委员会。共和国总统是国家元首，体现国家统一，在国家和国际范围内代表国家，监督国家办事处的正确运作。共和国议会为公民代表大会，是莫桑比克最高立法机构，在共和国代表大会上通过法律和一般性质的审议，确定国家运作和经济社会生活规范。莫桑比克政府由共和国总统、总理和部长组成，副部长可以经召集参加内阁。内阁保障国家安全、领土完整，维护公共秩序，促进经济发展，执行国家外交政策。公共秩序由政府下设的相关单位予以保障。

此外，2004 年宪法第 18 条还规定了国际法的至高无上性。莫桑比克接受、遵守和适用《联合国宪章》和《非洲统一组织宪章》，经有效批准的国际条约和协定，一旦正式公布并且对莫桑比克具有国际约束力，即应在莫桑比克法律秩序中生效。国际法规范在莫桑比克法律秩序中与共和国议会和政府的违宪立法行为具有同等效力。

三　国家元首

莫桑比克共和国总统经由选民直接普选产生，采取过半数选票制。2004 年宪法规定，莫桑比克公民只要满足下列所有条件就可以竞选总统：具有莫桑比克的出生国籍且不拥有他国国籍，年满 35 周岁，拥有完整的政治权利和公民权利，至少拥有 1 万名支持者。

对于总统的地位和职权，莫桑比克2004年宪法规定：总统是国家和政府的首脑，在国内和国际上代表整个国家；是宪法的捍卫者；是国防和安全部队的总司令。总统作为国家首脑的权力有：每年向共和国议会通报基本国情，就修改宪法和事关国家根本利益等事务决定举行全民公决，吁请举行大选，任命最高法院院长和副院长、行政法院院长，任免和赦免莫桑比克共和国总检察长和副检察长，颁行大赦和减免刑期等。

在政府行政管理方面，总统有如下一些权力：召集和主持部长会议，任免和赦免总理、部长和副部长、国立大学校长和副校长、莫桑比克中央银行行长和副行长、国务秘书，设立部级单位和各部委员会。

在国防和公共秩序方面，总统的权力有：宣布进入和结束战争状态、遭受进攻状态和紧急状态；宣布进行总动员和部分动员；任免总参谋长、警察部队总司令和莫桑比克武装部队各军队司令，以及按照法律成立的国防和安全部队的其他官员。

在外交和国际关系方面，总统拥有如下权力：指导国家的外交政策，签署国际条约，任免莫桑比克共和国的大使和外交使节，接受其他国家的大使和外交使节的国书。

在司法方面，2004年宪法规定总统具有下列权力：有权颁行法律，并下令在《共和国公报》上公布所颁行的法律；在接到议会通过的法案后30天内颁行为法律；可以将某一法案退回议会予以重新审核，并向议会解释退回法案的理由；如果被总统退回议会的法案经审议得到议会2/3多数通过，总统要颁行该法案为法律，并在政府出版物上予以刊行。

总统候选人必须赢得超过半数的选票才能当选。如果没有总统候选人赢得多数票，则得票最多的两名候选人参加第二轮的总统选举。总统任期为5年，连任不得超过两届。如果连任两届的总统继续参加竞选总统职位，则其必须在完成最后一次任期的5年以后才可以成为总统候选人。共和国总统必须在共和国议会议员和国家机关代表参加的由宪法委员会主席主持的公开仪式上宣誓就职。

在就职仪式上，共和国总统要宣读如下誓言：“我以自己的名誉发誓：我将遵守和保证遵守宪法，我将忠诚地履行莫桑比克共和国总统的职责，我将为保卫、促进和巩固民族团结、人权、民主和莫桑比克人民的福祉尽忠职守，并为所有公民施行正义。”

在总统去世、辞职或完全不能履行总统职责的情况下，总统职责只能暂时由共和国议会议长代行；在总统去世、辞职或完全不能履行职责的情况下，新总统的选举应在此后 90 天内举行，但临时总统不能作为总统候选人参加竞选；新当选总统可任职到下一次正常的总统选举时为止。

总统完全失去履行职责的能力必须得到医疗委员会的证明，由最高法院予以公布。最高法院要证明总统死亡或总统无法履行职责。在总统职位空缺期间，宪法不得改变。临时总统要保证国家机构和其他机构的正常运转，但不得行使以下的总统职能：每年向议会通报基本国情，决定就修改宪法和国家根本利益的事务举行公决，总统的一系列任免权力。

宪法规定总统行使职责的方式是总统签署法令，总统的宪法权力衍生的其他决定则要以总统令的形式予以实行，这两种方式都要在《共和国公报》上予以刊行。

1990 年宪法规定，总统因忠于职守的行为而享受民事和刑事的豁免权。在总统任职期间，总统不得因忠于职守而受法院起诉。但 2004 年宪法取消了总统的这一豁免权，规定：总统如果在行使其职责时犯有罪行，要接受最高法院的审判，如果不是为行使其职责而犯有罪行，则其要在任期结束后接受普通法庭的审判；在经过 1/3 议员提议并经 2/3 议员同意后，议会有义务要求共和国总检察官对总统进行法律诉讼；如果针对总统的诉讼获得通过，总统的职权立即停止，最高法院要在 60 日内做出判决；如果法院判决总统的罪行成立，则其不可以再担任中央和地方的任何公职。

第二节　国家机构

一　中央政府

在莫桑比克，总统为政府首脑，总理受总统的委托召集并主持部长会议。部长会议是国家最高执行机关，向议会负责。

2004 年宪法规定部长会议具有如下的权力：保证公民享有基本权利和自由；保证公共秩序和社会安定；起草提交给议会的议案和提交总统决定的决策建议；起草国家计划和预算，并在其得到议会批准后予以实施；促进和管理经济活动以及社会活动；为签署国际条约做准备工作，以及签署、批准、履行和终止国际协议；实施劳工和社会安全政策；管理国家的各种部门，尤其是教育部门和卫生部门的工作；制定和推行住房政策；确保和巩固公共领域和国家的其他资产；协调管理政府各部和部长会议下属的其他机构的活动；评估地方政府的业绩以及调整地方政府的组织机构和职能；确保国家机构和国有公司能够正确地发挥职能和得到调整，并根据经济需要发展壮大；促进合作经济的发展，支持农民的家庭生产；鼓励和支持个人创新。

共和国政府总理除了享有由共和国总统和法律赋予的其他权力外，应在政府的行政管理方面协助总统，并向总统提供建议。具体而言，总理具有以下几方面的职能：起草政府工作计划，并提交总统审批；在创设新的部和部级委员会以及在任命政府成员和政府机构其他领导人方面向总统提出建议；确保政府成员实施国家机构的决议；召集和主持部长会议，解决实施已确定的政策和其他议决的问题；协调和管理各部门及其他政府机构的活动；监督部长会议在议事程序方面和行政管理方面的活动。在同议会的关系方面，总理拥有如下权力：向议会提交政府计划以及政府建议的计划和预算；提交政府报告；向议会解释政府的主张。经由总理任命的部长会议成员，要协助总理完成这些任务。在各自的职权范围之内，部长会议成员要向总统和总理说明其实施部长会议决议的情况。各部部长要经常应召出席议会及其专职委员会。由于实行分权原则，内阁成员不得在司法部门担任高级职务，内阁成员也不得出任议会议员。

2019 年 10 月，莫顺利举行第六次大选，莫解阵党连续第六次赢得选举，莫解阵党候选人纽西当选总统。现政府于 2020 年 1 月成立，2021 年 11 月和 2022 年 3 月进行大幅改组。

二 地方政府

宪法对全国的行政区划和地方政府的行政管理做了初步规定。在行政规划方面，宪法规定莫桑比克共和国的行政区域分为省、市、县、行政乡镇（区）和村庄（居民点）。宪法还规定，为了明确各级地方机构的性质、设立新级别的行政机构以及设立新的行政区域等问题，要制定专门的法律。

全国所有的成年人，不论男女，都有权参加选举。农村选民直接选举乡长和乡议会，城镇选民直接选举市长/镇长和市镇级议会代表，乡镇的议会代表选举县级的议会代表和县长，县议会和市议会的代表选举省议会代表。关于省级地方政府，2004 年宪法有较为详细的规定：中央在省级政府的代表是省长，省政府是负责确保各省实施中央制定的政府政策的机构，省政府的首脑是省长，省政府的成员由中央任命。宪法还规定，省级政府要建立民主代表机构。因而，各省省长和马普托市市长由总统任命，但各省级议会通过间接选举产生。莫桑比克还制定了专门的法律，规定了政府部门和省议会的组成、权力和运行机制等。

对于地方政府机构的职责，2004 年宪法规定：地方政府机构要组织辖区内的公民参与解决当地社区的问题，推动地方的发展；地方政府机构要促进民主事业的发展，要促成民族的统一和团结。

第三节 立法与司法

莫桑比克实行党政分离，以及立法、司法和行政独立。因而，作为最高立法机关的议会与司法机构之间是平行的、互不统属的关系，内阁成员不得在立法部门和司法部门担任高级职务。议会是全国最高立法机构。议会有权批准总统对最高法院正副院长、行政法院院长和宪法委员会主席的任命。司法机构根据议会通过的法律开展工作。全国的司法系统分为法院系统和检察院系统。就法院系统而言，全国设有最高法院及省级、县级、乡镇（区）级法院。最高法院为全国最高司法机构。为了监督和推动法院系统的执法工作，全国还设立了检察院系统。

宪法是议会、法院和政府部门行使权力和正常工作的最高法律依据。为了从根本上推行宪法以及监督议会、法院和政府部门的行为，2004 年宪法规定设立宪法委员会，作为全国的宪法监督机关。宪法委员会享有以下职权：裁决国家机构的立法和日常行政行为是否符合宪法和其他法律规范，解决主权机构的辖权冲突，宣布全民投票的合法性。在特定的选区，可行使以下权力：监督选举进程；核实总统候选人所必须具备的条件；作为上诉机构，裁决有关选举的控告或者申诉；确认并宣布选举结果，使之生效。总统、议会议长、总理、总检察长可请求宪法委员会宣布某一事项违宪或者违法。

一 立法

1. 议会的地位

2004 年宪法规定，议会为国家最高权力机关和最高立法机关。议会通过各种法律和具有法律性质的决议对社会经济事务和国家的行政事务进行管理。在行使最高权力的过程中，议会与政府形成了相互监督和相互制约的关系。总统为国家元首，总理领导的部长会议是最高国家权力机关的执行机关，负责草拟国家计划和预算，但国家计划和预算的审批权在议会。议会在每次会期的开始阶段，首先评估政府的工作方案。在议会评估的基础上，总统可以提交一个改进的方案，如果经过讨论，议会反对通过这个政府工作方案，总统可以解散议会并举行新的大选。如果新的议会再次反对政府工作方案，则总统必须解散部长会议，但这种情况只能发生一次。另外，根据立法、行政和司法分权的原则，内阁成员不得担任议会议员。如果共和国的总统不能连续工作超过 45 天，则由议长代替。在共和国总统死亡、辞职或者不能胜任工作时，其职权由议长承担。

2. 议会的产生

2004 年宪法规定，莫桑比克议会议员人数为 250 人，其中有 3 个席位留给居住在国外的莫桑比克公民（2 个席位分配给居住在非洲的莫桑比克公民，1 个席位分配给居住在非洲以外的其他地方的莫桑比克公民）。

同总统选举一样，议会议员选举实施普选，经过选民平等、直接、定期和不记名投票选举产生，任期 5 年。但总统可以在议会任期届满前解散议会。合法组成的政党可以参加议会选举。

2004 年宪法没有明确规定普选中的投票模式和根据选票分配议会席位的模式，但关于 1994 年和 1999 年大选的选举法规定，选民按照每个党派提交的候选人名单进行选举，按照比例代表制分配议会席位。

为了顺利进行大选，莫桑比克在大选之前颁布选举法，对选区进行划分。现在的议会由 250 名代表组成，代表 11 个选区。莫桑比克的 10 个省和马普托市分别成为一个选区。每个选区根据人口数量的多少可以分别选出 11 ~ 54 名议员。根据 2004 年宪法，生活在国外的莫桑比克公民有权参加在国内举行的大选。

关于议会议员的竞选办法，莫桑比克选举法规定，选举通过比例代表制实现，即政党在每一个选区当选的代表人数根据该政党在该选区所占份额进行确定。如果一个政党所获得的票数低于规定的最低比例，则该政党不能在议会中获得席位。具体的最低比例由各政党进行协商确定，但不得低于 5% 和高于 20% 。目前实行的最低比例是 5% 。对选举进行管理的部门是全国选举委员会，它还负责受理有关选举的投诉。如不服全国选举委员会的裁决，公民可向最高法院提出上诉。

3. 议会的组织结构

议会议长（又称议会主席）是在议会议员选举后由国家元首召集和主持的首次议会上以不记名投票的方式选举产生。当选者必须是议会议员，必须赢得参加投票代表一半以上的选票。但是，只有占至少 1/5 议会代表席位的议会党团才可以提名候选人。当选者由宪法委员会主席主持就职。议长只对议会负责。

议长享有以下职权：召集并主持议会全体会议和议会常务委员会会议；监督议会决议的实施；签署议会批准的法案并将这些签署后的法案提交总统予以颁行；签署并命令刊行议会通过的决议，维持议会的秩序、礼仪风范和神圣不可侵犯性；在国内和国外代表议会。

在议会议长不在或不能视事的情况下，其职责由议会常务委员会成员履行；在议会议长突然辞世、辞职或长期不能视事的情况下，总统在事发两星期内召集议会特别会议，选举新的议会议长。

根据2004年宪法，议会开展工作的组织机构分为议会全体会议、议会常务委员会和议会工作委员会。议会全体会议在会期，由议会议员组成。议会全体会议的职责是通过新议案，进行立法审议，评估政府行为和政策。议会全体会议每年分2月和10月两个会期，共90个工作日。

议会常务委员会作为议会的管理机关，由议会议长和在议会全体会议第一个会期选举的议员组成。其成员是由各个议会党团按照其在议会议员中的比例指派的。议会常务委员会召开会议的法定人数是1/3以上议员到会，但只有在1/2以上的议员到会的情况下才能做出决议，决议的通过必须得到与会议员简单多数的支持。议会常务委员会有权协调各工作委员会的活动，处理议会与其他国家议会相应机构之间的关系，准备和组织议会会议。

议会工作委员会又称专门委员会。这是由议会全体会议选举的5~15名议员组成的日常立法机构。每个议会党团按照在议会中的比例选派本党候选人。议会工作委员会要根据相关机构的立法建议草拟和公布有关的立法草案、动议和决议。议会工作委员会还要起草自己的立法草案并提交议会批准，收集整理民众的意见和建议并进行调查研究，监督公共机构的运营并验证其是否遵守法律和符合公众利益。

目前议会共设有7个工作委员会，分别是：计划与预算委员会，司法、人权及法制事务委员会，经济活动和劳务委员会，农业、地区发展、公共管理和地方政权委员会，防务与公安委员会，国际关系委员会，社会、妇女和环境事务委员会。

每个工作委员会设有1名主席和1名工作委员会报告起草人，但两人必须来自不同的议会党团。7名工作委员会主席、7名工作委员会报告起草人以及各工作委员会成员按各党团在议会中的比例分配名额，各党团获得名额后自行决定参加各工作委员会的人选。议会中最大的党团首先选定自己最希望担任的工作委员会的主席，然后，其他党团按在议会中所占席位比例的多寡逐次选派各自的工作委员会主席。工作委员会的法定人数和决议程序的规则同议会常务委员会。除了工作委员会之外，议会全体会议可以通过决议，设立特别委员会和调查委员会，就某一特殊问题开展工作。

4. 议会的职权

立法权是议会最重要的权力。议会是莫桑比克的最高立法机构，对国家内政外交政策的所有基本问题拥有立法权。选举法的任何更改必须经由议会批准。宪法修正案需要经过议会 2/3 多数通过才能生效。如果修正案草案涉及了公民权利和公共权力结构的变化，这一草案在得到议会批准以后，还要提交公民复决。

监督权是议会的另一项重要权力。议会有责任考查和批准部长会议的工作报告以及国家预算与规划报告等，包括国家计划、预算和相应的实施情况的报告。

在每次议会会期开始时，议会首先要评估政府工作计划。政府根据议会的讨论结果对计划进行修改，然后再提交议会通过。如果议会经过讨论再次否决政府修改后的计划，那么总统有权力解散议会并号召举行新的大选。

议会对政府的工作行使监督权，可以对政府的工作提出质询：(1) 总统在议会做年度国情咨文报告时可质询总统。(2) 政府成员向议会解释所提交的议案时，可质询该政府成员，议会还有权要求就议案以外的事务对其进行质询。(3) 每次议会全体会议中有 2 天为“政府报告日”，有 3 天为“质询政府日”。议会各党团可在全体会议召开 45 日前，分别选定一个“政府施政情况主题”，政府须就该主题在“政府报告日”向议会做报告，议会将对此进行评估。各党团可在全体会议召开一周前向常务委员会提交拟质询政府的问题（多采用书面形式），每个党团在每次全体会议中可提 5 个问题，政府在“质询政府日”做出回答，议会对此进行评估。

在人事权方面，议会有权批准总统对最高法院院长和副院长、宪法委员会主席、行政法院院长人选的任命；议会有权选举议会议长、议会常务委员会委员长和委员，批准议会议事程序的规则以及关于议员的规章制度，设立议会委员会并规范其活动。

此外，议会还掌握有关国计民生的一系列其他重大权力，包括划定莫桑比克共和国国界，确定地区的行政区划，批准选举法和全民公决的一般程序规则，建议就有关国家利益的问题举行全民公决，批准中止实施宪法，批准和宣布国家处于遭受进攻状态和处于紧急状态，在咨询国防与安全委员会之后确定国防与安全政策，确定税收政策的基本方针，批准和终止国际条约，批准总统到国外进行国事访问，决定大赦和特赦等。

5. 议会的工作程序

议会议案可以由总统、议会委员会、议员和部长会议向议会提出。目前大多数议案由部长会议提出。议案须于议会全体会议召开 60 日前把用官方书面语言写成的正式文本提交给议长，议长再提交给常务委员会进行审议。常务委员会决定是否将对该议案的审议列入全体会议的议程。一旦列入议程，即将议案副本分发给所有议员，各专门委员会须召集其委员对此议案进行审议。在各专门委员会讨论之后，再将该议案提交全体会议审议。经议会全体会议审议，该议案再度交由专门委员会做最后修改后，全体会议再度审议并表决。表决采用记名投票方式，除宪法外，获议会 1/2 以上议员支持即为通过。

议会通过的法案由议长签署，提交共和国总统颁布（议长也可签署或者命令公布议会的决议）。总统必须在收到法案后 30 日内，将其颁布为法律。总统也可以将法案退回议会重新审议。如果重新审议的法案获得议会 2/3 多数通过，则总统必须将其颁布为法律。议会立法法案以法律和决议的方式予以公布，在政府公报上予以刊行。

6. 议会的会议制度

议会会议可分为两种：定期召开的普通会议和临时召开的特别会议。根据总统、议会常务委员会或者 1/3 以上议员的要求，议会可以召开特别会议，次数不限。

为了确立议会的合法性和代表性，宪法对议会会议的法定人数做了明文规定。议会开会必须有超过半数的议员出席才能进行，任何议案的通过必须经过出席会议议员的多数同意。唯一特殊的情况是：宪法修正案必须经 2/3 以上的议会议员通过才能生效。如果某些重大的修改具有深远的影响，议会通过的修正案建议则必须交由公众辩论和公民复决。

议会会议实行辩论制度。辩论的议题范围一般不受限制，由于议员受党团影响较大，议员提出的议题多代表本党团的意见。议员若要就某议题发言，一般应提前申请，会议过程中议长按申请先后顺序点名要求议员发言。每次发言时间一般不超过 5 分钟，中途其他议员可打断发言，要求解释，打断时间不得超过 3 分钟。

对于议会中各政党代表如何在议会中开展活动，2004 年宪法设定了党团制度。一个政党或政党联盟至少在议会中拥有 5 个席位才可以组成一个议会党团。各议会党团有权为竞争议会议长职位推举候选人，选派议会副议长，选派参加议会常务委员会和其他委员会的候选人，发布公告、结论性声明、选举宣言、抗议和反抗议等。目前议会有两大党团——莫桑比克解放阵线党（执政党）和“莫抵运”（反对党）。议会党团在法律上与议会外政党无任何关系，但议员表决完全受党团影响，界限分明。

为了密切议会代表同选民之间的关系，2004 年宪法也做了专门的规定。议会全体会议完全公开，任何公民均可旁听，大多数专门委员会会议也向公众开放。另外，选民主要通过下列渠道向议会表达观点：在议会会议期间通过专门接待处向议员传递纸条，在休会时直接与议员交谈，向议长、秘书长、各委员会主席及报告人以及议员个人发信件或传真。

公民个人或团体均有权向议会提出请愿，请愿书应由请愿人或其代表签字，无固定格式要求。请愿书由议长交常务委员会审议。若常务委员会决定接受请愿，则交有关专门委员会审议。常务委员会在每次常务全体会议中须做关于公民请愿情况的报告。

7. 议员制度

议员作为民选代表，除了代表选民直接行使治理国家的权力之外，还享有一系列的权利保障。莫桑比克 2004 年宪法明文规定，议员如果不是在作案过程中当场被抓获的话，在没有得到议会或议会常务委员会同意的情况下，不得予以逮捕或进行审讯。也就是说，议会议员除触犯刑律以外，不得予以逮捕。议会议员从就职至任期届满时间内，因履行议员职责而在议会内外进行的书面或口头发言和投票不受追究。但议会议员若进行诽谤和诋毁，则应承担民事或刑事责任。未经议会议长或常务委员会的同意，不能对议会议员进行审讯。对议会议员的审讯应由最高法院进行。任何议会议员都可以辞职，辞职或取消资格都应按照相应的法律进行。

议员候选人年龄需在 18 岁（含）以上。各政党或政党联盟在登记后，自行决定本党各选区候选人名单。全部议员由选民选举产生，选民在各自选区内将票投给政党或政党联盟，而不是直接投给议员候选人本人。以选区为单位，各党按得票比例分配议席，各党根据获得的议席数按照本党议员候选人先后顺序确定议员人选。各党只有得票数超过总票数的 5% 时，才能在国家议会中拥有席位。

议长由议员直接选举产生，必须获得半数以上选票才能当选。议长的权力如下：召集并主持常务委员会、议会全体会议；签署的法律可在提交总统批准后颁布；签署并颁布决议；维护议会秩序；保证对法令及议会决议的执行。在议长死亡、辞职或永久性丧失能力的情况下，政府首脑要在 15 天内召开议会特别会议选出新议长。

议会议员任期为 5 年。现任议长是埃斯佩兰萨·比亚斯。

二 司法

莫桑比克司法系统包括最高法院、各级法院系统及共和国检察院系统。莫桑比克的司法是独立的，司法的执行不受行政权力和其他部门的制约与干扰。2004 年宪法确保司法独立原则，规定：“法官在履行其职能时必须是独立的，必须只服从法律。法官应当是独立的和公正无私的。”

1. 法院

莫桑比克 2004 年宪法规定，法院的职能就是确保法律法规的实施，确保法律得到遵守，保护公民的权利和自由，以及保护其他法律实体的司法利益。法院还要教育公民自愿和有意识地遵守法律，进而建立一个公正和谐的社会。为了履行这些职责，法院要根据法律调解争端，还要对违法行为进行惩处。但法院执行的法律条款绝对不得违背宪法原则。所有公民和法律实体有义务遵守法院的裁决。法院的裁决优先于任何其他政府当局的决议。

为了确保法官的独立性和公正性，2004 年宪法规定，法官除了可以进行教学和研究以外，不得从事任何其他的公营或私营活动。法官在处理民事、刑事和量刑判决过程中，只在法律特定的条件下对履行职责过程中的行为负责。

按行政级别划分，法院系统可分为最高法院及省级、县级、乡镇（区）级法院。最高法院为最高司法机构，代表国家维护法治权威，监督议会和其他法规的执行。现任最高法院院长是阿德利诺·穆尚加（2019 年 7 月连任）。

若按职能划分，莫桑比克法院系统可分成如下 7 种法院：最高法院和其他仲裁法院、行政法院、军事法院、习俗法院、财政法院、海事法院、劳工法庭。

莫桑比克共和国的司法权通过最高法院和依法建立的其他法院得以实施。最高法院是全国最高司法机构，在全国范围内行使司法主权。最高法院的使命就是确保法律在全国范围内按统一标准贯彻实施。

最高法院下属各法庭通过初审法庭和上诉法庭行使职责，最高法院的全体会议裁决某些案件的最终申诉。

最高法院的院长和副院长由总统任命，最高法院由职业法官和选举的非职业法官组成，最高法院的职业法官由总统在咨询法官最高委员会以后从候选人名单中任命，法官最高委员会是一个独立于国家权力之外的法律职业团体。

最高法院中的非职业法官由议会选举产生。35 岁及以上的莫桑比克公民可以被选为最高法院法官。这些非职业法官只参加重要审判的法庭听证会。在法庭听证过程中，法律问题一般由职业法官来裁决。

行政法院监督检查行政部门的合法运转以及公共支出的合法实施过程。行政法院尤其具有下列职能：对行政行为及行政措施引起的法律诉讼活动进行裁决，对针对各级国家机构的决议、国家机构的长官、国家机构下属机构及其雇员的申诉进行裁决，并行使法律规定的其他权力。对于行政法院的权力、辖权范围、组成和运转等，有专门的法律规范。

军事法院、习俗法院、财政法院、海事法院和劳工法庭的权力、辖权范围、组成和职能也通过专门的法律予以规范。

2. 检察院

共和国检察院的职责是监督和检查法律的履行情况，促进社会遵守法律和保护现行的法律秩序。共和国检察院的最高长官是总检察长。在总检察长不能履任或无力履行职责时，由副总检察长接任。总检察长对共和国总统负责，并向议会提交年度报告。共和国总统在咨询检察官最高委员会后对总检察长予以任命、免职或解职。共和国总检察长下辖各级别的检察院系统。宪法规定，各级检察官在履行职责过程中要遵守合法、客观、公正的原则。检察官代表国家，提出犯罪起诉，确保未成年人、缺席者和残障人士的合法权利。

3. 宪法委员会

为了解决与宪法有关的问题，莫桑比克根据宪法设立了宪法委员会。该委员会是具有特殊司法权的机构。该委员会的权力包括：对国家机构的立法和日常行政行为是否符合宪法和是否合法进行裁决，解决主权机构的辖权冲突，对全民公决的合法性进行裁决。

在事关选举这一特殊的领域，宪法委员会具有如下的权力：监督选举过程，验证竞争共和国总统候选人所需的前提条件，作为申诉机构裁决有关选举的控诉，证实和宣布大选的最后结果等。当事人对于宪法委员会的决议不得申诉。宪法委员会的决议要在《共和国公报》上公布。共和国总统、共和国议会议长、政府总理和共和国总检察长可以邀请宪法委员会裁决违宪或违法的问题。莫桑比克设有专门的法律，专门规定了宪法委员会的组成和运转方式，监督检查违宪和违法行为的措施以及该委员会的其他权力等。

维护司法体系的正常运转是莫桑比克政府的工作重点之一。

第四节 政党

1990 年，莫桑比克开始实行多党制。1992 年 3 月，莫桑比克民族联盟注册成为莫桑比克历史上第一个获得合法地位的反对派政党，多党政治时期到来。截至2020年，全国有20多个登记注册的合法政党。主要政党有执政党莫桑比克解放阵线党，莫桑比克全国抵抗运动（Resitência Nacional Maçambicana，Renamo），莫桑比克民主运动党（Demacratic Movement，MDM），和平、民主与发展党（PDD），民主联盟（UD）和工党（PT）等。

一　莫桑比克解放阵线党

莫桑比克解放阵线党现为莫桑比克共和国执政党，简称莫解阵党，1962年6月25日成立。原名莫桑比克解放阵线，由莫桑比克民族民主联盟、莫桑比克非洲民族联盟和独立莫桑比克非洲人联盟联合组成。成立之初，总部设在坦桑尼亚首都达累斯萨拉姆。第一任主席为爱德华多·蒙德拉纳。

1964年9月，莫解阵党开始领导莫桑比克人民发动武装进攻，以游击战的形式开展了反对葡萄牙殖民统治的斗争。1974年9月7日，莫解阵代表团同葡萄牙新政府签订《卢萨卡协议》，葡萄牙承认莫桑比克独立。莫桑比克宣告成立人民共和国，萨莫拉任总统。

1977年2月，莫解阵召开“三大”，莫桑比克解放阵线改为莫桑比克解放阵线党（现名），并宣布该党为“马列主义先锋党”。此后开始大量发展党员，并在全国建立基层组织。到1980年，莫解阵党已经在全国范围内建立起基层组织。1989年，该党召开“五大”，将“先锋党”改为“全民党”。莫解阵党主张“尊重人权，维护和平与进步，缩小区域差距，更加公平地分配财富”，目标是“建立以民主社会主义、平等、自由和团结为基础的莫桑比克社会”。

莫解阵党在1994年全国首次多党大选中获胜，首次成为民选执政的政党。1997年5月，莫解阵党召开第七次全国代表大会，这也是举行多党大选以后该党的第一次全国代表大会。大会通过了修改党纲、党章的决议及中央委员会的工作报告。直到2014年10月，莫解阵党连续五次在大选中赢得选举。2017年9月26~30日，莫解阵党第十一次全国代表大会在首都马普托市召开。会议重点讨论实现莫桑比克经济独立，尽量摆脱对外部的依赖，使莫桑比克人掌握经济发展主动权。纽西总统以99.72%的得票率当选莫解阵党主席，罗克·席尔瓦当选为党内第一书记。

二 莫桑比克全国抵抗运动

莫桑比克全国抵抗运动，简称"莫抵运"，目前是莫桑比克实力最强的在野反对党。1976年初，从莫解阵中分裂出来的一批军人、不满于莫解阵政策的一些异己分子以及前殖民地时期的一些官兵成立了"莫抵运"，从此开展并长期坚持反政府武装活动。该组织的第一任领导人是原莫解阵驻贝拉部队物资处处长安德烈·马塔德·马桑盖塞。1979年10月马桑盖塞在索法拉省阵亡。经过"莫抵运"领导层内部的激烈角逐，阿方索·德拉卡马成为领导人。随着1980年津巴布韦的独立，南非接管了"莫抵运"。此后，该组织大幅破坏莫桑比克社会稳定和经济建设。

在进行内战的大部分时间里，"莫抵运"并没有具体的政治纲领，仅提出以"推翻萨莫拉政权"为目标。"莫抵运"的一般策略是破坏社会经济基础设施，扰乱社会秩序，以凸显政府无力保护和维持公民的正常生活，并使这种形势不断恶化。在一些地区，"莫抵运"在军事组织机构方面相当完善，装备精良，而在另外一些地区，则装备相当匮乏。"莫抵运"的领导层普遍缺乏连贯一致的政治理念。其支持基础主要是农业地区的贫穷人口。

1989年6月，"莫抵运"在国内召开第一次"党代表大会"，标志着"莫抵运"开始了从一个反叛军事组织向一个政党转变的进程。1994年8月，"莫抵运"正式注册为合法政党。在1994年10月举行的首次多党大选中，该党获得37.78%的选票，获得了议会250个席位中的112个席位，成为莫桑比克第二大党。在1994年10月举行的大选中，"莫抵运"在中部和北部的5个省份中赢得了大多数的议会席位。在1999年大选中，为了增强党主席德拉卡马竞选总统的实力，该党同其他10个小党派结成竞选联盟——"莫抵运选举联盟"，获得38.81%的选票，在议会中占117席。2001年10月，"莫抵运""四大"通过了新的党章和党纲。该党在莫桑比克北部和中部地区具有重要的影响和实力。虽然“莫抵运”财源严重匮乏，并缺乏政治经验，但该党领导风格独树一帜，在马普托占有一席之地，并继续获得一些省份的支持。

在2014年10月举行的大选中，“莫抵运”获得89个议席，其总统候选人德拉卡马获得36.6%的选票。2018年5月3日，德拉卡马病逝，奥苏福·莫马德任临时协调人，负责党内事务。2019年1月，“莫抵运”举行“六大”，临时协调人莫马德当选该党新的领导人。近年来，“莫抵运”内部龃龉频发，军事派首领农戈公开拒绝解除武装，莫桑比克中部武装袭击时有发生。

三 莫桑比克民主运动党

莫桑比克民主运动党简称“民运党”，成立于2009年3月8日，是莫桑比克第三大政党，党主席为戴维斯·西芒戈。2008年全国市政选举前，时为“莫抵运”重要成员的西芒戈决定独立参选并高票当选贝拉市市长。2009年，民运党正式组建。该党发展较快，政治影响不断扩大，与莫解阵党有分歧也有合作，与西方关系密切，重视对华关系。

第四章

经　济

第一节　经济发展概况

一　独立前的经济

莫桑比克自然资源丰富，具有良好的工农业发展条件。但在独立以前，尤其是1930～1974年受殖民政府影响，莫桑比克成为葡萄牙原料供应地、商品市场和廉价劳动力的储存地。例如，葡萄牙殖民政府在莫桑比克强制推行棉花种植，却以极低的价格收购。长期的强制政策使莫桑比克形成了典型的殖民地经济。莫桑比克的农业是建立在小农生产和少数大型农场基础上的，农业人口占全国总人口的88%。但4000多个大型种植园占据了全国60%的耕地，主要种植腰果、椰子、棉花、甘蔗、茶叶、花生和剑麻等经济作物。另外，葡萄牙、南非、英国等国家的殖民公司又控制了莫桑比克腰果、椰子、棉花、糖、茶等农产品加工工业及纺织、炼油、化肥等工业。同时这些大型公司还垄断了当地的矿业开采权，控制了过境运输和过境贸易，从中攫取巨额利润。进行商业性生产的大农场完全是为葡萄牙供应廉价原料而经营。莫桑比克工业基础薄弱，工业品主要来源于进口。国民经济中唯一的现代化部门是港口和铁路运输业，主要为邻国提供服务。整个国民经济严重依赖宗主国葡萄牙以及南非两个国家。

二　计划经济时期的经济

莫桑比克独立后，国内大批的葡萄牙及其他国家农场主以及企业家逃走，有将近90%的白人移民离境，导致农产品大幅减产，工业部门产量下降至仅占其生产能力的50%左右。莫桑比克政府虽然接管了银行、工厂、矿山和大农场等，但是其推行的统一管理的计划经济体制由于国内技术力量和管理人员的缺乏而难以实施。农业方面，莫桑比克开始推进国有农场和集体农庄的发展。

1977年2月，莫解阵党第三次全国代表大会规定，将莫桑比克建设为一个“社会主义国家”，实行计划经济，以国营经济为主，并提出优先发展农业，继而发展工业的经济方针。在农业领域，政府推行鼓励农业合作化和大力发展国营农场的政策，在全国建立1500多个集体农庄。在城市地区，莫桑比克独立后不久就将主要的金融机构都收归国有，后来又将城市的大房地产、医疗卫生机构、教育机构以及保险公司等收归国有。1980～1982年，政府还建立了12个国营公司，并逐步掌控了工矿企业。

为了尽快扭转莫桑比克经济发展迟缓、国民生活贫困的局面，1981年莫桑比克政府实施了“战胜不发达”计划，对工业和农业进行了大量投资，兴建工业大项目和国营农场。1985年，国营农场和集体农庄农产品销售量占全国的40%以上。但独立后的莫桑比克经济遭受内战、干旱、水灾、饥荒、技术工人严重缺乏和外汇短缺等因素的打击，巨额的贸易赤字加重了国家财政负担，造成了工业大型项目“既无资金，又无技术”的窘况；同时，国营农场大量赔本。莫桑比克经济和社会都遭受重创，短期内难以缓解。1970～1979年，国内生产总值年均下降8.6%，人口却不断增长，1972～1982年的人口年均增长率为2.5%。大部分居民生活水平严重下降。1980年莫桑比克国内生产总值为23.6亿美元，人均国内生产总值230美元，是世界上最不发达的国家之一。

三　改革时期的经济

1983年莫桑比克解放阵线党召开第四次全国代表大会，拉开经济改革的序幕。改革主要围绕以下几方面内容进行。

一是农业政策调整。为了在生产和销售上鼓励农业的发展，政府放松了原农村经济中的中央计划成分，开始尝试以市场手段来刺激农业生产，同时取消了对水果和蔬菜的价格控制，以及其他农业商品的固定价格。政府舍弃了原有通过集体农庄等手段来强制农民种植经济作物的政策，允许农民在私营的小块土地上种植粮食作物。除了推广农业技术政策尤其是改进粮食的储存技术外，农业改革的一个重点就是培育农村市场。其目标是通过增加对农村市场基础设施等方面的投资，从而不断扩展农村市场网络，并逐步改善其运营的基础，鼓励人们在市场上自由出售自己的谷物和其他粮食产品，进而使他们成为农业生产和消费市场的主体。

二是金融和货币政策改革。20 世纪 80 年代后期，政府的改革政策着重于放开国内市场价格和外汇汇率，以期提高资源的配置效率，减少财政预算赤字和压缩通货膨胀。在整个改革进程中，莫桑比克政府一直将降低通货膨胀率、平衡宏观经济和调整经济结构作为明确的政策目标。从 1988 年开始莫桑比克政府逐步放开了农产品和消费品的价格，许多固定价格被强制性最低价格以及最低建议价格所取代。1993 年，政府放开了 22 种农产品的价格，仅仅保留了对面包和面粉的销售价格控制权。

三是国有企业改革。进入 20 世纪 90 年代后，莫桑比克开始推进国有企业私有化。1989 年，莫桑比克政府通过了国有企业私有化的立法，计划将全国 1248 家国有企业实施私有化。为了国有企业私有化计划有效实施，莫桑比克政府成立了专门的管理机构——“企业调整统一管理局”。1997 年 11 月，全国共有 840 家国有企业完成了私有化的进程。到 90 年代末期，莫桑比克政府已对全国 900 多家国有企业完成了私有化，其中包括 50 家大型国有公司。莫桑比克成为撒哈拉以南非洲以最快速度实施私有化的国家之一。

四是贸易和投资政策改革。莫桑比克在国际贸易方面逐步实施自由化政策。1991 年关税法明确了贸易产品的分类，降低其免税标准，以减少征收关税过程中的随意性。同时，莫桑比克政府还大幅度降低了生腰果的出口税，以此提高腰果农场的产品出售价格，进而增加莫桑比克腰果的产量。莫桑比克政府在 1994 年调整了对腰果和棉花出口税的离岸价格计算方法，以便能根据国际市场的行情及时调整。莫桑比克于 1993 年 6 月实施新的投资法，为国内外投资者提供完全一样的财政和关税优惠。在此后的几年时间里，莫桑比克政府采取了降低关税税率、减免税收、放松外汇管制等一系列措施来鼓励外国人到莫桑比克进行投资，并制定一系列的外资外汇管理法案及投资法案等，以此来保护国外投资者的合法权益。

四 21世纪以来的经济发展

21世纪以来，莫桑比克大力调整经济结构，政府通过加大基础设施投入，大力发展旅游业，改善投资环境，鼓励开发矿产、能源、农林渔业等资源，21世纪前10年保持着较强劲的经济增长势头。2001～2010年，平均经济增长率为7.9%；通货膨胀率年均10.7%。从2005年开始，莫桑比克实施了“五年行动计划（2005～2009年）”，其间经济水平迅速提高。

受国际大宗商品价格低迷、自然灾害、债务问题和货币贬值等因素影响，2015年以来莫桑比克经济增长有所放缓。2016年以来，受国际大宗商品价格走低、本国天然气开发进度放缓等因素影响，莫桑比克主要经济指标持续恶化，债务问题凸显。为应对经济下行压力，莫桑比克政府采取了增税减支、吸引外资、加快推进工业化等措施，收到积极效果。2017年以来，随着莫桑比克北部鲁伍马盆地海上天然气4区块项目和1区块项目相继正式启动，莫桑比克经济形势有所好转。主要大国和国际金融机构看好其长期发展前景。

2019年3月和4月，热带气旋“伊代”“肯尼斯”引发灾害对莫桑比克经济造成较大负面影响。

2020年以来，受新冠肺炎疫情影响，莫桑比克主要出口产品煤、铝价格一度腰斩，北部海上天然气开发进程放缓，国内生产总值预计缩减2.4%。2020年莫桑比克国内生产总值为140亿美元，人均国内生产总值为447美元，经济增长率为-1.3%。

第二节 农林牧渔业

莫桑比克是传统的农业国，农业在经济发展中的地位突出。农业和渔业的生产总值占国内生产总值的25%以上，80%左右的人口收入和 7% ~11% 的经济增长都来自农渔业。莫桑比克农业用地约占全国总面积的 56.7%，可耕地面积为 3600 万公顷，已开发耕地 600 万公顷，主要粮食作物有玉米、稻谷、大豆、木薯等，腰果、棉花、糖、剑麻是传统出口农产品，还拥有木薯、椰子、茶、烟草等特色热带作物。渔业资源丰富，盛产对虾、贝类、鱿鱼、罗非鱼等水产品。莫桑比克的腰果产量曾在世界上名列前茅，椰子和椰干、茶叶以及棉花的产量也在非洲国家中居于前列。

莫桑比克是粮食净进口国，主要进口小麦和稻米，年进口大米超过 300 万吨。出口农产品主要是经济作物中的腰果、芝麻、杏仁、糖、香蕉、棉花等，其中腰果品质优良，享誉全球。莫桑比克拥有丰富的海洋生物资源，盛产石斑鱼、龙虾、大虾及软体鱼等优质鱼类，年捕捞量可达 20 万 ~30 万吨，但本国渔业捕捞设施落后，多采用手工近海捕捞，亟待开发。

一 农业

莫桑比克是农业国，农业在国民经济发展中占有举足轻重的地位。截至 2015 年，莫桑比克的农业从业人员占全国从业人口的 71%，但农业从业人员正逐渐转向服务业。2017 年莫桑比克农业产值占国内生产总值的 21%，占莫出口值的 13%。腰果、棉花、糖、剑麻是传统出口农产品。主要粮食作物有玉米、稻谷、大豆、木薯等。

莫桑比克大部分国土处于热带地区，适合热带气候的主要经济作物有棉花、甘蔗、腰果、茶叶、西沙尔麻、大豆、烟草以及香蕉和椰子等，粮食作物有玉米、水稻、高粱和小麦等，蔬菜有木薯、豆类和西红柿等。木薯是全国大多数人口维持生计的最主要的一种作物。全国 4/5 以上的就业岗位来自广义上的农业部门，并且农产品出口收入占全部出口收入的 70% 左右。此外，在粮食生产、农产品出口以及棉花、腰果和柑橘类水果加工方面，还有很大的开发潜力。

农业生产以农民的家庭生产为主。全国 250 万个家庭耕种着全国 95% 的耕地。家庭式农业生产的一个突出特点就是靠天吃饭，过度依赖降雨，农业技术落后，所以农业产量很低。全国5%的耕地由大型农场经营，主要种植经济作物或出口型作物，包括传统的出口产品蔗糖、柑橘、椰肉干、茶叶、棉花和西沙尔麻等。

莫桑比克尽管土地资源丰富，但仅有300万~400万公顷的土地是优质土地。如果考虑到柴薪用林、狩猎和放牧的需求，人口比较密集的马普托省、加扎省和伊尼扬巴内省的土地都明显不足。

1. 粮食作物

独立以来，莫桑比克政府十分重视粮食生产。但受到气候等自然因素的影响，莫桑比克的粮食产量仍然无法得到有效的保障。到90年代中后期，莫桑比克农业生产的恢复速度明显加快，玉米生产基本上能实现自给自足。内战的结束、整体政策环境的改善和有利的气候条件使90年代中后期莫桑比克的粮食获得巨大的丰收，莫桑比克1994年的粮食产量同比增长了3.4%，1995年同比增长30%，1996年同比增长34%。1996年，北方省份还仅有少量的玉米可以出口，1997年的出口量则翻了一番。

莫桑比克农业部在1998年公布了为期15年的国家农业开发计划，总投资费用达2亿美元。该计划的实施还需要来自国际援助的支持，但援助国以莫桑比克政府对农民的土地使用权提供某种保障为援助条件。1998年10月，援助国为莫桑比克国家农业开发计划提供了第一阶段的援助款项460万美元。这年粮食产量得到略微增长。

20世纪90年代后期，不断增加的农业产量极大地改善了食物短缺的状况。每年谷物进口量从1992/1993年度最多的120万吨减少到1998/1999年度的21.5万吨左右。1992年，全国谷物供应量中粮食援助占80%，商业性粮食进口量占8%，而在1996/1997年度，粮食援助和商业性粮食进口量则仅占全国粮食供应总量的约10%。莫桑比克不再是玉米进口国，稻米和小麦成为粮食进口的主要品类。其中，稻米的进口量已经随着本国产量的增加而趋于减少；但由于城镇居民收入的增加刺激了人们对价格较高的小麦面食制品的需求，小麦的进口量继续有略微的增加。

2. 经济作物

莫桑比克曾经是世界上腰果的主要产地，有“腰果之乡”的美誉。

其腰果产量一度占世界总产量的 45%。腰果的主要产地集中在东南沿海一带、纳卡拉至楠普拉一带以及林波波河河口地区。进入 20 世纪 90 年代和实现和平以后，这些地方的腰果加工业已经实施了私有化，大多由私人经营。

联合国粮农组织的统计数据显示，2019 年、2020 年莫桑比克腰果产量分别排在第十名和第十三名。这与莫桑比克腰果种子品种落后、病害防治率低以及基本处于自然生长状态都有密切关系。近年来，政府建立了腰果树培育基地，以低价向农民提供树苗，并对病虫害进行治理。法律规定，未经加工的原腰果出口附加税为每吨 300 美元。

据莫桑比克国家腰果和油料研究所报告，2021 年莫桑比克腰果生产创收 8900 万美元，同比增长 14%，占农业生产总值的 23%。目前，莫桑比克腰果行业涉及 140 万农户、47 家公司和近 1.5 万名员工。

当前，腰果行业年营业额约为 2.2 亿美元，预计到 2030 年将达约 5 亿美元。腰果生产户平均收购价格从 2020 年的 19 梅蒂卡尔/千克上升至 39 梅蒂卡尔/千克，交易量近 15 万吨，出口额为 1.116 亿美元。过去十年来，莫桑比克全国范围内腰果产量增长了 9%，截至目前，莫桑比克全国已有 10 家腰果加工厂。

莫桑比克其他具有出口潜力的经济作物还有柑橘属水果、茶叶和烟草等，但生产恢复进展缓慢。棉花种植集中在北部、纳卡拉和贝拉附近以及林波波河三角洲地区。在粮食、棉花、腰果以及柑橘属水果等作物生产方面，还有巨大的发展潜力。

3. 面临的挑战及机遇

2015 年，受全球经济、大宗商品价格等多重因素影响，莫桑比克经济结束了连续 10 余年的高速增长（2003～2014 年年均经济增长率超过 6%）出现衰退，货币大幅贬值，外汇受到严格管控。2016 年上半年，因莫桑比克存在隐瞒债务的情况，国际货币基金组织和世界银行相继宣布暂停对莫桑比克国家预算提供直接援助，其经济雪上加霜，公务员工资的 40% 无法发放。但总体看，莫桑比克政局稳定，经济基础、市场环境、治安状况较好，具备一定的投资合作潜力。

在这一阶段，莫桑比克在农业领域发展的主要表现为：粮食作物缺乏；生产力低下；农资和现代技术的使用非常少且不普及；农业领域的技术支持服务分布不集中，加之基础设施不健全，使其不能发挥作用；农业推广以及农业研究网络的覆盖范围和质量有限。根据中国农业信息网2018年发布的数据，莫桑比克的农业研究系统雇有1087人，其中只有167人属于研究员，这中间只有10.4%的人拥有博士学位，相当于全国只有18～19位拥有博士学位的农业研究人员。农业领域的人才缺乏是莫桑比克农业研究以及农业发展面临的一大挑战。另外，众多国际发展机构为莫桑比克提供农业领域支持的实践也显示，莫桑比克农业发展的另一大挑战是普遍运用传统耕作方式，品种低产、农资缺乏、灌溉和排水程度低、推广系统效果不明显、农民无法获得农业研究成果以及市场信息闭塞等，都制约着莫桑比克的农业发展。同时，小型和中型的农产品加工设施的缺乏，也使莫桑比克的农业产品很难提高附加值。

目前，农业发展以及粮食安全都是莫桑比克发展的重点关注领域。莫桑比克农业发展的优先地位也在多个国家发展战略和政策文件中有所体现。莫桑比克农业发展战略方案（2010～2020年）提出：需要动员农业投资方面的资源和伙伴关系，增加食物的供给，提高小型生产者的生产力和应急能力；扩大耕地面积；加强可持续管理以及对水利系统的管理；通过改善基础设施，增强与市场的连接；提高研究和推广的能力，使生产者和加工者提高对相应技术的使用能力。该文件也提出了莫桑比克在农业领域的五大发展目标：提高农业产量、生产力以及竞争力；改善和推广与市场相关的基础设施和服务；以可持续方式利用土地、水资源、森林资源和生物资源；建立有利于农业投资的法律框架和政策；加强农业体制建设。

2009年莫桑比克颁布《税收优惠条例》，明确规定，对于在农业和水产业开展的投资项目，其进口设备以及随之一起进口的相关零配件可享受进口关税和增值税（IVA）的免税政策。在农业和水产业方面的投资项目可享受在2015年12月31日之前80%的税款以及从2016年至2025年50%税款的税收优惠政策。2011年，非洲绿色革命联盟资助莫桑比克3.2

亿美元，帮助其实施贝拉走廊农业发展计划，主要内容包括培育优良品种、改良土壤、推广服务、促进市场准入、加大市场营销以及建设必要的基础设施，为农产品销售创造有利的环境。

表 4-1 2008~2015 年莫桑比克农业领域外商直接投资

单位：亿美元

年份	2008	2009	2010	2011	2012	2013	2014	2015
金额	0.98	1.52	0.01	0.09	1.54	1.15	1.19	5.19

资料来源：世界贸易组织莫桑比克贸易政策审查报告（2017）。

二 林业

莫桑比克林业资源丰富，根据世界银行的数据，截至 2020 年，莫桑比克森林面积为 36.74 万平方公里，森林覆盖率达 46.73%，且富藏珍贵林木。莫桑比克最重要的树种有乌木贝拉、坚比雷、缠弗塔和非洲檀香木等。莫桑比克竹林以天然林为主，主要分布在中北部地区，范围广，面积大，但开发利用率低。在莫桑比克开发竹藤资源大有可为，是改善农村贫困人口生活的一条有效途径。林业在人民生活和国家经济发展中起着非常重要的作用，生产总值约占国内生产总值的 18%，广大农村 80% 的能源所需来自森林。

由于国际和国内需求量大，林业部门存在着吸引投资的绝好条件和机会。莫桑比克的年伐木能力是 50 万立方米，低于其国家土地和林业局规定的年采伐量 51.57 万~64.05 万立方米的标准，且木材的采伐一直局限在那些具有较高经济价值和商业价值的树种。林业开发在过去一直是零星产业，仅局限于少部分地区。商业林木的过度采伐、木炭的生产、森林火灾等，使木材资源急剧减少。莫桑比克有相当广泛的保护区网络，全国约有 10% 的林木位于保护区内。1999 年，政府批准了新的森林和野生动植物立法，2000 年重新引进了森林特采权制度，并重新开始天然林管理工作。目前，全国生产性的林地只有 100 万公顷。省级林业企业从事规划和人工造林工作。第一个薪材人工林始建于 1978 年。一开始种植的是巨桉（大叶桉），后来代之以赤桉和细叶桉。此外，莫桑比克还种植了木麻黄属常绿乔木，以控制沿海沙丘的移动。

除了自然森林外，莫桑比克在建立和开发人工林方面潜力巨大。全国大约有 100 万公顷的国土面积适于实施人工育林项目。莫桑比克已种植少量的人工林（5 万公顷），主要为松树、桉树和木麻黄属树种。

近年来，虽然木材加工产量得到了明显的增长，但仍不能满足工业增长的需求。随着砍伐数量的增长，据莫桑比克国家统计局统计，莫桑比克森林面积每年减少 21.9 万公顷，仅 2012 年就失去了 62.7 万立方米的树木。2015 年 11 月，莫桑比克农业和农村发展部长塞尔索·科雷亚宣布，莫桑比克全面禁止原木出口，并禁止采伐铁木等珍稀树种。以上两条禁令分别持续了 2 年和 5 年。

三　畜牧业

在畜牧业发展方面，莫桑比克拥有适于牛群和其他畜群生长的广阔牧场和草场。全国畜牧面积为 1200 万公顷，这为畜牧业的迅速发展提供了条件。莫桑比克畜牧业以养牛和养羊为主。但畜牧业的发展目前还存在着现实的困难。因为全国 2/3 的地区受萃萃蝇的影响，全国养牛业局限于萨韦河以南内陆高原地区，尤其是以马普托省为主的地区和太特省东北部地区。在全国牛存栏总数中，家庭饲养占 75%，其余的由私营和国营的商业农场饲养。

萃萃蝇是直接影响全国大部分地区畜牧业发展的主要因素。全国大约有 87.6 万平方公里的面积受到萃萃蝇的危害。受萃萃蝇的影响，全国牛的存栏数量从 1980 年的 150 万头减少到 1998 年前后的 50 万头，而且其中的 25 万头受到萃萃蝇叮咬感染疾病。此外，在太特省、尼亚萨省和楠普拉省等地区还流行影响人类健康的嗜睡症。莫桑比克目前还没有有效措施控制该疾病的传播。但为了确认此种疾病的传播媒介和分布状况，莫桑比克已经开始对萃萃蝇及其传播疾病的情况进行调查。粮农组织技术合作计划资助莫桑比克的某些项目主要是为了监测锥虫病的影响，并制定适当的疾病控制策略，培训莫桑比克本国的工作人员是该项目的组成部分。

其他的小型家畜在全国范围均有分布。莫桑比克的山羊抗病能力强，分布于全国各地。绵羊多饲养于较干燥的南部和赞比西河谷地区。此外，波斯肥尾羊是著名的肉用羊，在莫桑比克境内生长良好。

近年来，莫桑比克全国范围内开始普遍饲养猪和鸡。大体而言，莫桑比克的肉、乳等畜产品不能自给，每年需从邻国进口。2017 年，莫桑比克的家禽进口量为 23.956 吨，进口额为 4082.9 万美元，而出口量只有 5 吨。由于莫桑比克人更偏爱国产鸡，国产鸡的产量在上升，从 2006 年国内年产量 3 万吨左右上升到 2017 年的 10 万吨以上，而且，肉鸡大部分由 7 家在莫桑比克注册的公司从巴西进口。生产奶、肉、蛋和动物副产品是生产者关注的主要问题和主要活动，莫桑比克政府鼓励私营投资者合资发展家禽业。

四 渔业

莫桑比克渔业资源丰富，既有鱼类资源，又盛产龙虾和贝类等。独立后，莫桑比克的渔业资源得到开发利用，渔业成为全国赚取外汇收入的主要部门之一，是莫桑比克经济的重要支柱。渔业产品每年为莫桑比克赚取大量外汇，该部门产值占国内生产总值的 5% 左右。自 1997 年以来，该部门发展迅速，年产值每年增长 13.4%。莫桑比克渔业资源发展潜力巨大，据粮农组织统计，潜在渔获量可达 200 万吨。

莫桑比克的捕鱼船数目有限，因而与日本、西班牙、葡萄牙和南非等国的渔业公司建有合资项目，允许其在莫桑比克领海进行捕鱼作业。莫桑比克与欧盟签有协议，允其每年捕捞 2 万吨鱼和贝类产品，以换取用于研究和开发的 3520 万美元赠款。日本也向莫桑比克赠款 500 万美元用于调查其沿海 200 海里水域未开发区域的资源状况。

根据莫桑比克渔业部 2004 年的统计数据，渔业和水产养殖领域的直接就业人数为 95000 人，有约 1000 人在商业养殖场全职工作。90% 以上的从业者未受过教育或只接受过初级教育，小部分行政管理领域的人员具有中级教育水平。商业养殖场在技术和管理职位雇用海外人员。在海藻养殖中，80%的就业者为女性，就业人数占加工领域雇用人员的30%。

莫桑比克水产品总量一直保持较高水平，据莫桑比克渔业部统计，2014~2017年，莫桑比克水产养殖年产量均高于1100吨。其他储量丰富但尚未得到开发的海产品还有鲭鱼、鲷鱼、石斑鱼、笛鲷鱼、鳀鱼、沙丁鱼、金枪鱼等鱼类，以及龙虾、牡蛎、贻贝和蛤蚌等。莫桑比克水产品（包括龙虾、小龙虾、蟹、鱿鱼等）出口在非洲国家中占有重要地位，主要出口市场是中国香港、日本、意大利、西班牙、葡萄牙和英国等。2014年，莫桑比克水产品出口量达11万吨，出口额为6620万美元，其中，对虾和河虾出口额占渔业出口总额的90%。2015年水产品出口额上升至8000万美元。

在管理规定方面，政府已制定水产养殖发展政策，作为指导该领域发展的重要工具。2017年通过的《渔业法》中首次引入捕鱼权概念，为捕鱼者提供安全保障，同时规定了渔业工业化捕捞的相关税收标准，并将税收用于渔业领域监管和水生环境的保护工作，同时作为鱼类养殖在内的渔业领域发展工作的再融资。

莫桑比克的渔业还得到国外的大量援助，包括挪威国际开发署（NORAD）、丹麦国际开发署（DANIDA）、冰岛国际开发署（ICEIDA）、法国银行、荷兰银行和日本银行，以及欧盟、联合国开发计划署、国际农业发展基金（IFAD）、石油输出国组织（OPEC）等。

2019年1月，莫桑比克政府公布，将制止捕捞和买卖在莫桑比克水域捕捞的虾，为期2个月，以便恢复种群和维护资源。这项禁令从1月初开始，持续到2月底。因为过度捕捞，莫桑比克水域的虾已经很稀少了，渔业部长许诺对违背者采用强硬办法。为确保这项决议得到遵守，渔业部门加强市场上的检查活动，并对违规者采取强制措施。

第三节　工业

莫桑比克工业主要包括加工工业，有铝加工、制糖、制茶、粮食及腰果加工、卷烟、榨油、纺织，以及水泥生产、炼油、汽车装配及轮胎业等，主要集中在马普托、贝拉和楠普拉等市。2000 年以来，随着莫桑比克铝业（MOZAL）、巴西淡水河谷煤炭开采项目等大型合资企业的建成投产，工业产值占国内生产总值的比重大幅上升。

一 采矿业

莫桑比克煤炭、天然气、铁、钛、石墨等矿产资源丰富，吸引南非萨索尔、巴西淡水河谷、澳大利亚力拓等多家国际矿业公司到莫桑比克投资开发。目前，莫桑比克正在开采的有商业价值的矿产品有天然气、焦煤、石墨、大理石、膨润土、煤炭、黄金、铝矾土、花岗岩和宝石。但全国矿业产值的主要来源是黄金、铝土矿和石墨三大矿业部门。全国有约 5 万名手工工人在冲积构造地带开采黄金和宝石。2017 年莫桑比克采矿业对莫桑比克外汇储备增长贡献率约为 32.4%。

近年来，矿业部门的生产规模不断扩大。2015 年，莫桑比克矿产品总产值约 40 亿美元，占国内生产总值的 23%，其中天然气产量为 1980 亿立方英尺（折合 56 亿立方米），淡水河谷煤矿产量达到 600 万吨。此外，手工生产的矿产品非法走私非常严重。据估计，每年非法走私的矿产品总值约占全国出口总值的 1/5，达到 4000 万 ~ 5000 万美元，其中黄金 1000 万美元，宝石和粗宝石 3000 万 ~ 4000 万美元。

一些著名的国际矿业公司，诸如南非的英美矿业公司、杰恩科公司、约翰内斯堡联合投资、阿善蒂金矿公司、艾德罗资源公司和肯迈勒公司等，积极参与莫桑比克的矿产资源开采计划。来自南非、加拿大和澳大利亚的一些小型公司也在莫桑比克寻找矿业项目。现在正在兴建的和进行可行性研究的主要矿业部门集中在重工业矿砂、煤炭、天然气及其下游产品、炼铝厂、热轧钢铁厂等。巴西矿业巨头淡水河谷公司于 2009 年正式在莫桑比克西部太特省的阿蒂泽镇建设一座年产 2600 万吨炭和热发电煤的大型露天煤矿。淡水河谷公司对项目总投资在 13 亿美元左右，2010 年底建成投产。澳大利亚利沃斯戴尔矿业公司已于 2009 年获准在班伽（Banga）投资 8 亿美元，建造年开采 2000 万吨硬煤和动力煤的煤矿。莫桑比克也成为印度电力和钢铁公司竞逐煤炭资源的目标。近年来莫桑比克除采取措施鼓励外国公司投资其矿业外，还于2009年批准成立了国有采矿公司，矿产勘探公司成为莫桑比克首家获得许可的国有矿业公司。

在矿业立法方面，政府于1986年通过矿业法，1987年通过相关条例。该法案曾在1994年进行修改和完善。随后，莫桑比克矿业便向国际投资者和私人开放。1993年颁布投资法，1994年采矿税制通过，标志着莫桑比克政府实质性鼓励矿产开发的开始。莫桑比克政府的矿产政策是，国家不再是矿产品的生产者，而是采矿活动的促进者、监督者和规范者。莫桑比克开始实施新的矿业和地质勘探的政策，使有关方面的现行立法更为完善，也使莫桑比克在南部非洲地区更具有竞争优势。近年来，涌入莫桑比克的矿产勘探开发投资大幅增长，2010年矿业领域的外商直接投资为9.38亿美元。到2015年，该数据上升至18.57亿美元。矿业投资的增长，除了受全球矿产品需求持续走高的影响，与政府简化投资法规体系、改善投资服务的措施是分不开的。

所有关于勘探权和采矿权的申请必须提交给矿产资源和能源部长，经国家矿业局审批。莫桑比克的许可证有三类。一类为踏勘许可证，为非排他性许可证，时间为1年，不能续期。该证持有者有权获得某一具体矿种的勘探许可证。第二类为排他性勘探许可证，有效期4年，可续期2年，但每续期一次，面积将被减少一半。第三类为采矿许可证，时间为25年，可续期15年。除上述三类许可证外，莫桑比克还有另两类矿权许可证：一为采石许可证，该许可证允许开采各类建筑石料；另一为采矿授权书，主要针对小规模业者。

在税收方面，莫桑比克政府对矿业部门的投资采取优惠政策。公司收入税为35%，但在公司投产的第一个10年减税50%。此外还制定了鼓励措施，即勘探和开采的成本支出可以累计并结转到投产的第一年。政府免除所有设备、材料和转包商的进口税，免除股息个人收入所得税（一般的个人股息所得税税率在10年内为18%），免除营业税、矿产品出口税等。但部分矿产须向政府缴纳使用费，在采矿特许权下，钻石须缴纳产品的10%使用费，宝石和半宝石为6%，贵金属为5%，其他矿产品则须缴纳产品的3%使用费；在采矿证或采矿许可下，宝石和半宝石须缴纳产品的8%使用费，装饰石为6%，建筑材料矿产品为4%，其他矿产品为3%。

二　制造业

莫桑比克的制造业在20世纪60年代后半期和70年代早期获得了大量投资，因而在独立前夕，莫桑比克的工业基础曾经是撒哈拉以南非洲诸国中较好的国家之一。1973年，莫桑比克的制造业产值在撒哈拉以南非洲诸国中居第六位。但是，莫桑比克赢得独立期间，90%的葡萄牙籍定居者逃离莫桑比克，造成了技术工人大量流失，导致了莫桑比克工业化进程的中断。在独立以后莫解阵政府照搬苏联工业化政策，重视对重工业的投资，但对维护现有的工业基础设施、充实技术劳动力队伍和提高管理技能等未予重视。这进一步造成了工业部门的生产效率日益低下，许多工厂由于管理不善、缺乏国内投资和外汇不足而难以为继。

80年代，莫桑比克的工业部门急需投资，但直到1987年实施经济改革以后，国际援助资金才开始流入工业部门。工业生产的改善举步维艰，1987～1990年的工业产值年均增长率仅为0.6%。工业生产低迷的状况一直延续到1995年。自1995年以后，私有化的工业部门的迅速发展促进了工业生产的强劲增长。1995～1997年，制造业产值年均增长率为11.1%，1997年则为39%。图4－1显示了2001年到2018年莫桑比克制造业产值及其占国内生产总值的比例。其产值波动上升，但相较于20世纪，占国内生产总值比重大幅下降。最具活力的部门是建筑材料、农产品加工、饮料和消费品。宏观经济环境的稳定、中间商品和资本商品进口关税的降低，以及大量的外国投资和高速的经济增长加速了国内需求的增长，这些因素都有力地促进了工业的恢复和发展。但是，由于缺乏资本投资和借贷利率太高，工业发展还面临诸多困难。

就整体结构而言，工业产出自70年代以来还没有发生大的变化。制造业部门由众多的产业组成，包括化学工业、机械工程业、金属冶炼业、纺织业、服装加工业等。莫桑比克还拥有突出的农产品加工业部门，主要有棉花加工、制糖、水果和蔬菜加工、肉品装罐和保存等。食

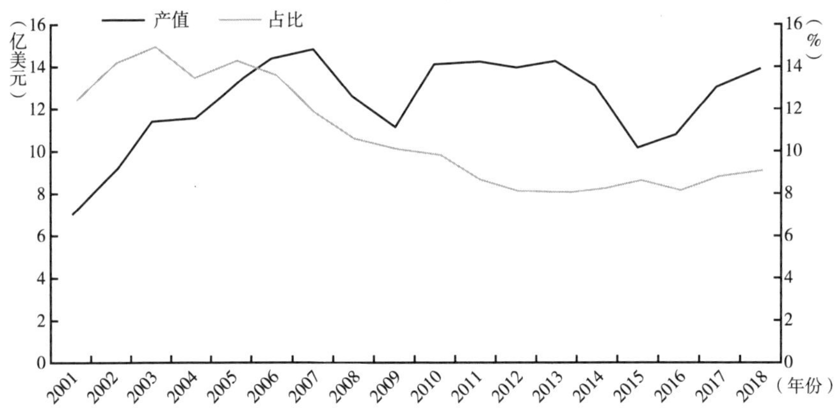

图 4-1　2001~2018 年莫桑比克制造业产值及其占国内生产总值比重

品加工业产值大体上占工业总产值的 1/3。饮料、纺织和木材加工等也很重要。1/4 的重工业产值是与金属加工有关的产业、化工产业等。食品工业、饮料业和烟草业产值占工业总产值的 62%。莫桑比克的腰果加工一般是一些中小型企业从事，其加工能力一般为年产 1000~2500 吨，使用劳动密集型的去壳方法。但也有一些加工商采取部分机械化作业的办法进行加工，可以把加工规模提高到年产 5000 吨。腰果成品出口到荷兰、南非和意大利。

莫桑比克的工业集中在马普托、马托拉、贝拉和楠普拉等较大的城市。马普托钢铁厂创建于 1955 年，年生产能力为 12 万吨。70 年代后期，又组建了马普托小型钢铁联合企业，建设了一批钢铁铸造厂，每年可生产铸铁、钢、钢材等 25 万吨。2008 年 4 月 17 日，第一期规划为年产 20 万吨、远景规划为年产 70 万吨钢管的明星钢铁公司开工建设，2009 年 7 月 24 日正式竣工投产。项目总投资 4400 万美元，位于马普托省贝卢卢阿内（Beluluane）工业园区。项目占地面积 9 万平方米，建筑面积 3 万平方米。产品用于石油和天然气运输业，所需原料从土耳其、中国和南非进口。企业资本由国内企业资本和国外企业资本组成，其中南非星钢（Star Steel）占 50%，中国七星集团（Seven Star Groupda China）占 40%，莫桑比克公司团队占 10%。莫桑比克公司团队的组成成员有莫桑比克—津巴布韦石油管线公司（Companhia do Pipeline Moçambique Zimbabwe）、莫桑比克石油公司（Petromoc）、莫桑比克国家电力公司（EDM）、马托拉天然气公司（Matola Gas Company）和石油管道公司（Petroline）。

莫桑比克铝业位于马普托省贝卢卢阿内工业免税区。项目于 1998 年 7 月开工，于 2000 年 9 月建成投产，年产 60 万吨铝锭。项目第一期投资 13 亿美元，由矿业巨头必和必拓集团（英国—澳大利亚）、日本三菱公司、南非工业发展公司、非洲发展银行、世界银行和联邦发展公司（英国）及莫桑比克政府共同出资。铝厂的扩建工程于 2001 年 6 月获批准，2003 年 8 月 20 日该厂二期工程开始全产能运作，项目总投资近 20 亿美元。项目投资方澳大利亚必和必拓公司持有 47.11% 的股份，其他股东持股比例分别为日本三菱公司占 25.00%、南非工业发展公司占 24.04%、莫桑比克政府占 3.85%。莫桑比克铝业是 21 世纪初外国在莫桑比克的最大投资项目，成为吸引外资的典范，使莫桑比克的出口额 2002 年首次达到 10 亿美元。莫桑比克铝业至 2008 年连续六年居莫桑比克企业百强之首。2008 年受金融危机和能源危机的影响，莫桑比克铝业产能下降。

三 能源工业

莫桑比克拥有南部非洲潜力最大的能源工业，但大多数矿产资源尚未被开发，挖掘能源开发潜力需要巨额投资。尽管莫桑比克富藏煤炭、水电和天然气资源，但独立以后能源产量甚至无法满足国内的需求。

天然森林是农村家庭生活燃料的主要来源。有关研究表明，莫桑比克 83% 的能源消耗来自森林，一些工业部门和 60% 的城市人口也需要森林提供燃料。为了保护环境和森林，从 20 世纪 80 年代末开始，莫桑比克政府推行替代能源政策，鼓励使用燃油和天然气。到 90 年代中期，木炭的年产量从 5 万多吨减少到不足 700 吨。

水力能源是莫桑比克开发前景最大的一种资源，也是迄今为止得到外国投资最多的一个部门。在莫桑比克境内已确认具有水能开发条件的地方至少有 100 处。莫桑比克在众多的河流上修建了一系列水坝和水库。具有代表性且正在开发使用的水能资源是位于中部地区的卡奥拉巴萨水电站、希坎巴（Chicamba）水电站、马武济（Mavúzi）水电站。水电是莫桑比克最重要的能源来源，全国潜在的水力发电容量预计为14000兆瓦，但截至2021年，只开发了2488兆瓦。

卡奥拉巴萨水电站位于赞比西河上，离河流入海口500多公里，由葡萄牙人设计建造。葡萄牙殖民政府在20世纪60年代后期启动这个水库的建设工程，当时被称作卡布拉巴萨水坝（Barragem de Cabora Bassa）。建设该大坝最初的考虑是控制洪水并为赞比西河下游的种植园提供灌溉水源。后来，经过与南非协商，建设计划扩展为包括水力发电项目，南非同意购买其大部分电力。这样，水电站除发电外，还承担了上下游通航、防洪、灌溉和水库养殖等任务。该项工程于1969年签订合同，1971年开工建设，1974年大坝建成并开始蓄水，1975年4月开始发电。水电站大坝高171米，总装机容量207.5万千瓦，是南部非洲最大、非洲第二大水电站。该水电站除向莫桑比克提供电力外，还向南非、津巴布韦等邻国供电。1975年莫桑比克独立后，该水电站由葡萄牙和莫桑比克两国共同管理，双方各拥有水电站82%和18%的股份。此后两国就水电站股权问题进行了多年谈判，最终于2006年达成协议。2007年11月27日，莫桑比克在向葡萄牙支付7亿美元后，获得水电站85%的股份，葡萄牙仅拥有15%的股份。莫桑比克把水电站的回归称为“第二次独立”。

其他重要的水库还有位于贝拉西方的雷武埃河的希坎巴·雷亚尔水库和位于马武济河的水库。这两个水库修建的水电站均位于马尼卡省。希坎巴水电站的发电能力为38兆瓦，马武济水电站的发电能力为52兆瓦。林波波河上有两座水库，主要用于灌溉，也可发电。其中，位于马普托省境内的科如马纳（Corumana）水电站，发电能力为16兆瓦。

莫桑比克的水电开发潜力巨大。位于太特省赞比西河卡奥拉巴萨水电站下游60公里处，由巴西建筑公司设计建造的姆潘达恩库瓦（Mphanda Nkuma）水电站，项目总投资32亿美元，发电能力为150万千瓦。同时兴建了连接太特省与马普托市的1400公里电力输送线路。初期规划电站建成后5000兆瓦的电力供应本国使用，1000兆瓦电力拟出口南部非洲发展共同体国家。发展该水电站也是政府2020年至2024年“战略目标X”

五年计划中的一项行动，尚待莫桑比克议会审议和批准，由莫桑比克国家电力公司和卡奥拉巴萨电力公司负责建设姆潘达恩库瓦水电站项目。

莫桑比克的输电网是南部非洲电力网络重要的组成部分。南非的埃斯科姆电力公司参与了莫桑比克电网的修复工程。莫桑比克共有三大电网发挥作用。第一大电网是以卡奥拉巴萨水电站为核心的电网。在内战中，“莫抵运”摧毁了该电网通往南非的高压线路。和平总协议签署以后，莫桑比克政府募集 1.25 亿~1.3 亿美元重建通往南非的高压电网，于 1997 年 12 月完成。但莫桑比克向南非出口电力直到 1999 年 3 月才开始恢复。莫桑比克向津巴布韦首都哈拉雷出口电力的输电线路于 1997 年 11 月建成，每年向其出口 500 兆瓦的电力。马拉维也于 1997 年同莫桑比克签署了从卡奥拉巴萨水电站进口电力的协议。莫桑比克的第二大电网系统由私营的雷武埃河水电公司经营，将贝拉和希莫尤连接在一起。该电网全长 300 公里，电力来自雷武埃河上游的两座水电站。国内第三个独立的电网在莫桑比克南部地区，将马普托同南非电网相连。该地区目前无法获得卡奥拉巴萨水电站的电力。该电网每年从南非进口电力约 1500 兆瓦，耗资 1500 万兰特，约占其出口收入的 10%。此外，马普托市附近还有一座火力发电站，从南非进口煤炭，年发电能力为 60 兆瓦。莫桑比克供电覆盖率由 2005 年的约 7% 上升到 2010 年的 14%，实现了 5 年翻一番的目标；全国 34 个县实现了电力供应，其间新增大约 34 万个用户，其中 32 万个为家庭用户，其余为公司用户。

莫桑比克国家电力公司的发电装机容量为 313.5 兆瓦，其中 108.9 兆瓦为水力发电，204.6 兆瓦为火力发电。但其提供的可靠电力为 219 兆瓦，其中 95 兆瓦为水电。2018 年初，莫桑比克国家电力公司主席表示，该公司拟在未来几年投资 51.5 亿美元，确保莫桑比克维持南部非洲发电供电中心的地位。同时，该公司正在将规模不大且落后的全国电网向农村地区扩展，从南向北推进。1997 年 7 月，莫桑比克议会通过了电力市场自由化的法律，将电力市场向私有生产者开放。

除了水电资源，莫桑比克南部和中部地区拥有巨大的天然气沉积盆地，有丰富的天然气资源。莫桑比克已经发现了 3 个大型的天然气田，位

于沿海的潘达、特马内和布济。天然气总储藏量估计高达700亿立方米。2011年以来，莫桑比克北部鲁伍马盆地陆续发现储量巨大的天然气蕴藏，吸引意大利、美国、中国、葡萄牙、韩国、日本等国的企业到莫桑比克开展天然气勘探与开发。2022年，根据雷斯塔能源发布的数据，撒哈拉以南非洲的潜在可采油气储量中，约有60%位于深水区域，其中，莫桑比克已探明的天然气储量占区域内总量的52%左右。莫桑比克矿产资源和能源部长表示，莫桑比克可探明天然气储量到2030年将达到5.1万亿立方米，是目前储量的两倍。

莫桑比克有勘探和开发潜力的6个含煤盆地分别为莫阿提兹-民约瓦（Moatize-Minjova）盆地、轮湖-马尼安巴（Lunhu-Maniamba）盆地、卢瓜（Luagua）盆地、鹿岛（Lucchimua）盆地、申巴（Chemba）盆地和伊思平盖伯（Espunggabera）盆地。其中，位于莫桑比克西北部太特省的莫阿提兹-民约瓦盆地拥有世界上最大的未开发煤田之一。煤主要位于尼亚萨-安格尼亚-津巴布韦成矿带和巴洛克-乌南戈成矿带。

莫桑比克太特省是煤矿富集区，富含大量的焦煤。全球矿业巨头淡水河谷公司通过招标，于2007年从莫桑比克政府手中获得了莫阿蒂泽煤矿探矿权。至2022年，淡水河谷公司在莫桑比克已有15年的历史，经营莫桑比克西北部太特省的莫阿蒂泽煤矿和纳卡拉物流走廊。其中，纳卡拉物流走廊是淡水河谷公司与莫桑比克和马拉维两国政府合作建设的一条长912公里的铁路，其将莫阿蒂泽煤矿与东部的纳卡拉深水港相连。这些投资为两个国家留下了重要资产，并成为当地社区发展的重要推动力。2021年初，淡水河谷公司宣布将剥离煤炭资产，从而专注于核心业务。2022年，淡水河谷公司宣布已完成将莫阿蒂泽煤矿和纳卡拉物流走廊出售给Vulcan Resources的交易。

莫桑比克政府将电力列为优先发展事项，规划了大量的电站和电网项目。例如，国内包括太特—马普托（400千伏交流和500千伏直流）骨干网建设项目将连接姆潘达恩库瓦水电站、淡马锡（Temane）燃气电站和首都马普托。另外，还规划有罗萨诺加西亚—马西亚（Ressano Garcia-Macia）线路（275千伏），希巴巴瓦—维兰库卢什（Chibabava-Vilanculos）线路

（110 千伏），卡亚—纳卡拉（Caia-Nacala）线路（400 千伏）。

2010～2018 年，莫桑比克总发电量由 16658 吉瓦时上升至 19541 吉瓦时（见表 4－2）。其中，主要电力资源为水电，由 16640 吉瓦时上升至 2015 年的 17082 吉瓦时后又跌至 16064 吉瓦时；化石燃料发电实现了急剧增长，由仅为 18 吉瓦时上涨至 3476 吉瓦时；但是莫桑比克的电力构成中风电、太阳能发电等才刚刚起步。

表 4－2 2010～2018 年莫桑比克发电量

单位：吉瓦时

	2010 年	2011 年	2012 年	2013 年	2014 年	2015 年	2016 年	2017 年	2018 年
总发电量	16658	16734	16744	15026	17555	19617	18733	19105	19541

资料来源：*Africa Statistical Year Book 2018*，p. 282。

2009 年 11 月，莫桑比克与巴西签署了一项价值 60 亿美元开发生物燃料的投资协议，其中以甘蔗为原料生产生物燃料出口到巴西。国家的能源战略是加快清洁新能源包括生物粪便、水能和太阳能的利用。2005～2006 年莫桑比克政府开始启动风电设备和太阳能供电系统。2011 年 5 月，莫桑比克政府批准了 2011～2025 年国家十五年新能源战略规划，该规划旨在推动新能源的应用，惠及民生。莫桑比克国家电力公司（EDM）拟通过可再生能源拍卖计划（PROLER）投资 4000 万美元建设新的太阳能和风力发电厂，以尽快实现莫电力全覆盖目标。为确保到 2030 年实现电力普及，莫桑比克国家电力公司将在未来 5 年内增加 600 兆瓦电力，包括 200 兆瓦的可再生能源。莫桑比克国家电力公司还表示，扩建项目将与可再生能源项目同时进行，将为实现清洁和可持续能源供应贡献 20% 的电力。目前，在可再生能源拍卖计划下完成的项目包括莫第一座太阳能发电厂（装机容量 40 兆瓦，位于赞比西亚省莫库巴）和 Metoro 太阳能发电厂（装机容量 41 兆瓦，位于德尔加杜角省），索法拉栋多和尼亚萨利辛加太阳能发电厂也将在可再生能源拍卖计划项下建设，还将在马普托纳马查建设风力发电厂（该发电厂即将进入财务关闭阶段并开建）。计划中各新项目装机容量为30兆瓦，所需资金达4000万美元。位于尼亚萨库安巴的第一个太阳能储能发电厂（装机容量15兆瓦）建设面临挑战。

根据莫桑比克政府最新的五年发展规划（2020~2024年），未来莫桑比克将在伊尼扬巴内省特马内建设天然气热电厂，完成德尔加杜角省梅托罗、彭巴及尼亚萨省库安巴太阳能板厂建设，推动赞比西亚省贝卢阿和尼亚萨省卢埃塞两地小型水力发电厂投产发电，完成库安巴—马卢帕高压输电项目建设。计划至2024年底，推动莫桑比克全国新增380万用电人口，用电覆盖率提升至63%，行政部门全面实现电气化。

四　建筑业

莫桑比克的建筑业兴起于20世纪上半叶，主要生产水泥和砖块。主要的建筑活动是由葡萄牙非居民公司或外国公司财团掌控。由于葡萄牙有高质量建筑的传统，允许当地工匠的技能发展，这是廉价劳动力的来源。1974~1975年，葡萄牙人离开了莫桑比克。公司所有者、管理人员和技术人员的大规模移民，使得包括建筑公司在内的公司网络几乎失去了活力。莫桑比克政府利用这个机会，在技术人员的支持下，选拔了最有资格的人员进行管理，这一决定使这些公司得以继续运营。

1976~1992年，莫桑比克国内冲突不断，建筑市场也由于社会不稳定和缺乏投资而受到限制。国有企业运行低效，中央银行对外汇的限制导致数十家公司破产。1992年和平总协议签署后，建筑部门扩大。1993~2016年，建筑业增加值占国内总产值的平均份额为2.2%。1993年，这一份额仅为1.7%。1993~1998年，大量因战争损毁的基础设施和停滞的大型项目获得投资，公路网、铁路和电力重新开放和得到修复。连接莫桑比克与马拉维、赞比亚和津巴布韦等内陆国家或南非内陆省份的发展走廊已重新开放或新建。全国各地建筑和建筑材料公司的数量有所增加，特别是马普托省。木制品、水泥和金属制品的产量增加。

1998~2004年，外商直接投资主要投入新项目建设，如马普托省贝卢卢阿内工业免税区的莫桑比克铝业，总额达13.4亿美元。

截至2014年，政府投资了学校、医院、公路、铁路、港口等的兴建。

自 2015 年以来，莫桑比克面临着特别不稳定的宏观经济环境，经济开始减速，通货膨胀压力增大。国家投资预算大幅削减，大多数私营部门有了新的投资，建筑活动需求减少。

第四节 交通与通信

一 交通运输

交通运输部门在莫桑比克经济中占有十分重要的地位。同时，莫桑比克所处的位置决定了其在南部非洲地区交通运输与通信领域具有巨大的发展潜力。莫桑比克的铁路、港口主要为内陆邻国服务，国际货运曾是主要外汇来源之一。在历史上，莫桑比克的交通运输基础设施为南部非洲内陆国家提供出海口，是马拉维、津巴布韦、赞比亚、斯威士兰和南非等邻国货物运输的重要通道，形成了东西向分别以贝拉港、纳卡拉港和马普托港为龙头的三条主要铁路干线，但互不连接。贝拉港和纳卡拉港是津巴布韦和马拉维的出海口，马普托港是南非北部和津巴布韦南部的出海口。因而，莫桑比克的交通运输基础设施尤其是铁路干线与邻国构成了紧密相连的一体网络。在内战期间，铁路干线尤其是连接津巴布韦、马拉维与出海口的贝拉走廊和纳卡拉走廊吸引了大量的投资和国际援助。

随着南部非洲地区经济的不断发展和区域经济联系的日益密切，莫桑比克的交通运输业成为莫桑比克未来经济增长和赚取外汇的重要源泉。莫桑比克铁路港口公司（CFM）于 2007 年由一个濒临破产的公共企业转变为一个财力可靠的公司。重要的铁路线和港口，即纳卡拉、贝拉铁路系统以及马普托、贝拉、纳卡拉、克利马内等港口成功实现转让经营。为缓解马普托市公共交通的困境，公司还购买新的列车用于城际旅客运输。2012 年，莫桑比克总统格布扎在贝拉港新煤码头落成仪式上提出，莫桑比克应该建设更多的煤码头和铁路，以从根本上解决煤炭运输问题。他指出，莫桑比克政府已经投资 4500 万美元，通过莫桑比克港口和铁路公司实施连接莫阿蒂泽和贝拉港的塞纳铁路的修复工程。2016 年，莫桑比克交通和

通信部长卡洛斯·梅斯基塔将塞纳铁路修复及扩建工程列入当年政府优先事项的铁路和港口项目。2021年，修复工程塞纳铁路线在莫桑比克中部正式开始。

2014年建成的莫阿蒂泽—纳卡拉铁路线长902公里，连接太特省莫阿蒂泽煤矿区，借道马拉维南部和莫桑比克尼亚萨省，直达楠普拉省纳卡拉港，年均可运1800万吨煤炭，于2016年1月开始运营。2017年，莫铁路货运量达2200万吨，同比增长38%。截至2020年，莫桑比克铁路总长4029公里，但部分线路由于老旧或战火损毁已经停运，仍在运营的线路长度3372公里，由三条东西走向的铁路组成，用于连接莫桑比克主要港口与津巴布韦、博茨瓦纳等南部非洲内陆国家，均为标准窄轨铁路，设施陈旧，运力较低。

2006年为修复南北公路干线（国家公路1号线），投入11亿美元。东西向公路干线分别为南部的马普托走廊（国家公路4号线）、中部的贝拉走廊（国家公路6号线）和北部的纳卡拉走廊。2017年，莫道路交通业产值增长32%。

截至2018年底，莫桑比克全国公路长度约3.05万公里，其中仅7344公里（24%）铺设沥青。主干路6038公里，二级公路4937公里，三级公路和乡村公路19525公里。贯穿全国南北的国家公路1号线，连接首都马普托与南非边境的4号线，以及连接中部城市贝拉与津巴布韦边境的6号线是最主要的国际物流通道。除几条国道和主要城市市政道路外，莫桑比克全国大部分公路路况较差。

中国水利水电集团三门峡海外公司于2004年5月承建国家公路1号线中的97.7公里，投资金额为2506万美元。河南国际合作集团有限公司亦于2004年10月获得承修北段穆顺戈至因绍佩154公里路段，投资金额为3900万美元。中铁七局于2009年1月获得承修南起赛赛以北至希兹济布卡95公里路段。来自南非、意大利、葡萄牙等国家的公司及莫桑比克本地公司也承修这条线路。

赞比西河上修建的一座公路大桥——阿曼多—格布扎大桥于2006年3月开工，2009年8月1日竣工通车。大桥全长2376米，为双车道公路桥，两侧设有人行道。项目总投资 1.13 亿美元，由两家葡萄牙公司承建，资金来自欧盟、意大利、瑞典和莫桑比克政府。这是莫桑比克第二座横跨赞比西河的大桥，具有连接莫桑比克南北公路主干道的重要作用。在大桥建成之前，南北方向的车辆需要驳船摆渡才能过河。

水运包括内河运输和海洋运输。莫桑比克没有远洋运输船队，主要是沿海港口之间的运输，远洋运输主要由外国船队承担。全国内河航线 1500 公里，有马普托、贝拉和纳卡拉等 15 个港口。其中马普托港是莫最大港口，也是非洲著名的现代化港口之一，有 25 个码头，最大水深 14.3 米，年吞吐能力为 2500 万吨，港内有铁路通向南非、津巴布韦和斯威士兰。贝拉港为莫第二大港，有 12 个码头，水深 8～10 米，年吞吐能力为 500 万吨，可容纳 5 万吨级货轮，港内铁路通往津巴布韦和马拉维。纳卡拉港为莫第三大港，有 6 个码头，年吞吐能力 220 万吨，建有专门煤码头并有铁路通往太特省煤炭产区。2017 年，莫港口吞吐量总计 4400 万吨，同比增长 26%。

海洋运输对莫桑比克的货物流通十分重要。1997 年全国的货船总数为 127 艘，注册登记的总排水量为 3.87 万吨。在海运方面，20 世纪 90 年代中期，国有海运公司因经营不善被迫停业。1996 年该行业开始向私营公司开放，4 家外资私营公司以及私有化后的海运公司开始在纳卡拉、克利马内、贝拉、彭巴、马普托和德班之间提供集装箱运输服务。

马普托国际机场进行了大规模扩建和现代化改造，包括建设新国际航班候机大厅和一个停机坪，新建 VIP 贵宾区、机场指挥塔及各自的通道、停车场等。项目于 2009 年 4 月 16 日开工，于 2010 年 5 月完工。马普托机场最早于 20 世纪 60 年代启用，设计年旅客流量 6 万人次，扩建后的客流量将提高到 60 万人次。工程总投资 7500 万美元，由中国的安徽省外经建设（集团）有限公司承建。2021 年，中莫务实合作的另一代表——赛赛机场项目移交，赛赛机场占地面积 140 万平方米，总建筑面积 9150 平方米，设计年旅客吞吐量为 22 万人次，填补了加扎省没有机场的空白。

莫桑比克航空公司拥有大小飞机 7 架。首都与各省均有航线，国际航线通往葡萄牙、津巴布韦、南非、肯尼亚等国。有大小机场 20 余个，其中国际机场有4个。2017年9月，埃塞俄比亚航空公司和马拉维航空公司中标莫桑比克国内航线运营权，成为首批运营莫桑比克国内航线的外国航空公司。由于内战结束后地面交通已经比较安全，莫桑比克国内航空运输业务明显萎缩，而且连年亏损。

莫桑比克政府计划在2020～2024年实施一系列基础设施建设项目，包括桥梁、道路和堤坝，预计投资达80亿美元。近年来，外资参与莫桑比克基础设施合作的主要模式是EPC总承包，但由于莫桑比克政府当前面临财政短缺和举债困难，未来两到三年内或很难对新的基础设施项目融资提供主权担保，传统承包工程企业可与莫桑比克政府探讨采用BOT/PPP等模式开展项目。

二 通信

莫桑比克的通信事业在近几年得到了一定的发展。莫桑比克电信部门的技术发展和竞争水平较高。电信服务的提供商是国有公司莫桑比克电信公司（Telecomunicações de Mozambique，TDM），它垄断控制着全国固定电话网络。该公司将固定电话网络扩展到全国各地，该公司提供的服务包括固定电话、电报和传真。

毕马威莫桑比克会计公司（Kpmg Mozambique）2008年第10个年度报告表明，莫桑比克百强企业中电信公司的排名从第四位上升到了第三位。政府于2008年10月决定开放固定电话业务市场，此举的目的是促进本国和外国公司投资固定电话市场。2017年，莫桑比克的电话主线普及率为0.4%。

移动电话服务创建于1997年，服务范围覆盖马普托市和赛赛。现已按计划扩展到其他城市。2010年，莫桑比克移动电话普及率为29.8%，2017年这一数据上升至40%。莫桑比克现有三个移动电话运营商——外资沃达康莫桑比克公司（Vodacom Mozambique）、国有运营商莫桑比克移动通信公司（Mcel）以及越南企业投资的Movitel公司。2016年，莫桑比克全国通信覆盖率为70%，主要城市已实现全覆盖。

由于通过卫星扩展了全国范围内的通信网络、提供互联网服务和开始推广有线电视，电信部门的发展变化很快。马普托、贝拉、楠普拉、克利马内和太特的电话通信已经实现了数字化，马普托安装了传输交换设备，并将传输与发送广播和电视的现有网络更新升级。该部门也实施私有化，向更多的经营者和私营服务商敞开大门。互联网业务由莫桑比克电信公司、Tvcabo 以及 Movitel 等公司经营。随着近年来各服务商增加对互联网设施的投入，互联网服务的稳定性和网速显著改善，但收费仍然较高，截至 2022 年，4M 带宽的光纤每月收费 6900 梅蒂卡尔（约合 700 元人民币）。

邮政部门的邮局和私营快件邮递服务公司提供的快递服务，能够使企业间保持国际联系。大多数邮局还提供传真和电话服务。

第五节 商业与服务业

服务业是莫桑比克最有活力的经济部门，对国内生产总值的贡献率接近 48%，吸引了将近 13% 的莫桑比克劳动力（不包括在非正式经济部门的就业人数）。对服务业贡献最大的是会聚小部分精英的商业部门，其次是金融、旅游、交通、通信和零售等行业。零售业以聚集在城市中心少量的餐饮店和商店为主。沿街贩卖的各类小商贩是莫桑比克商业的一个典型特征，他们售卖各种商品，包括服装、水果、蔬菜等。20 世纪 90 年代，受经济结构调整政策与内战所导致的社会服务供给的减少、失业率上升和物价上涨的影响，非正式经济部门经济活动的重要性逐渐提升，莫桑比克民众的负担越来越重，而且大部分负担降临到妇女身上。1994 年，75% 的马普托妇女为维持家庭生计被迫进入非正式经济部门，她们每天的收入只有 0.2 美元，生活异常艰难。莫桑比克农村地区也面临服务供给严重不足的问题。因为缺乏基本的创业资金，农村地区的零售服务恢复非常缓慢。

莫桑比克政府鼓励外商直接投资。目前，外商直接投资主要集中在基础设施和矿业领域。自 2015 年以来，外商直接投资大幅减少，主要是由于大宗商品价格下跌，尤其是煤炭和铝，以及大型项目开发进程缓慢。

未来五年，几个大型项目将成为莫桑比克经济的主要驱动力，并将提供直接和间接的商业机会。如由 Total SA、埃克森美孚（Exxon Mobil）和埃尼（ENI）牵头的独立财团将建造独立的陆上液化天然气（LNG）工厂。埃克森美孚、埃尼和其他公司的勘探活动将为石油和天然气行业提供更多机会。

纳卡拉物流走廊作为莫桑比克北部的物流通道，为莫桑比克碳氢化合物矿床（大部分位于北部地区）的海上开发和北部地区潜在利润丰厚的内陆农业的开发提供服务。

根据2014年世界银行营商环境排名，莫桑比克是世界上整体营商环境最差的国家之一，在185个经济体中排第139位。《2013年非洲竞争力报告》有关莫桑比克的数据显示，2011年影响莫桑比克营商环境的五个主要因素包括：获取资金（16.9%）、腐败（16.6%）、基础设施供应不足（12.8%）、政府治理能力低下（12.2%）以及劳动力受教育水平低下（10.7%）。

在世界银行2020年的营商环境报告中，莫桑比克在190个经济体中排名第138位。在办理施工许可证、开办企业、办理财产登记手续等方面有所改进。官僚主义和基础设施方面的挑战，例如获得电和水，通常被认为是开展业务的障碍。获得信贷仍然是公司竞争性经营的主要障碍。莫桑比克在这个指标上的得分远低于南部非洲国家的平均水平。

莫桑比克的电子商务尚处于起步阶段。根据世界银行的数据，2016年莫桑比克有17%的人口可以使用互联网。尽管与其他国家相比，这一比例很低，但随着低成本智能手机的出现，这一比例正在增长。2017年，政府批准了《电子交易法》，为发展电子商务提供了法律框架。

第六节　财政与金融

一　财政

在1992年10月4日签署和平总协议以后，莫桑比克经济发展势头良好，连续几年气候条件良好和国防开支不断减少等因素，促进了政府财政状况的好转。莫桑比克政府和世界银行制定了财政部门的调整计划，以提高银行部门的效益、发展货币与资本市场以及调整财政规章制度。1994～1998年财政收入连年增加，这主要得益于税收收入的迅速增加，其中货物与劳务税收总额增长最为迅速，其次是收入与利润所得税、贸易税税额的增长。同期各年的财政支出总额也迅速增加，造成了这几年政府财政赤字额不断增加。1997年莫桑比克通胀率为5.6%，2005年通胀率为14%。

1997年财政收入增长幅度最大，实际增长率达21%，这是实施更有效的税收措施和经济发展的结果。此后，莫桑比克通过实施税收结构改革以及加强关税管理等措施，普遍降低了利率标准，但扩大了征税的基础。自1999年以来，企业的利税和个人所得税税率都有所减少，个人所得税的最高税率降至20%，进口关税的征收效率也得到了提高。这些措施进一步扩大了征税基础，为未来的财税增长提供了保障。另外，1999年6月，增值税代替了长期实行的销售和消费税。为了有效和透明地进行政府的财政分配和采购活动，1998年实施了政府财政管理改革战略。

2020年9月，莫桑比克总统纽西批准并公布2021年度国家预算（OGE）和经济社会计划（PES）。受新冠肺炎疫情和2019年风灾影响，莫桑比克税基受损严重，灾后重建预算由2020年的2.2亿美元下降到1.4亿美元。2021年，莫桑比克国家财政收入目标仅为2655亿梅蒂卡尔（约合42.5亿美元），支出为3686亿梅蒂卡尔（约合58.9亿美元），赤字达1030亿梅蒂卡尔（约合16.48亿美元），占国内生产总值的比重为9.1%，比上年预算赤字率降低0.9个百分点。

莫桑比克是世界上外债负担最重的国家之一。根据莫桑比克财政部统计，截至2019年底，莫桑比克公共债务余额约为123.65亿美元，其中外债98.5亿美元，占比80%，内债25.15亿美元，占比20%。公共债务占国内生产总值的比重为62.6%，与出口额比值为164.9%，均超出国际货币基金组织规定的债务可持续标准上限。公共债务中双边借款54.96亿美元，占比56%；多边借款43.54亿美元，占比44%。2020年底，莫桑比克政府公共债务余额约为129.7亿美元，较2019年增长4.9%，其中，外债101.5亿美元，占比78%；内债28.2亿美元，占比22%。公共外债约占国内生产总值的72%，与出口额比值约为225.6%，均超出国际货币基金组织规定的债务可持续标准上限。公共外债中双边借款为45.05亿美元，占比44%；多边借款为56.41亿美元，占比56%。莫桑比克政府举借外债的规模和条件受到国际货币基金组织等国际组织的严格限制，国际货币基金组织要求莫桑比克政府新增债务必须向其通报并接受其指导。2021年莫桑比克经济增长率达4.7%，债务占国内生产总值比例略降至124.9%，仍远高于撒哈拉以南非洲地区57%的平均水平。

二　金融

莫桑比克全国共有19家商业银行，大部分为葡资参股银行，主要有千禧（莫桑比克）银行、标准银行、贸易和投资银行、巴克莱（莫桑比克）银行、国际贸易银行等。保险公司主要有莫桑比克保险公司、忠诚保险（Fidelidade）等。

近年来，莫桑比克总体宏观经济表现良好。持续的结构改革、大量的外国援助，以及良好的国际环境，使过去10年国内生产总值不断上升。虽然近年来通货膨胀率相对较高（每年约10%）且波动较大，但潜在的通货膨胀压力得到了有效控制。

在这种有利的经济环境下，政府自2003年以来实施了一项重大的金融部门改革计划。莫政府当局与世界银行、国际货币基金组织和援助方合作，在金融部门技术援助项目（FSTAP）的支持下实施，包括制定加强监管权力的新银行法（2004年），马普托、贝拉和楠普拉三个商业法庭（2005年），对主要银行的全面诊断性审查（2005年），IFRS简介（2007年），新的银行破产法（2007年），莫桑比克新金融信息中心法（GIFiM）（2007年）。通过提高透明度和增加市场工具的使用来改善货币和汇率制度。

在金融部门改革下，银行业稳健运行，尤其是资产质量大幅改善。2003年底至2008年，整个系统的不良贷款（NPLs）率大幅下降（从14.4%降至2.9%）。相比之下，在深化中介和改善融资渠道方面进展较慢，信贷仍然昂贵且受限，仅集中在大型出口导向型企业。金融服务的提供仍然集中在少数几家银行和城市地区，只有1/4的地区有银行服务。

2007 年各大银行收集的跨国数据显示，大约 10% 的莫桑比克成年人在金融机构的银行账户中拥有存款，远低于非洲平均水平。

1. 银行体系

莫桑比克银行系统高度集中，资本充足，盈利能力强，而且由于存款中介程度低，流动性强。4 家最大的商业银行占据了银行系统总资产的近 90%。莫桑比克银行系统的资产回报率为 3.5%，远高于莫桑比克的同类集团。

莫桑比克银行的不良贷款率从 2003 年的 14.4% 下降到 2005 年的 3.8%，很大程度上反映了问题银行和资产的重组。2005 年对资产负债表的清理，使不良资产冲销贷款损失准备金，促进盈利能力大幅提升。此后的不良贷款率也一直保持在 3% 以下。尽管不同规模银行之间的差距和内部波动很大，然而，央行对不良贷款的定义大多只包括逾期还款，而不是全部贷款。2005 年第 5 号通知出台，要求对非出口企业的贷款准备金的初始比例为 50%，贷款逐步美元化且间接外汇风险下降。贷存比在 2005 年至 2006 年有所增长后，一直维持在 50% ~55%，多数银行完全依赖国内存款为贷款提供资金，并将多余资金存放在国内外的流动性工具中。

金融体系的资本充足率和流动性依然很高，大多数银行都没有太多的融资风险。尽管近年来信贷快速增长，但该行业在本国和外国货币方面仍保持着高度流动性，实际流动资产覆盖了 79% 的短期本国货币负债，而外国资产覆盖了 69% 的外币存款。银行主要依靠稳定的零售存款来融资，借入的外国资金和国内银行间市场融资非常有限。监管资本占风险加权资产的平均比例约为 14%，远高于 8% 的最低资本充足率要求。

因为莫桑比克有信誉的客户数量有限，集中的风险仍然很大。自 2003 年金融部门技术援助项目实施以来，集中风险已经降低，当时大多数银行最大的 3 个借款人占贷款总额的 50% 以上。不过，贷款利率仍然很高。截至 2008 年底，规模最大的 20 家金融机构的贷款总额占全国贷款总额的 85%。此外，银行的贷款也高度集中在能源和大宗商品等少数几个领域。

2. 保险

莫桑比克保险业规模很小。2007 年总保费为 6750 万美元，其中非寿险占 87.7%，相当于莫桑比克国内生产总值的 0.9%。非寿险行业主要是汽车保险类别，占总保费的 47% 左右。海运保险在拥有五大港口的莫桑比克具有巨大潜力，但只占市场保费的 2%。随着莫桑比克经济的发展，很多商业银行也开拓了保险业务，莫桑比克前十大金融机构中，大部分都有保险业务。莫桑比克保险公司（EMOSE）是莫桑比克独立成立的第一家保险公司，也是唯一由莫桑比克完全控股的非外资金融机构。

自 2003 年保险法颁布以来，政府相关部门一直在努力改善监管环境，但效果并不明显。2003 年金融部门评估，发现在风险分散、保险公司偿付能力、消费者保护和税收等领域缺乏关键法规，24 家保险监管机构（IGS）的能力亟待提高。尽管监管机构和保险行业一直在努力解决这些问题，但目前还没有出台新的监管规定。投保人依旧缺乏关于产品、中介机构和保险公司的可靠信息，而保险公司也缺乏培训和经验，监管覆盖面上存在空白。

3. 支付系统

自 2003 年金融部门评估以来，莫桑比克在改善国家支付系统方面取得巨大进展。莫桑比克在 2004 年引入了电子资金转移系统（EFTS），升级了电子支票清算系统（CEL）；2007 年 10 月颁布国家支付系统（NPS）法；加强银行间清算结算监管；推出公务员即时工资发放系统，用以发放政府款项。

此外，2007 年颁布的 NPS 法加强了支付系统的法律基础，为实时全额支付系统（RTGS）的引入铺平了道路。除了赋予大英银行监督支付系统的明确权力，以及为一些银行程序（如债务净额结算和支票截取）提供法律依据外，该法规还为大英银行推出全额支付系统铺平了道路。2004 年的一项法律允许证券去物质化，这也有利于中央证券托管（CSD）的运作，并规定全额支付系统内抵押品的动态管理，以及实现证券结算的交货与付款（DVP）。

第七节　旅游业

旅游业有望成为莫桑比克赚取外汇最多的部门之一。1994 年大选以来，来自南非、津巴布韦和葡萄牙等国的游客人数迅速回升。贝拉和南部的海湾在历史上是吸引南部非洲游客的胜地，戈龙戈萨国家公园也是一个主要的景区。为了发展旅游业，莫桑比克大力新建和扩建了机场。

一　旅游业概况

莫桑比克的主要旅游开发领域有海滩、海洋、野生动物，这里生活成本低廉，民风淳朴，气候适宜。全国绵长的海岸线上分布着优良的海滩，这里的热带气候造就了丰富的野生动植物资源，现存的几个著名的历史景点和天性好客的居民也为莫桑比克旅游业的开发提供了有利条件。政府希望将自然保护区和野生动物保护区发展为吸引游客的主要资源。

全国大约 10% 的国土面积被划为野生动物保护区或公园区，包括国家公园、禁猎区和狩猎区等。莫桑比克拥有丰富的野生动物和野生植物资源。珊瑚和鱼类广布在近海海岸，为开发潜水和水下钓鱼提供了绝佳条件。尼亚萨湖是各种热带淡水鱼的乐园，也具有很大的旅游开发潜力。

国家公园有条件接待各种旅行团队并举办旅游活动。著名的国家公园有索法拉省的戈龙戈萨、加扎省的林波波和伊尼扬巴内省的巴扎鲁托。主要的禁猎区有马普托省的大象保护区、伊尼扬巴内省的波梅内、赞比西亚省的基莱、索法拉省的马罗默和尼亚萨省的尼亚萨。此外，在全国各地还零星分布着各种狩猎区。

莫桑比克政府认为旅游业是经济增长的重要驱动力，将其列入优先发展领域。莫桑比克政府于 2001 年创建旅游部，两年以后颁布旅游政策和实施策略，制定了高水平的发展目标，确定政府干预重点。2004 年旅游法的出台标志着莫桑比克旅游业立法的完善，旅游业相关公共部门、旅游产品供销商、游客、旅游产品的购买者都依法纳入管理。

根据各旅游区的具体条件，莫桑比克旅游业发展战略确定有选择地在短期和中期内开发如下旅游区：金角区（Zona da Panta do Ouro），包括从马隆加内地区（Ponta Malongane）、马莫里地区（Ponta Mamoli）和马普托禁猎区（Reserva Especial de Maputo）到圣玛丽亚海角（Cabo de Santa Maria）；马普托区（Zona de Maputo），包括凯特姆贝（Catembe）、塞非纳（Xefina）和马拉夸内（Marracuene）；伊尼阿塞旅游区（Zona de Torismo de Inhace）；从马普托省的马拉夸内海岸到伊尼扬巴内省的林加－林加地区（Ponta Linga-Linga）；波梅内区（Zona de Pomene）及其相应的禁猎区；维兰库卢什区（Zona de Vilanculos），包括巴扎鲁托群岛及巴扎鲁托国家公园；贝拉区，包括索法拉省的海滨、贝拉、塞恩戈（Sengo）和塞温斯（Sevens）；戈龙戈萨国家公园，包括戈龙戈萨山区；彭巴区，从卢里奥河河口到鲁伍马河河口，包括基瑞穆巴斯（Quirimbas）群岛在内。另外，没有列入该名单的国家公园和禁猎区也被确立为短期和中期开发的旅游区，对旅游业的发展具有重要意义。

莫桑比克计划中期或长期进行开发的旅游区主要有以下几个：克利马内区，包括克利马内市及该市海滩到卢姆博（Lumbo）地区；纳卡拉区，包括卢姆博、莫桑比克岛、莫苏里尔（Mossuril）、纳卡拉和宾达（Pinda）半岛海滨、卢里奥河口及以南的海滨地区；古鲁埃（Gurue）地区，包括基莱保护区（Reserva Especial de Gile）；尼亚萨湖及保护区；卡奥拉巴萨坝区。

根据莫桑比克官方数据，与2004年相比，2008年到莫桑比克旅游的外国游客人数翻了一番，从71.1万人次增加到140万人次，旅游总收入从2005年的1.29亿美元增加到2008年的1.85亿美元，为国家创造了4万多个就业机会。另据世界旅游组织统计，2007年莫桑比克旅游业产值比2005年增长了37%，莫桑比克接待的游客数量以每年7%的速度增长，大部分游客来自南非、葡萄牙、德国和斯威士兰。2009～2017年，莫桑比克游客数量由146.1万人次增加至201.6万人次，旅游业产值由6428.9万美元增加至7738.6万美元，旅游业产值占国内生产总值的比重由2009年的7.5%上升至2017年的8.8%（见表4－3）。

表 4-3 2009~2017 年部分年份莫桑比克旅游业发展概况

	2009 年	2012 年	2015 年	2017 年
国际游客数量(万人次)	146.1	211.3	155.2	201.6
旅游业产值(万美元)	6428.9	9132.4	9492.6	7738.6
旅游业产值占国内生产总值比重(%)	7.5	8.2	9.2	8.8

资料来源:《非洲统计年鉴 2018》。

21 世纪以来,外国资本开始踊跃投资莫桑比克的旅游业。除了葡萄牙和南非等国的公司投资旅馆和饭店业以外,世界银行、欧盟以及南非、美国、加拿大等的公司还积极投资莫桑比克的自然保护区和野生动物保护区。

尽管迄今为止进行了大量投资,莫桑比克旅游业发展水平仍处于欠发达状态。究其原因,一是缺乏来自国际的大型投资驱动高价值市场;二是未建立本土供应链,陷入了高投入、低产出的困境;三是资源的利用率低下。过去几十年,旅游部将促进国际投资作为首要目标,包括创立名胜古迹区、设置投资点等。但在这些行动实施时,遭遇全球金融危机,无论外商直接投资还是国内私人投资都未达到预期。此外,市场营销、投资进程管理以及推动已获得投资地区发展都是当前莫桑比克旅游业面临的挑战。

二 旅游业管理

为了推动旅游业的发展,莫桑比克设立了一系列的机构。

国家旅游委员会 主要职责是指导和监督公众及个人从事与旅游业相关的活动;制定旅游业的政策和发展战略规划,并确保实施;研究和设立各旅游区,起草各旅游区的主要发展规划;为地区城市的规划,包括那些非旅游开发的地区城市规划提供参考意见;确定并保护国家旅游文化遗产;同相关机构合作,详细整理各项旅游业数据等;评估和核准有关各旅游区的旅馆和其他旅游设施项目,并监督这些工作的执行;研究每个旅游区提供服务的设施类型(旅馆、饭馆、寄宿处、住房、度假饭店、小屋、咖啡馆、自主餐厅、酒馆、平房),协调这些设施的环境需求,促进这些设施的开发和建设；通过建议实施必要的税收减免和补贴等措施，支持和鼓励充分利用全国旅游资源的创意和设想；同与旅游开发有关的机构进行合作；就制定、修改和更新旅游部门的立法提供建议；就旅游活动的立法机制进行研究并发表意见；为确保旅游业发展而设立特殊基金问题提供建议；颁发执照，详细划分并检查和监督旅馆行业及类似部门、旅游机构和其他旅游经营者的活动，批准和核准它们的价格表；为创立旅馆与旅游学校和中心，以及拟定其培训计划提供建议；运用力所能及的手段，协调旅游业信息的交流；开发和支持旅游业的信息交流活动，促进国内外旅游业的发展；设计与旅游区有关的信号和标志；为了实现充分发挥旅游业的最大优势，建立和完善同其他国家的双边或多边机构的国际合作。

国家旅游业基金会　负责推销莫桑比克的旅游产品，还负责促进旅游业的发展。该机构具有如下职责：制订促进旅游业发展的计划并确保其得到实施；帮助进行各项调研，举行各种会议和培训活动，以及鼓励与旅游业有关的各种活动；促成修建旅游业基础设施的工程和建设旅游业基础设施的融资活动；帮助保护旅游区居民的文化、文化遗产、特性、道德规范和生态环境；等等。

国家旅游公司　该公司的主要职能是：解决旅游业的发展和管理问题，允许合资经营；在实施国家旅游政策方面充当领导机构和行政机构；是国家旅游经营机构；管理旅游部门的国家财政股份。

国家促进旅游业发展委员会　这是一个跨部门的机构，其主要职能是协调和组织旅游业的发展，负责同其他部门的联络，使进入莫桑比克的客流量不断增加。该机构具有如下任务：协调与旅游业有关的各个部门、机构和团体的行动，促进旅游业发展目标的顺利达成；为与旅游业有直接或间接关联的必要的法律、法规和其他措施的制定提供建议；核查旅游区的重要发展规划，并将其提交给政府予以审批；确保和争取各种核心规划得到中央、省级和地方级政府的实施；建立分委员会来处理专门的问题；在各种政府机构以及这些机构同私营部门之间充当探讨旅游业问题的平台。

第八节 对外经济关系

一 对外贸易

莫桑比克于1995年8月26日加入世界贸易组织（WTO），其经济发展一直同国际市场密切相关。莫桑比克的国际贸易从殖民地时期开始就是赤字贸易。进入21世纪以后，莫桑比克的出口增长迅速，但进出口比为2∶1左右。2000年的进口总值为17.55亿美元，而出口总值为3.9亿美元。莫桑比克兴建的莫桑比克铝业于2000年中期投产运营，极大地增加了出口贸易量。随着经济的恢复和外国投资的增加，进口总额还有大幅增长，从2010年的37.52亿美元增至2013年的100.35亿美元。由于本国基本食品和机器加工食品产量在近几年获得了稳步的增长，在这方面已经减少了对进口的依赖，从2014年开始进口额有所下降，2017年仅为52.23亿美元。2014～2019年莫桑比克进出口额见表4－4。莫桑比克主要出口产品为矿物燃料和普通金属；主要进口产品为机电设备、矿物燃料及农产品。

表4－4 2014～2019年莫桑比克进出口额

单位：百万美元

	2014年	2015年	2016年	2017年	2018年	2019年
出口额	3916	3413	3328	4725	5196	4718
进口额	7952	7577	4733	5223	6169	6799
进出口额	11868	10990	8061	9948	11365	11527

资料来源：《伦敦经济季评》。

莫桑比克主要出口产品是煤球、原铝、石油与天然气、原烟草和电力，莫桑比克主要进口产品是精炼石油、铬矿、铁矿石、氧化铝和电力。2019年莫桑比克主要进出口产品及进出口额见表4－5。

表4-5 2019年莫桑比克主要进出口产品及进出口额

单位：亿美元

主要出口产品	出口额	主要进口产品	进口额
煤球	1.37	精炼石油	2.57
原铝	9.83	铬矿	5.74
石油与天然气	3.61	铁矿石	4.07
原烟草	2.92	氧化铝	3.43
电力	2.88	电力	3.16

资料来源：https：//oecd.world。

2019年，莫桑比克的主要贸易伙伴为南非、印度、中国、欧盟和意大利。具体出口国为南非（9.18亿美元）、印度（7.33亿美元）、中国（6.52亿美元）、意大利（3.99亿美元）和阿拉伯联合酋长国（2.72亿美元），主要进口国有南非（3.65亿美元）、印度（2.14美元）、中国（1.96亿美元）、津巴布韦（3.54亿美元）和澳大利亚（3.52亿美元）。

莫桑比克现行的外贸出口面临着两大难题：如何扩大棉花、腰果等初级产品及其相关加工产品的出口，如何增加制造业产品和矿产品的出口。矿产品和能源出口还受到某些因素的限制，如基础设施落后和配套设施建设不足等，因而同外国投资者进行的某些合作项目进展不顺利。莫桑比克政府已经或正在制定相应的政策解决这些问题。

2016年9月，欧洲议会批准了给予莫桑比克、纳米比亚、博茨瓦纳、斯威士兰和莱索托等非洲五国产品零关税待遇，并对南非产品提高其市场准入机会。欧盟与南部非洲发展共同体六个成员国之间的“经济伙伴协定”允许六国产品零关税和零配额进入欧盟市场，同时在原产地规则的使用方面更加灵活，给六国带来了更多机会。新的经济伙伴协定取代了原先基于单边优惠的临时经济伙伴协定，更加符合世界贸易组织的规定。

根据莫桑比克投资和出口促进局（APIEX）统计，2019年莫桑比克吸引外商直接投资项目335个，投资总额为6.82亿美元。其中，中资企业在莫桑比克新增投资 1.23 亿美元，中国在莫桑比克所有新增外资来源国家和地区中位列第二，南非（3.71 亿美元）、毛里求斯（0.31 亿美元）、葡萄牙（0.27 亿美元）和埃塞俄比亚（0.16 亿美元）分别排第一、第三、第四、第五。约 100 家中资企业活跃在莫桑比克能源、农业、渔业、房地产、建材、旅游、公交、电信、基建和商业等领域。莫桑比克资源禀赋优越，能源、矿产资源丰富。中国江苏省中港建设集团在莫桑比克投资的德尔加督水泥厂于 2016 年 10 月 21 日在彭巴市正式投产运营。莫桑比克当前处于工业化起步阶段，政府通过不断改善投资和营商环境吸引外来投资，承接国际产能，以提升其在国际产业链上的地位。

二 外国援助

莫桑比克是世界上依赖外援最严重的国家之一。国际援助在其经济中占举足轻重的地位，发挥着至关重要的作用。莫桑比克独立后，国际组织和金融机构多次召开援助莫桑比克捐赠国会议，成立了由 19 个国家以及国际和地区组织组成的 G19 援助集团，通过无偿援助、信用贷款及减免债务等途径向莫提供经济援助。

2001 年 10 月 25～26 日，莫桑比克政府与国际开发伙伴在马普托举行了第 13 次顾问团会议。会议期间，国际捐助国家允诺向莫桑比克提供超过 7 亿美元的援助以支持其扶贫计划。这些经济援助的 80% 是以赠送的方式提供的。

截至 2003 年 6 月，世界银行在莫桑比克资助的执行中项目为 21 个，资助总额为 11.53 亿美元。同年 12 月，国际货币基金组织宣布免除莫桑比克 2005 年 1 月 1 日前所欠多边债务。印度于 2003 年同意全部免除莫桑比克政府所欠的债务，并将莫桑比克银行所欠印度政府的债务转换成印度对莫桑比克的投资。英国政府于 2005 年已免除莫桑比克的所有债务，总额为 1.5 亿美元，并同意支付莫桑比克所欠世界银行和其他国际金融机构债务的 10%。八国集团于 2005 年 6 月宣布免除包括莫桑比克在内的 18 个最穷国的所有外债。莫桑比克受益于国际货币基金组织的免债决定，因此

2008年其银行系统保持强健的竞争力。2006年，挪威、世界银行、非洲开发银行、日本和俄罗斯等先后免除莫桑比克债务，欧盟等还增加了对莫桑比克的援助资金。

2015年，德国、荷兰、比利时、挪威、丹麦5国退出G19集团，G19集团更名为G14集团。2016年，受隐藏债务丑闻影响，美国、英国、G14集团、国际货币基金组织等多个西方援助国和国际组织暂停对莫桑比克国家财政提供直接经济援助，涉及金额近5亿美元，但未停止对莫桑比克农业、教育、医疗卫生等领域援助。除G14集团外，对莫桑比克援助较多的国家和组织还有中国、美国、日本、英国、印度、越南、巴西、国际开发协会以及抗击艾滋病、结核病和疟疾全球基金等。

新冠肺炎疫情发生后，国际组织和有关国家及时施以援手。2020年8月莫桑比克总统纽西向议会提交的有关国家紧急状态的报告显示，莫桑比克已收到国际货币基金组织、世界银行、欧盟、联合国、德国、日本、美国、英国、瑞典、葡萄牙、印度、韩国等国际合作伙伴3.408亿美元的援助，约占2020年3月莫桑比克政府提出的7亿美元援助资金计划的一半。

三　外国投资

（一）外国投资环境

莫桑比克政府为消除贫困、促进经济发展，十分注重引进外资。1984年颁布外国投资法，1987年颁布私人投资法，鼓励国外企业到莫桑比克投资和兴办合资企业。1993年6月24日，莫桑比克颁布修订的新的外国投资法，进一步简化投资审批手续。随后于1993年7月21日颁布了投资法条例和投资收益法。同年9月14日，颁布了工业自由区管理条例。外商直接投资从90年代中期开始发挥重要作用，国民经济现在已从外商直接投资中获益。1993年的新投资立法规范了外国投资，使外国投资申办程序更加简化，加快引进外资的步伐，促进国民经济迅速恢复。1995年，莫桑比克政府再次简化了投资规则。如今，外商直接投资和私营部门投资已经取代外国援助成为经济发展的发动机。90年代后半期，外商开始投资农业及与农业有关的加工业，还在较小程度上投资旅游业、运输业、采矿业和金融服务业。莫桑比克促进投资中心（Centro de Pormoção de Investimentos，CPI）的职能正从批准投资转变为促进和加速投资。2017年，莫桑比克政府成立投资出口促进局。

在南部非洲发展共同体成员国中，莫桑比克的贸易和投资环境排名高于津巴布韦和安哥拉，但低于毛里求斯和南非等国。其他南共体各国，如纳米比亚、博茨瓦纳、斯威士兰、赞比亚、马拉维和坦桑尼亚在世界银行的评级中排名均高于莫桑比克。近年来，莫桑比克政府大力调整经济结构，改善投资环境，引进外资，加大对农业和农村的投入，加快基础设施建设，倡导增收节支。政府还对海关进行了改革，关税降幅较大，海关管理有所好转。

但是，在莫桑比克投资经营的不利因素有：莫桑比克办理信用证的费用很高，手续复杂，造成当地的私人企业难以用信用证支付，阻碍了莫桑比克私人企业的发展。此外，莫桑比克银行贷款利率高，年贷款固定利息超过20%，企业在当地融资成本比较高。

莫桑比克对外国投资者基本上没有行业和地区限制，但对环境保护标准要求很高；对外资的投资方式无限制，但对外资雇用外籍劳务人员有严格的限制，因投资规模和行业不同对雇用当地人员数量有明确的比例规定。世界经济论坛《2014～2015年全球竞争力报告》显示，莫桑比克在全球最具竞争力的144个国家和地区中，排第133位。世界银行发布的《营商环境报告2015》显示，在全部189个经济体中，莫桑比克在营商便利程度排行榜上列第127位，比2014年上升了15位。

美国传统基金会发布的《经济自由度指数2015》中，莫桑比克经济自由度在全球186个国家和地区中排第125位，被归入“不太自由”类。制定自由度排名时所考虑的因素涵盖法律（知识产权保护、政府廉洁等）、政府施加的限制（对经济的干预、政府开支等）、监管效率（企业自由、劳工自由、货币流通自由）以及市场开放度（贸易自由、投资自由和金融自由）等方面。

（二）外国投资情况

据莫桑比克投资促进中心统计，1997～2001年，莫桑比克利用外资

68 亿美元。2002 年上半年，莫桑比克共批准 21 个外来投资项目，外资金额达 13.59 亿美元。2003 年，因缺乏大项目的推动，莫桑比克全年外来投资总额为 8.67 亿美元，比 2002 年下降 50% 左右。主要投资国为英国、南非、葡萄牙、毛里求斯、爱尔兰、美国、巴西、黎巴嫩等。投资行业主要为农业及农产品加工、旅游、酒店、矿产、石油、天然气、交通运输、渔业、工业、银行、保险、租赁等。外国在莫桑比克的最大投资项目是由澳大利亚、日本、南非的企业和莫桑比克政府联合投资计约 20 亿美元建成的莫桑比克铝业。该项目是莫桑比克成功吸引外资的典范，使莫桑比克的出口额于 2002 年首次达到 10 亿美元。此外，爱尔兰在莫桑比克投资 4.35 亿美元开采钛矿；南非、毛里求斯在莫桑比克投资恢复 4 家糖厂的生产，耗资约 3 亿美元，2002 年开始出口食糖；巴西淡水河谷公司投资 3000 万美元重勘莫桑比克最大煤矿；等等。莫桑比克现已成为非洲对外引资的领先者。莫桑比克外商直接投资的流入量在非洲各国中排名前列。2006 年，莫桑比克投资促进中心共批准投资项目 157 个，涉及金额 8.5 亿美元。外商直接投资额为 1.5 亿美元，投资最多的是南非、英国、爱尔兰和葡萄牙等，投资的主要领域为农业、旅游业和制造业等。国内资本活跃，直接投资增长 10%，主要集中在交通和通信领域。2006 年，莫桑比克历史上首次被列为适宜外国投资和政府对外资不设苛刻条件的 10 个非洲国家之一。2007 年莫桑比克吸引的外商直接投资从 2006 年的 8 亿美元猛增到 80 亿美元，创历史最高纪录。美国埃尔物流公司在莫桑比克北部楠普拉省兴建总投资为 50 亿美元、日产 30 万桶燃油的大型炼油厂项目。2007 年，英国普罗－迦南（Pro-Cana）公司计划投资 5.1 亿美元在南部的加扎省兴建一座生产酒精、食糖和化肥的综合性工厂。莫桑比克已经成为一块外国投资的热土。

2009 年莫桑比克投资促进中心共批准投资私人项目 58 亿美元，在农业、林业和旅游业等领域创造了 12.5 万个就业机会。南非一直是莫桑比克最大的直接外资来源国。莫桑比克的其他投资来源国包括毛里求斯、葡萄牙、中国和英国，南非列第 7 位。这些投资项目的实施，将提供 5700 多个新的就业机会。其中，马普托市和马普托省的新就业机会最多，约占总数的 40%。

2010～2014 年莫桑比克吸引外资 160 亿美元。2016 年莫境内外商直接投资总额预计达 23 亿美元。其中中资企业对莫新增直接投资 2.23 亿美元，居莫桑比克所有投资来源伙伴第一位。2017 年中国对莫非金融类直接投资 8.22 亿美元，保持莫第一大投资来源国地位。

（三）外国投资相关政策

1. 贸易政策

莫桑比克进出口贸易实行许可证制度。所有从事进出口贸易的企业和个人需向莫桑比克工业和贸易部申领许可证，同时到工业和贸易部办理相关手续。申请人在获得许可证后，除了可以从事进出口贸易外，还可以从事批发或零售。

（1）进口管理

莫桑比克对进口商品没有配额限制，但对进口商品实行许可制度。政府禁止进口色情淫秽书刊和影视、假冒产品、盗版商品以及虚假原产地的商品等。对进口药品、枪支和爆炸物实行严格的特别许可管理。莫桑比克海关对进口冷冻家禽、20 公斤及以上的袋装面粉、10 公升及以上桶装食用油、糖、水泥（100 公斤及以上袋装）、化工产品、药品（个人用的药品除外）、肥皂、火柴和打火机、新旧轮胎、丝绸、棉花、合成纤维、旧服装、空调、冰箱、电池和二手汽车等产品实行强制性装运前检验制度，由出口商办理以上产品装运前检验手续。

（2）出口限制

莫桑比克禁止出口的商品有假冒产品、盗版商品、虚假原产地商品、艺术作品、古董、象牙及其制品等。此外，莫桑比克对动植物、未加工木材等产品出口采取禁止或者许可证管理制度。

2. 投资促进政策

（1）投资行业的规定

按照产业政策，莫桑比克政府对外资企业实行鼓励、限制和禁止投资政策。

鼓励外商投资的范围：农业、牧业和农工企业，林业、木材业的加工和开发，矿业的开发及矿产品加工，化工、纺织和机械工业，电子工业，其他制造业，交通、通信等服务业的开发，国有企业的私有化等。

限制和禁止外商投资的范围：有关法律规定范围内的公共消费及生产用电，市区民用和工业用水的供应，邮政服务，发展和管理国家公园、海域或其他法律保护的区域，武器、弹药的生产、分配和交易。

莫桑比克对投资项目的环保标准要求高。政府要求所有的投资项目必须通过对环境影响的评估。就地区而言，莫政府鼓励投资者在本国中部和北部进行投资，以消除国内区域发展不平衡的问题。

（2）行业优惠政策

工业、农产品加工业以及酒店业的投资可以在投资初期 3 年内获得 50% 的财产转移税（SISA）减免优惠。

投资企业进口海关手册上规定的“K”类设备，免除进口关税，还可以免除增值税。

（3）经济区优惠政策

莫桑比克政府根据国内外投资者的投资金额、投资地点和投资项目，给予关税和税收优惠待遇。政府规定投资者进入工业自由区（出口加工区）的资格为：内资最低投资金额在 5000 美元以上，外资最低投资金额在 5 万美元以上。

自由工业区运营商进口建材、机器、设备、附件、零部件和为建设自由工业区所需要的其他货物等，享受海关关税、增值税和特别消费税的免税待遇。自由工业区企业为实施项目和从事经营所需进口商品和货物的，可享受海关关税、增值税和特别消费税的免税待遇。上述免税不包括个人和家庭用的食品、酒精饮料、烟草、服装和其他商品。同时，运营商和企业经营所得利润的所得税、不动产税和不动产转移税，可享受税收减免待遇。

（4）投资方式的规定

莫政府允许外国“自然人”在当地开展投资合作，但要求外国“自然人”到莫桑比克工贸部下属机构登记注册；允许外商以货币或机器、设备以及经营外资项目所需进口的物资进行投资，也可以技术转让等无形资产投资。

一般情况下对外国资本在合资企业中所占的比例不设上限，允许外商开办独资企业，但对于一些特殊的大型能源和矿产资源开发项目，莫政府会对外国资本占股比例进行限制。

3. 税收制度

（1）税收体系和制度

莫桑比克的税收制度分为国家级税收和自治级税收两种。国家税收制度包括直接税和间接税两种。直接税包括企业所得税和个人所得税，间接税包括增值税、特殊消费税和海关关税。莫桑比克实行属地税制。

（2）主要税赋和税率

①企业所得税税率是32%。

②个人所得税按收入多少实行累进税制。

③增值税税率是17%。

④特殊消费税。对部分国内生产的消费品或者进口的消费品征收特别消费税，进口消费品的特别消费税是20%。

⑤关税。原材料的关税税率为2.5%，固定资产（K类）关税税率为5%，用于组装的产品关税税率是7.5%，消费品关税税率为20%。

根据南部非洲发展共同体商贸协议规定，从2008年开始，来自南部非洲发展共同体成员国的多种产品将被免除关税。特别提醒，莫桑比克并未与中国签署避免双重征税协定。

4. 外汇管理和融资成本

（1）外汇管理

莫桑比克2011年实行外汇管制政策，单次凭出境机票及信函仅可取出5000美元。当地银行的汇出成本较高，企业所得的利润需要完税或缴纳相关费用后才可以汇出。缴纳的税费比例高达20%以上。法律规定外国人携带现金出境最高不能超过5000美元。投资者从莫撤回投资、汇回收益的行政手续比较烦琐，需要莫经济部和财政部的协调以清缴税款。建议投资者在与莫桑比克政府谈判过程中提前向对方确定外汇政策，以控制收益汇回国内的风险。

（2）融资成本

2015年，莫桑比克央行维持其主要利率不变，即流动性利率保持在7.5%，长期存款利率保持在1.5%。外国企业在莫桑比克当地各种银行融资的可能性不大。主要原因是银行对企业的信用条件要求高，融资成本也高，商业贷款利率超过20%。

第五章

军　　事

第一节　军队概况

莫桑比克军队设有陆海空三军和后勤部队，实际兵力为步兵营 7 个、特种兵营 3 个、工兵营 2 个、运输营 1 个、炮兵连 3 个、海军陆战连 2 个及少量的后勤、通信、管理人员，共 13000 人左右。总统兼任武装部队总司令。总参谋部是军队的最高指挥机构。总参谋长拉萨罗·梅内特（Lázaro Menete，2017 年 10 月任命）。国防军下设北部、中部和南部军区，其司令部分别设在楠普拉、贝拉和马托拉。实行义务兵役制，服役期 2 年。近年来，莫积极参与执行联合国的维和任务。曾先后向东帝汶、刚果（金）、科摩罗及布隆迪派兵参加联合国或非盟的维和部队。

一　建军简史

莫桑比克国防军是根据 1992 年和平总协议组建的。在组建初期，国防军是由政府军和“莫抵运”部队的士兵自愿组成的。因此，要了解现在的莫桑比克国防军，就必须了解莫桑比克前政府军和“莫抵运”部队的发展历程。

1. 莫桑比克政府军

莫桑比克前政府军源自莫解阵游击队。1964 年 9 月 25 日，莫解阵对葡萄牙殖民统治下的德尔加杜角地区姆埃德附近的沙伊行政点发动军事进攻，标志着莫桑比克政府军的建立。莫桑比克独立以后，这一天成为莫桑比克政府军的建军节。

1984 年莫桑比克人民解放军的构成情况是：陆军大约 25000 人，空军大约 1000 人，海军大约 700 人。陆军包括 8 ~9 个步兵旅，每个步兵旅包括 2 ~4 个步兵营。每个旅的装甲车、大炮和后勤部队的数量各不相同。陆军中还包括 1 个坦克旅，即为总统卫队，可以为陆军部队提供支持。这一时期莫桑比克军队的编制大体相当于苏联与古巴的军队编制，每个步兵营有 300 ~400 名官兵。

莫桑比克政府军的军事装备主要来自苏联和东欧社会主义国家。直到 20 世纪 80 年代中期，苏联和东欧国家还为莫桑比克提供大量较新型和先进的武器装备。

空军部队作为陆军部队的分支，是独立以后建立的，开始时只装备有葡萄牙军队撤离时遗留下来的几架老式飞机。为了增强空军的作战能力以遏制“莫抵运”和南罗得西亚军队的进攻，莫桑比克政府向苏联请求提供援助。1977 年 3 月，苏联向莫桑比克提供了米格战斗机、导弹和其他一些武器装备。接着，苏联军事顾问帮助培训莫桑比克士兵使用这些武器和掌握飞行技术。此后，苏联一直为莫桑比克的空军提供军事物资援助。

在组建空军部队以后，尤其是苏联提供先进的军用飞机装备以后，苏联、古巴和东欧的空军军事顾问帮助莫桑比克在马普托、纳卡拉和贝拉建立了空军基地并培训空军部队。

到 1984 年初，莫桑比克空军至少拥有 60 架苏制战斗机。但自组建以来，空军部队主要参加陆军部队对“莫抵运”的作战活动，针对南非等邻国的军事飞机入侵活动不多。空军的作战部队包括 6 个空军中队，负责空中拦截入侵敌机和协同地面进攻。

直到 80 年代中期，有关莫桑比克海军的情况由于缺少资料而无法详细了解。莫桑比克海军规模很小，内战期间主要在领海和马拉维湖的边境水域执行监督活动，近岸巡逻能力有限。莫桑比克的海军基地设在马普托、贝拉、纳卡拉、彭巴和梅坦古拉。海军装备包括产自苏联、葡萄牙和荷兰的 14 艘轻型的海岸巡逻艇。

关于正规部队以外的武装力量的组织结构和训练状况也少为外界所了解。民兵的总部设在马普托的国防部。民兵是一支主要针对“莫抵运”

的破坏活动组建的轻型陆军部队。民兵由工厂、农场的工人和村庄的居民组成，接受莫解阵党组织的政治领导，在军事作战中接受莫桑比克人民解放军的指挥。其主要职责是打击“莫抵运”的破坏活动，维护公共秩序。实际上，根据当时的一些报道，民兵针对“莫抵运”的作战能力并不强，更主要是为了发挥心理和政治作用。在民兵的装备方面，部分民兵配有葡萄牙提供的 G3 自动步枪，另一部分只有大砍刀。1984 年初，在城市地区也开始以街区为单位组建民兵部队，以加强城市反“莫抵运”分子渗透的能力。在城市的街区民兵组织中，各选举出一名领导人、副领导人、妇女代表和检察员。

政府军和民兵的作战能力还得到了边防卫队的补充。边防卫队由 4 个旅组成，主要负责保卫国家的边境免遭外国势力入侵。这些边防卫队没有大炮和机械化装备，可以发挥轻型陆军部队的作用。

在莫桑比克同南非于 1984 年 3 月签署了《恩科马蒂条约》以后，“莫抵运”的军事进攻一度达到全盛状态，直到 1987 年 2 月，莫桑比克政府军才扭转危局。1987 年 3 月，莫桑比克政府对军事部队进行了大规模调整，组建了经过强化训练的突击队。与此同时，津巴布韦和坦桑尼亚对莫桑比克政府军的援助力度也进一步加大。马拉维停止了对“莫抵运”的公开援助也有利于莫桑比克政府军扭转内战局势。1988 年以后，莫桑比克内战进入了胶着和对峙状态，直到和平进程开始。

据报道，在 80 年代内战高潮阶段，莫桑比克政府军总兵力最多时曾达 7.2 万人。

2. “莫抵运”部队

莫桑比克国防军在建立之初的另一个来源是莫桑比克全国抵抗运动。自 70 年代后期开始，莫桑比克全国抵抗运动一直是莫解阵政府的主要反对派势力。据报道，到内战结束时，“莫抵运”武装力量总计为 2.1 万人。

二 莫桑比克国防军

莫桑比克国防军的组建工作进展非常缓慢。1994 年 4 月，希萨诺总统任命拉戈斯·利蒂莫（Lagos Lidimo）中将和马特乌斯·恩贡哈莫

（Mateus Ngonhamo）中将为莫桑比克国防军联合最高司令官，共同统率已经组建起来的莫桑比克国防军。这标志着莫桑比克国防军的正式建立。

由于长达近30年的战争，莫桑比克国内普遍存在着厌战情绪。无论政府军士兵，还是“莫抵运”士兵，都不愿意加入新组建的莫桑比克国防军。另外，军队的低下待遇和艰苦条件也令许多人望而却步。所以，莫桑比克国民普遍不愿意入伍服役。

由于在自愿选择的情况下大多数“莫抵运”士兵不愿意参加莫桑比克国防军，“莫抵运”领导人在1994年8月承认在新组建的莫桑比克武装部队中，“莫抵运”无法占有平等的份额，“莫抵运”不可能为国防军提供一半的兵力来源。另外，根据和平总协议的要求，政府军和“莫抵运”武装在8月15日完成遣散活动后，莫桑比克政府军在第二天宣布正式解散，其职能转交给莫桑比克国防军。

按照1994年12月停火委员会发表的报告，在集合点集结的双方士兵总数为91691人。其中，登记参加莫桑比克国防军的人数为11579人。来自“莫抵运”部队的士兵约3500人，而来自政府军的士兵约7500人。

1995年4月，希萨诺总统正式任命拉戈斯·利蒂莫中将和马特乌斯·恩贡哈莫中将分别为莫桑比克国防军总参谋部总参谋长和副总参谋长。两人在5月举行就职仪式。

之后，国防军总人数于1996年降到11000人以下。这使国防军形成了军官多于士兵的状况。1996年10月10日，莫桑比克国防部长阿古亚尔·马祖拉向议会的国防与公共秩序委员会提交的报告指出，莫桑比克国防军无所不缺，人员编制、车辆、飞机、船舰和资金都缺。在其通篇报告中，“资金匮乏”一词被反复强调了好几遍。这也是空军无法执行升空任务、海军没有船舰在领海进行巡航和莫桑比克国防军无法足编招募3万名士兵的原因。

2008年3月20日，格布扎总统解除了国防军总参谋长拉戈斯·利蒂莫中将和副总参谋长马特乌斯·恩贡哈莫中将的职务，由保利诺·马卡林格（Paulino Macaringue）准将接替担任国防军总参谋长，奥林匹奥·坎博拉（Olímpio Cambora）少将担任国防军副总参谋长。

第二节 国防体制与军事制度

一 国防体制

保护国家主权独立和领土完整、抵御外来侵略、维护国家的社会秩序是莫桑比克国防安全的核心政策。莫桑比克2004年宪法第265条明确规定：国家国防和安全政策的目标是保卫国家独立，保护国家主权和领土完整，保证国家机制正常运转和保护公民的安全。国防和安全部队要遵守国防与安全政策，要效忠国家。国防和安全部队人员的誓词要明确其遵守宪法的义务。鼓励公民参加民防队。

对于总统在国防军事方面的权力和责任，2004年宪法做了明确的规定。2004年宪法第161条规定，在处理国防和公共秩序问题时，共和国总统拥有如下权力：宣布和终止国家处于战争状态、受围攻状态和紧急状态；签署条约；宣布总动员和部分动员；根据相关法律任免和撤换总参谋长、警备总司令、莫桑比克武装部队的三军司令，以及国防和安全部队的其他官员。

为了帮助总统行使总司令的权力和职责，莫桑比克设有国防与安全委员会。按照宪法和其他相关法律的明文规定，该机构是处理有关国家主权、领土完整，捍卫民主权威和国家安全等事务的国家协商机构。共和国总统为国防与安全委员会主席。根据2004年宪法第268条，国防与安全委员会特别具有如下权力：在宣战前，对战争状态问题进行讨论；对宣布国家处于受围攻状态和紧急状态问题进行讨论；为了确保国家区域的国防和安全，为某些区域实施全部警戒和部分警戒的标准与条件提供建议；分析和监督其他国家部门的各种动议，以巩固国家独立、巩固政治团结以及维护法律和秩序。

目前，莫桑比克的国防与安全委员会由总统任命的2名成员和议会任命的5名成员组成。

总统通过国防部和总参谋部对武装力量进行领导和指挥。国防部为中央政府中的一个部，是最高军事行政机关。总参谋部为最高军事指挥机构，统率陆军、空军和海军。

国防与安全政策的决策权在议会。但在国防与安全政策的制定程序方面，宪法对议会的作用有以下规定：议会有权在咨询国防与安全委员会之后确定国家的国防与安全政策。

在军事培训方面，1992 年以前，莫桑比克的军事理论和军事培训深受苏联的影响，完全效仿苏联的培训模式。但在内战结束以后，莫桑比克放弃了苏联的军事培训体制，转而学习西方国家的军事培训理论和体系。内战结束以后，英国和葡萄牙等国参加了莫桑比克军队的培训工作。意大利和葡萄牙等还帮助莫桑比克培训警察。

二　兵役制度

莫桑比克实行征兵制，即义务兵役制。根据征兵制，全国凡年满 18 周岁的男女公民都有服兵役的义务。但在战争期间，征兵的年龄可以低于 18 周岁。在内战结束以前，莫桑比克政府军的大多数兵员是通过全国统一的征兵制征召的。伦敦国际战略研究所发布的 1983～1984 年《军事平衡》报告指出，莫桑比克政府军队 75% 左右的军事人员是通过征兵招募的。1983 年全国总人口估计为 1310 万人，大约 290 万人口的年龄在 15～49 岁，其中大约 170 万人符合服兵役的条件。妇女也在军队、安全部门和警察部门服役。新入伍的服役人员要在位于马普托西北方莫安巴的军事预训中心进行为期 3 个月的培训，政治教育和军事培训各占培训内容的一半。

2004 年宪法规定，保卫国家独立、主权和领土完整是所有莫桑比克公民的神圣职责和荣誉。公民服兵役按照相应的法律规定执行。1992 年和平总协议规定废止义务兵役制，规定莫桑比克公民根据自愿原则加入莫桑比克国防军。所以，在罗马和平总协议签署以后，莫桑比克征兵制就停止实施了。

但是，由于在实施和平总协议和组建国防军过程中，前政府军和“莫抵运”部队的士兵大都不愿意参加国防军，和平总协议中预定的国防军 3 万人的编制严重缺编。在这种情况下，莫桑比克国内有关部门提出恢复义务兵役制。1995 年 3 月，国防部长宣布，只要重新引入义务兵役制的立法生效，当年就可以征召 4500 名新兵加入莫桑比克国防军。实际上，在 1998 年之前，全国没有实施征兵制，也不存在任何预备兵役制。

1997 年 11 月 26 日，莫桑比克议会通过立法，恢复了在和平总协议中取消的义务兵役制。该兵役法案规定，莫桑比克实行义务兵役制，服役期为 2 年。“所有年龄在 18 ~ 35 周岁的莫桑比克公民都要遵守义务兵役制，并据此遵从服兵役的义务。在战争期间，上述规定的服役年龄标准可以通过法律予以变更。”因而，所有年满 18 周岁的莫桑比克公民必须为服兵役进行登记，履行服兵役的义务，否则就会影响其在就业、接受教育和其他社会服务方面的部分权利。

1998 年 8 ~ 9 月的征兵是 1997 年议会重新批准征兵法案后进行的第一次征兵活动。征兵对象包括 1975 ~ 1980 年出生的所有青年。在 1998 年开始征兵活动期间，根据国防部征兵与动员局负责人艾德加尔·科萨（Edgar Cossa）提供的数据，全国应有 75 万 ~ 100 万的青年人到征兵中心登记报名，但实际上只有 14 万人进行了登记。

1999 年 1 月 1 日至 2 月 28 日，莫桑比克进行了新兵役法颁行以来第一次常规的征兵活动，这标志着新征兵法规正常实施的开始。据此，国防部每年都可以征召新的兵员。根据艾德加尔·科萨透露的临时统计数据，在登记报名期间，全国只有 4.5 万人登记报名。为了鼓励更多的青年登记报名，莫桑比克在 2 月 28 日的登记活动结束后宣布，将登记期限延长 30 天，以待那些在规定期限内没有登记报名的人前来登记。

由于莫桑比克的青年人参军的热情不高，莫桑比克政府的征兵活动不仅在国内进行，还积极动员滞留在邻国的本国公民参加征兵登记活动。

第三节 军事力量

一 陆军

自 20 世纪 90 年代初莫桑比克内战结束以来，莫桑比克的军事力量一直不强，也不具有凝聚力。军队人员工资低，士气低落，腐败现象严重，而且不受纪律约束。由于政府军与前反对党叛军之间无法消除隔阂，莫桑比克国防军面临严重的人力短缺。

1992 年和平总协议签署之后，莫桑比克曾试图组建一支 35000 人的军队，但当时新组建的莫桑比克国防军的兵力估计只有 13000 人，而且绝大多数军事装备无法使用。莫桑比克曾从苏联获得很多军事援助，但苏联解体后，莫桑比克面临财政枯竭。空军几乎完全无法开展行动，海军也处于类似状态，只有少数几艘功能性船只，包括南非在 2004 年至 2005 年提供的两艘港口巡逻船以及西班牙前巡逻船。

作为莫桑比克前殖民宗主国，在莫桑比克内战结束后，葡萄牙通过技术军事合作协议为莫桑比克提供了军事援助，将海上救助艇及 FTB－337G 飞机移交给了莫桑比克海军。向莫桑比克提供军事援助和培训的其他国家包括美国、中国和津巴布韦。

2016 年，莫桑比克军队由 1 万名士兵组成 3 个特种兵营、7 个轻型步兵营、2 个工兵营、2 个炮兵营和 1 个后勤营。

1977～1989 年，苏联为莫桑比克军队供应了大量武器。1991 年苏联解体后，随着苏联技术人员的离职，大部分设备无法使用。在 21 世纪初，军队的大部分硬件仍为老化和即将被淘汰的苏联设备，维修率仍然很低。2016 年，不到 10% 的陆军炮兵和装甲车投入使用。

二　空军

莫桑比克空军（Forca Aéreade Moçambique，FAM）最初是国家军队的一部分，在 1985 年到 1990 年被称为人民解放空军（Força Aérea Popularde Libertação）。由于历史原因，莫桑比克的空军有使用葡萄牙飞机的历史。1975 年独立后，空军在古巴和苏联的支持下建立起来。内战期间，有大量苏联制造的飞机涌入以支持莫桑比克政府。随着 1992 年停火以及莫桑比克政府向西方式民主转向，古巴对其空军的支持逐渐减少，大部分飞机现已年久失修。莫桑比克空军现在实际上只是一支象征性的力量。1995 年，军费支出被削减至占莫桑比克国内生产总值的 1.5%，自那以后，这一比例一直在1%上下浮动。空军在三个主要基地贝拉、纳卡拉和楠普拉开展行动。

2011年，葡萄牙空军向莫桑比克提供了两架赛斯纳FTB－337飞机，使用最新技术，用于训练、航空医疗后送和海上监视行动。这是葡萄牙和莫桑比克之间的永久性军事技术合作（CTM）计划的一部分。关于莫桑比克空军，葡萄牙与莫桑比克的合作还包括其他行动，如培训飞行员和航空技术人员，创建航空医学和空中作战中心以及发展搜救和飞行安全能力。此外，一些莫桑比克军官学员还参加了葡萄牙空军学院的学习。

三　海军

2004年9月，南非海军向莫桑比克海军捐赠两艘港口巡逻船。其由西蒙镇的海军造船厂改装，配备了法国海军捐赠的舷外发动机和导航设备。2020年海军舰队实力组织通过跟踪每个国家的水面和水下海军装备，包括航空母舰、潜艇、直升机母舰、护卫舰、两栖攻击/支援舰和辅助志愿舰，指出莫桑比克在138个国家中海军实力排名第116位。

2013年，法国造船厂CMN集团确认了莫桑比克的一项重要订单，包括6艘巡逻船和拦截器。

第四节　对外军事关系

一　同南非的军事关系

从1988年开始，尤其是1989年德克勒克继任南非总统以后，两国政府间的关系升温，签署了军事和经济方面的一系列协议。南非进入民主过渡时期后，开始支持莫桑比克的和平进程。另外，就在1994年莫桑比克举行大选前夕，南非新任总统纳尔逊·曼德拉为劝说“莫抵运”放弃抵制政策发挥了关键作用。

在实现了民主以后，南非同莫桑比克开展了紧密的军事合作。1996年2月中旬，莫桑比克同南非达成了加强合作的军事协议。根据该协议，两国进行联合军事演习、互相交换武官、共同管理边境，两军互相交流军事情报。协议还规定，南非帮助培训莫桑比克军队的医护人员，改善莫桑比克军队医院的设施等。

1996 年，南非警察局（SAPS）和莫桑比克共和国警察局（PRM）之间就武器销毁所签署的双边合作协议生效，采取了代号为“雷切尔行动”的联合武器销毁行动。这些行动查明并销毁了莫桑比克内战遗留下来的大量隐藏武器。截至 2002 年 8 月，逾 3.2 万件小型和轻型武器、3100 件具有杀伤力的地雷、900 万发子弹在莫桑比克被销毁，对维护非洲地区的稳定发挥了作用。

二　社会主义国家的军事援助

由于莫桑比克国内几乎没有军事工业，独立后到苏联解体前，莫桑比克在军事装备方面可以说是完全依赖苏联和东欧社会主义国家，在军事训练方面接受来自苏联、东欧国家、非洲前线国家、朝鲜、古巴和中国的军事援助。在独立以后不久，苏联成为莫桑比克的主要军事援助国。到 80 年代中期，莫桑比克的所有军事装备，尤其是包括防空装置在内的重型军事设备，几乎全部来自社会主义国家。从 1977 年开始，苏联为莫桑比克提供的军事援助，主要是榴弹炮、其他枪炮和坦克。1978～1980 年，苏联又为莫桑比克提供了装甲车和喷气式飞机。仅在 1980 年，苏联为莫桑比克提供的援助就包括 10 辆 T－54/55 坦克、一些米格－21 战斗机、43 架运输机和 2 艘巡逻艇。而在 1981 年，莫桑比克在苏联和东欧国家接受军事训练的人员就超过了 500 人。为莫桑比克的安全部队提供培训和指导的约 600 名外国军事顾问分别来自苏联和民主德国，约 1000 名来自古巴，以及约 400 名来自坦桑尼亚。

莫桑比克同中国的军事合作关系有很长的历史。早在独立战争期间，中国政府为莫解阵提供了武器援助和军事培训。莫桑比克独立以后，两国的军事合作一直没有间断。在莫桑比克内战结束以后，两国的军事合作进入新阶段。

为了帮助排除地雷隐患，2001 年 7 月 18 日，中国政府和莫桑比克政府在马普托签署了《中国向莫桑比克捐赠扫雷器材议定书》。根据议定书，中国向莫桑比克捐赠 90 套探雷器材，其中包括地雷探测装置和排雷防护装置。莫桑比克国防部长托比亚斯·达伊和中国驻莫桑比克大使陈笃庆分别代表两国政府在议定书上签字。达伊对中国向莫桑比克扫雷事业提供援助表示衷心感谢。

2018 年 10 月，中国向莫桑比克提供军事医疗援助。在马普托军事医院工作的两个月里，9 名中国医生通过开展独立门诊、会诊和业务交流帮带工作，圆满完成此次援助任务。据专家组不完全统计，全组在援助期间累计诊治各类病人约 3000 人次，独立开展或参与大小手术 40 余台，诊疗效果受到莫军方和病人的普遍好评。

三 非洲前线国家的军事援助

20 世纪 90 年代前，非洲前线国家认为，成员国自身的安全同莫桑比克的国防紧密相连，而莫桑比克受到南非种族主义政权这个共同敌人的直接或间接的入侵威胁，所以非洲前线国家一直在为莫桑比克提供军事援助。此外，莫桑比克过去也援助安哥拉、坦桑尼亚和津巴布韦等国家，与它们持有共同的意识形态。由于拥有共同的文化基础，安哥拉同莫桑比克的关系一直非常密切。在内战期间，安哥拉曾为莫桑比克援助了一些诺拉特拉斯（Noratlas）运输机。

津巴布韦在 1980 年独立以后，成为莫桑比克内战期间莫解阵党的最密切的盟友和支持者。到 80 年代末，当认识到军事方法无法有效解决莫桑比克内战问题时，津巴布韦加强了同“莫抵运”的联系。穆加贝总统几次参与促成或调解莫桑比克政府同“莫抵运”的谈判。在和平谈判的最后阶段和大选前夕，穆加贝以个人名义提出的安全保证和支持对促成“莫抵运”领导人履行承诺至关重要。在莫桑比克的津巴布韦军队最后于 1993 年完全撤离。

莫桑比克同坦桑尼亚之间存在着紧密的军事合作关系。在莫桑比克独立战争期间，坦桑尼亚是莫解阵的坚强后盾，莫解阵的总部设在达累斯萨拉姆。在独立后，两国间的互惠合作关系也在不断加强。从 1985 年开始，莫桑比克军队从坦桑尼亚本土得到培训设施。1983 ~ 1988 年，坦桑尼亚派出了7000名士兵到莫桑比克，保护自己的边境免受“莫抵运”的进攻并参与莫桑比克政府军的军事行动。坦桑尼亚军队在1988年底基本上撤出了莫桑比克领土。在莫桑比克内战期间，坦桑尼亚接纳了大约6万名莫桑比克难民。

从1987年开始，为了获得给养，“莫抵运”经常袭击赞比亚，威胁着赞比亚人民的生活。为此，赞比亚发动了针对“莫抵运”侵扰的反击战，并于1989年同莫桑比克政府签署了一项联合治安协议。在1990年后期，赞比亚总统卡翁达在小罗兰德的撮合下同“莫抵运”领导人德拉卡马进行了会谈，德拉卡马向其透露了同希萨诺总统进行直接谈判的前提条件。卡翁达也为莫桑比克和谈的实现做出了贡献。

马拉维同莫桑比克的军事关系比较曲折。在莫桑比克内战对本国造成的损失不断增加和不断受到前线国家压力的情况下，马拉维班达政府于1986年12月同莫桑比克达成了一项安全协议，将“莫抵运”驱逐出了马拉维领土。此后，为了保卫马拉维经过莫桑比克通向海外的运输线路的安全，马拉维的军队在1987~1993年进驻莫桑比克。到1988年中期，马拉维在莫桑比克的驻军从最初的300人增加到600人。但马拉维官员仍然为了确保纳卡拉走廊的安全而维持同“莫抵运”的谈判。在莫桑比克和平进程中，马拉维努力促成了“莫抵运”同莫桑比克政府之间的直接谈判，并在后来的罗马谈判期间打破谈判僵局。在莫桑比克内战期间，马拉维接纳了100万名莫桑比克难民。

四　西方国家的军事援助

在苏联和非洲盟国提供的军事援助不足以遏制和镇压“莫抵运”势力迅速膨胀的情况下，萨莫拉总统开始转向西方国家寻求帮助。但由于历史的原因，西方国家直到20世纪80年代中期一直没有参与莫桑比克军队的培训活动。1983年，莫桑比克空军向英国的瑞迪福森（Rediffusion）公司定购了先进的雷达通信系统，以加强3个军事战场的联系和地对空的通信联系。根据当时的一些报道，英国从1984年开始为莫桑比克提供军用吉普车。莫桑比克政府也向西方国家寻求帮助，改善交通运输基础设施。

在1992年举行的罗马谈判中，葡萄牙作为莫桑比克的前殖民宗主国，受邀派出了官方观察员。此后，葡萄牙也参与了监督莫桑比克实施和平总协议的工作，并为新组建的莫桑比克国防军提供军事培训。1995年5月，莫桑比克与葡萄牙签署了防卫合作协议。根据这项协议，葡萄牙将为莫桑比克武装部队提供培训。1997年9月23日开始，葡萄牙国防部长安东尼奥·威克多利诺对莫桑比克进行为期5天的友好访问。他同莫桑比克领导人探讨了在培训特种部队、制定基本的国防政策和海军方面的合作问题。在此后的几年里，莫桑比克先后几次派兵参加了在葡萄牙举行的特种兵培训活动。

由于赞赏莫桑比克曾在津巴布韦独立事业中所做出的贡献，英国同莫桑比克在80年代保持了密切联系。英国政府向莫桑比克政府提供了大量的经济援助和军事援助，这在1984～1987年尤为显著。此后，英国向莫桑比克提供了发展援助，还在津巴布韦为新组建的莫桑比克国防军提供军事培训。

从80年代初开始，美国向莫桑比克政府提供了人道主义援助和部分军事援助。为了同莫桑比克军队建立更好的联系，1990年美国国防部还在驻莫桑比克使馆设立了一个国防部官员职位，配合美国驻莫桑比克大使馆开展工作。1990年，由美欧联军司令部派出的代表团在詹姆斯·麦卡锡将军的率领下访问马普托，拜会了希萨诺总统。双方探讨了有关未来军事援助的许多问题。这一时期，美国首次制订了向莫桑比克提供军事教育和军事培训资助的计划。此后，美国在拟定和平总协议的军事部分中发挥了重要作用，在1992年作为正式观察员参与罗马谈判。在实施和平总协议的过程中，美国成为监督莫桑比克和平进程的重要成员。

五　联莫行动

联合国应邀参加了莫桑比克罗马和平谈判的最后阶段谈判。在和平总协议签署以后，联合国于1992年12月16日通过了关于联合国莫桑比克行动（简称“联莫行动”）的第797号决议，开始正式介入莫桑比克的和平进程。联莫行动是联合国监督莫桑比克实施和平总协议的机构，其职责包括集结内战双方的部队、复员和遣散双方的士兵、准备大选、清除全国范围内的地雷和进行人道援助。联莫行动从 1992 年 12 月开始实施，一直到 1995 年 3 月结束。作为联莫行动的一个组成部分，联合国向莫桑比克派驻了维和部队和警察，对和平协议的实施起到了关键作用。联合国先后授权联莫行动从约 40 个国家招募了 6625 名士兵和军事后勤人员、354 名军事观察员及 1144 名民警的维和部队，另外还有约 355 名国际工作人员和 506 名当地工作人员，在大选期间又部署了约 900 名选举观察员。

1993 年 5 月，约 6000 名成员的联合国维和部队开始部署，实际上，维和部队的绝大部分使命由军事观察员组成的小分队承担。他们负责莫桑比克士兵集结点的工作，帮助遣散莫桑比克士兵，收缴武器并验证武器储备情况。维和部队的大部队在相对安全的交通走廊地区进行巡逻。为了确保维和过程中的公正性，联莫行动应“莫抵运”的请求，在监督莫桑比克警察活动方面发挥了积极的作用，而且在莫桑比克警察总部派驻了联合国民事警察进行监督。

1994 年 10 月，莫桑比克顺利实现了有史以来的第一次民主大选。12 月，联合国维和部队开始从莫桑比克撤离。到 1995 年 1 月，撤离完毕。联莫行动所属派驻莫桑比克维和部队和警察于 1995 年 3 月底全部撤离。

近年，在莫桑比克受到军事冲突的影响或者莫桑比克国内出现动荡时，联合国都第一时间在国际上为莫桑比克呼吁人道主义援助。

第六章

社　　会

第一节　国民生活

随着1987年开始推行经济自由化以及后来实施规模宏大的私有化计划，莫桑比克经济快速发展，外国投资项目在马普托市随处可见，到处是拔地而起的建筑。但很明显，经济发展没有给莫桑比克人带来更多的幸福感，相反，宏观经济数据和城市发展与大多数莫桑比克人的贫困状况构成了截然不同的情境。

与此同时，长达12年的内战对卫生和教育事业造成的破坏，至今还未得到有效恢复。世界银行统计数据显示，营养不良发生率近20年来尽管有所降低，但仍高达30%左右。21世纪以来，莫桑比克政府制定和实施了扶贫战略。该战略的目标是通过增加农业产量和收入促进经济增长，进而改进卫生和教育状况，控制疟疾和艾滋病等疾病的传播，并改善基础设施。这也是解决贫困问题的关键。最近几年来，迅速提高国家的教育水平和改善卫生状况，是莫桑比克政府最主要的战略发展目标，这两项开支占政府财政预算的35%左右。

一　就业

据世界银行统计，2019年莫桑比克劳动力总数为1319.31万人，比上年增长了42.07万人；男性劳动力参与率为79.00%，比上年减少了0.08个百分点；女性劳动力参与率为77.28%，比上年减少了0.25个百分点。2019年莫桑比克15岁及以上人口就业率为75.57%，比上年减少了0.16个百分点；农业部门男性就业人员占比为80.17%，比上年增长了0.31个百分点；农业女性就业人员占比为59.67%，比上年减少了0.15个百分点。2010年以来莫桑比克15岁以上人口就业率始终保持较低水平且不断下降。2019年莫桑比克男性失业率为3.01%，比上年增长了0.03个百分点；女性失业率为3.45%，比上年减少了0.02个百分点；总失业率为3.24%，与上年持平。

二 工资

莫桑比克没有制定全国最低工资标准，但政府为每个经济部门设定了最低工资率。2017年，经政府、雇主和工会组成的劳动协商委员会谈判，莫桑比克政府宣布调整2017年度最低工资标准，具体标准见表6-1。

表6-1 2017年莫桑比克最低工资标准

单位：美元，%

行业	月最低工资标准	同比涨幅
农业和林业	56.86	10.40
工业和半工业化捕捞	72.05	20.97
湖泊捕捞业	59.02	12.00
采矿业	108.71	12.70
制造业	88.91	14.71
水电气行业	93.70	10.70
建筑业	84.87	11.25
非金融服务业	86.26	9.40
金融服务业	162.37	18.87
公务员	62.39	21.00

资料来源：https://www.minimum-wage.org/。

三 生活

按人均国民收入计算，莫桑比克是世界上最不发达的国家之一。但总体看，随着莫桑比克经济发展，人民生活水平也在逐步提高，各项生活指标进一步向好发展。

根据世界银行数据，截至 2014 年，莫桑比克全国处于贫困线以下的人口比例仍然超过 50%，但贫困人口比例在逐年下降。1996 年全国处于贫困线以下的人口比例为 82.0%，2002 年为 79.8%，2008 年为 69.7%，2014 年为 63.7%。

随着莫桑比克经济平稳增长和教育系统逐步完善，其人类发展指数也稳步提高。联合国发布的人类发展报告显示，莫桑比克 2001 年得分为 0.398，2002 年为 0.415，2003 年为 0.424，2017 年为 0.437，列 189 个国家中的第 180 位。相应地，人类发展指数构成各指标也有所提高。

人均预期寿命增加，婴儿死亡率逐年下降。世界银行统计，2017 年莫桑比克人均预期寿命 58.87 岁，其中女性 60.97 岁，男性 56.67 岁。与内战结束时的 1992 年相比，分别增加了 15.12 岁、15.6 岁、14.64 岁；与独立时的 1972 年相比，分别增加了 18.66 岁、19.18 岁、12.92 岁。2017 年每 1000 名婴儿死亡人数为 53.3 名，而在 2000 年，这一数据为 113.3 名，内战结束前的 1990 年这一数据超过 150 名。

食品开支是家庭生活的主要开支，莫桑比克人均生活支出费用每天不足 1 美元。莫桑比克的恩格尔系数超过 40。2016 年莫桑比克储蓄率约为 20%。与莫桑比克劳动者收入相比，莫桑比克生活支出相对较高，充分说明了莫桑比克经济发展的不平衡。

莫桑比克日常食用的农产品主要有谷物类、块茎类、绿叶菜、豆类、花生，其中木薯、玉米、谷子、高粱和大米是最主要的食物。不同地区人们的消费需求有所差异。在莫桑比克北部的楠普拉、德尔加杜角、尼亚萨以及赞比西亚，木薯消费量最大，其次是玉米、高粱和谷子。在中部和南部地区，玉米消费量最大。但在马普托等大城市，则以玉米和大米消费为主。肉类及肉产品消费很少，多数人只有在节日和传统的大型活动中才食用。在沿海地区，鱼类及各种海鲜也是饮食的重要组成部分。

莫桑比克民用水按基数累进计算，一般为每立方米 14.6 ~ 28.5 梅蒂卡尔；民用电同样也是按基数累进计算，一般为每度电 2.27 ~ 3.36 梅蒂卡尔；每标准小罐液化天然气（15 升）的价格为 725 梅蒂卡尔。

第二节 医疗卫生

一 独立后医疗系统的改善

1973 年全国共有 550 名医生，到 1975 年独立时，85% 的医生离开了莫桑比克。独立后的莫桑比克的医疗事业遭受了异常严重的破坏。1975 年独立以后 1 个月，莫桑比克政府开始对医疗卫生部门实施国有化改造，将当时所有医疗设施建设成统一的医疗系统，其主要目标是为全民提供基本医疗保健服务。此后，全国的医疗系统提供免费医疗服务。

在计划经济体制实施的最初几年里，国家医疗卫生服务局下拨给医疗机构的医疗卫生开支不断增加，这促进了城镇周边农村地区医疗网络和基本医疗保健服务的发展。莫桑比克政府通过培养新型的基本医疗保健服务人员和加速该领域的职业培训，医疗工作者人数增长很快。莫桑比克政府还实施了新的极为成功的医疗政策，在全国范围内，广泛的一体化基本医疗服务不断扩大。

莫桑比克独立后不久，通过联合国儿童基金会和联合国开发计划署的资金和技术支持，开始实施“预防医治运动”，在北方的德尔加杜角省、尼亚萨省和太特省实施了预防麻疹和天花项目。尽管当时面临交通不便、农村人口分布过于分散，并不断遭受南罗得西亚军事威胁等重重困难，但到 1979 年，全国 90% 以上的人口接种了预防麻疹、破伤风和天花等传染疾病的疫苗。

近年来，莫桑比克积极采取措施降低疟疾和肺结核死亡率，控制艾滋病传播。霍乱和疟疾等主要传染病发病率持续降低。2014 年，莫肺结核病死亡率为 0.127%。2015 年莫疟疾病例由 2014 年的 93885 例下降至 85785 例，因疟疾死亡人数由 3245 人减少至 2465 人，下降 24%。2015 年莫艾滋病感染率为 13.2%，是全球艾滋病感染率最高的十个国家之一。2019 年，莫共有 220 万名艾滋病毒携带者，其中接受逆转录治疗患者人数超过 100 万。5～49 岁人口中艾滋病毒携带者占 13.2%。2016 年，莫全国 140 万人粮食安全受到威胁，43% 的儿童营养不良。联合国发布的《2020 年人类发展报告》显示，2019 年莫桑比克人类发展指数为 0.456，在 189 个国家中列第 181 位。

二 国际医疗援助

在 20 世纪 80 年代中期到 1992 年社会、政治和经济危机重重的年代，许多国际组织开始在莫桑比克国内开展活动。医疗卫生部门也得到了欧盟和联合国难民事务高级专员公署等的大力援助，但这些国际援助大多缺乏协调合作，受援医疗部门的服务效率低下。另外，长期内战使全国大多数的医疗卫生部门陷于瘫痪状态，拉大了城乡间的差距。内战结束前，国家虽增加了对医疗卫生领域的投入，但只能惠及城镇和重兵把守的有限区域，导致城乡差距进一步扩大。由于不同捐助机构扶持了各自的项目或捐助机构部分参与了扶助项目的管理，各地区医疗服务的状况产生了明显的差异。到 90 年代初，卫生部明显感觉到无力为全国所有地区提供医疗服务，遂鼓励一些大型的援助机构选择某些省份进行对口援助，以便它们能够集中主要的财政资源和专业人员。在这种特定的情况下，这些选择了某些对口省份进行医疗援助的国际机构成了实际的权力部门，这种情况又加剧了莫桑比克医疗系统混乱的局面。这样，莫桑比克卫生部陷入只负责应急管理的尴尬境地。

尽管如此，国际援助还是增强了莫桑比克医疗队伍的实力。例如，截至 2019 年底，中国已累计向莫桑比克、圣多美和普林西比等受援国医院派遣 22 批援外医疗队 44 名医务人员，使 3070.4 万受援国居民得到了无偿医疗援助。仅 2019 年，华西医院援非医疗队接待门诊患者 12991 人次，开展手术 1725 例，抢救危重病人 161 人次，培训医务人才 1207 人次，填补受援医院技术空白 9 项，获得当地国家电视台和国内等多家媒体报道 30 余次。这些大大提高了莫桑比克的医疗水平。

三 1994 年以来医疗事业的重建与发展

内战结束后，在世界卫生组织和世界银行的支持下，卫生部进行了大幅度的整顿和调动，医疗卫生系统得到了更新和发展，建立并充实了现有的信息数据库，对医疗卫生政策进行改革，实施了更为有效的决策，制定了内战后重建计划行动草案等，强调平等、廉价供应和可持续性，解决人力资源培训和吸引全球资助的问题。在此后的10～20年，公共医疗方面的支出每年增加4.5%。改进农村地区的医疗服务被列为重点工作项目。农村地区医院的医护人员接受了基本手术和麻醉方面的专业培训。1994～1996年，医疗服务覆盖区域持续扩大，在医疗服务总量方面增加了20%，城镇周边的农村地区的医疗服务数量增加了3倍。1995年，全国医疗部门的工作人员总数已达18000人。在内战结束5年以后，世界卫生组织的报告表明，莫桑比克政府在农村地区改善医疗卫生事业方面取得了明显成效，尤其是在医护人员接受过额外培训的医院，孕妇的孕产死亡率明显下降。由世界银行、非洲开发银行和伊斯兰开发银行等国际机构提供的巨额贷款得到卫生部的有效管理。此外，莫桑比克医疗部门还获得了来自瑞士、丹麦和芬兰等国家的大量捐助。

全国的公共医疗卫生服务系统由4个层次的医疗部门构成。这4个层次的医疗部门从下往上分别是医疗站和医疗中心、农村医院和城镇普通医院、省医院、中央医院和专门医院。这些医院的职能和服务范围实际在很大程度上相互重叠。医疗站和医疗中心可以提供预防性和治疗性的服务，医疗中心还设有妇产病房和住院病房。农村医院和城镇普通医院是第二层次的医院，可以接纳来自其他医疗机构的转诊病人。这些医院可以提供较医疗站和医疗中心更为高级的服务，例如可以提供24小时的医疗服务，而且备有X光透视设备，但大多数只能做简单的手术。属于第三层次的省医院全国只有7家，位于各省的首府。属于第四层次的规模更大的中央医院位于楠普拉省、索法拉省和马普托省。

莫桑比克卫生部门数据显示，2016年全国共有58家医院、1233个医疗中心和156个卫生站，2.1万个床位，3.5万名医护人员，其中高级医生2400人。而2004年，莫桑比克全国共有12所中心医院，707个医疗中心和479个卫生所，17000多个床位。全国共有2.2万名医务人员，其中本国医生569人，还有来自古巴、俄罗斯和中国等的外国医生。可以看出，莫桑比克医疗水平在过去10年里取得了一定进展。

莫桑比克医疗设备、药品等主要靠外国援助，在公立医院住院治疗、门诊基本药品和接种疫苗均免费，但药品奇缺，人满为患。经济条件较好的人一般在私人诊所看病，或到南非等国就医。医疗保险规模小，少数企业为职工买保险，但索赔费时耗力，很难兑现。多个国际机构在莫桑比克协助开展防疫工作，主要针对的疾病包括麻疹、结核病、小儿麻痹等。据世界卫生组织统计，2006年莫桑比克卫生总支出占国内生产总值的4.7%，人均卫生总支出为56美元（按购买力平价）。到2016年，这两个数字分别达到7%、79美元。

据统计，2005~2015年，莫桑比克每1万名居民中有熟练的卫生专业人员4.6人，而且分布严重不均。2015~2016年熟练分娩卫生人员比例仅为54%，5岁以下儿童发育迟缓率为43.1%。2015年15~49岁新艾滋病毒感染率为7.07‰，5岁以下死亡率和新生儿死亡率为18.5‰，孕妇死亡率为每10万人死亡489人。

为了预防和控制热带传染疾病的传播，莫桑比克政府要求从黄热病发病区前来访问的人士必须提供黄热病防疫证明。国外游客在进入莫桑比克以前，最好进行预防霍乱、甲肝、乙肝、伤寒、小儿麻痹症和破伤风的免疫接种。

第三节 环境保护

一 环境问题

目前，莫桑比克的环境保护面临诸多挑战，如森林过度砍伐、自然栖息地遭到破坏、人类与野生动物的冲突等。

人类生计活动，例如向农业开放的土地，通常与火灾、木炭生产和手工渔业有关，可视为自然生态系统直接丧失和退化的主要原因。

森林过度砍伐是莫桑比克主要的环境破坏问题。世界银行数据显示，1990年至2020年，莫桑比克森林覆盖率一直处于下降趋势，由1990年

的55.2%降至2020年的46.7%。森林过度砍伐导致莫桑比克每年损失45000~120000公顷森林。莫桑比克是2010~2020年全球森林年均净损失面积最大的十个国家之一，其余九国分别为巴西、刚果（金）、印度尼西亚、安哥拉、坦桑尼亚、巴拉圭、缅甸、柬埔寨、玻利维亚。

另一个不可忽视的问题是生计活动对于自然栖息地的破坏。据世界银行统计，2020年，莫桑比克农村人口占总人口的66.6%，这意味着大多数人口仍然居住在农村地区，依靠木材做饭、烧水、取暖等，这种对树木的依赖和对于生活空间的需求破坏了自然栖息地，越来越多的树木遭到砍伐。

此外，随着自然栖息地受到挤压，人类和野生动物的冲突凸显。自然环境的破坏使得人类和野生动物共享的生存空间越来越小，在赞比西河三角洲及其周围地区，鳄鱼和河马越来越多地与人类面对面，人类的偷猎和非法活动使得这些动物处于危险之中。在一些地方，资源利用导致当地鱼类和其他资源的收获量减少，长此以往，会加剧当地人的贫困。

随着工业化和城市化的发展，莫桑比克的污染加重。为保证莫桑比克的可持续发展，这些环境问题亟待解决。

二 环境保护措施

莫桑比克生态环境受损严重，环境保护越来越受到莫政府的重视。独立战争期间，莫桑比克环境保护仅限于最基本的森林和野生动物管理以及海岸保护等，未开展任何部门间的合作。20世纪80年代，莫桑比克国家计划署成立环境管理部门，开始系统地考虑环境问题。1992年，莫桑比克国家环境事务委员会成立，其职责是提高环境保护水平，保护和合理利用自然资源，并且在国家发展计划中制定环境发展政策。1994年，莫桑比克环境事务部成立，负责处理环境事务。1997年，政府颁布环境基本法，标志着莫桑比克在环境管理上迈出了重要一步。虽然没有专门明确军队在环保中的职责，但莫桑比克国防部在该领域承担了重要的任务。

莫桑比克环境管理部门及相关机构设置比较齐全，法律法规相对健全。环境管理部门的主要职责是负责环保立法，检查、监督和评估环保法律法规的执行情况，并按照环保法律法规进行司法监督等。莫桑比克环保法律法规主要有《环境法》《关于环境评估的程序实施细则》《关于环保审计程序相关的实施细则》《关于环境质量和排放物的标准实施细则》《关于医用生物垃圾的管理实施细则》《关于采矿业环境实施细则》《关于农药实施细则》《关于用于人类饮水质量的实施细则》《森林和野生动物法》《森林和野生动物法的实施细则》《在海外省的水、海滩和海岸污染的防治措施》《禁止对水下的珊瑚装饰鱼的采集、买卖、运输、调制、加工、存储、出口、交易》等。

莫桑比克政府积极与国际组织开展多方位合作。主要有如下几方面：对投资项目制定环境保护特别许可制度；提高效能，减少对经济、财产、历史文化和生态价值等的高消耗，提高对灾区救援的能力和成效；在与土壤侵蚀、沙漠化、火灾的斗争中，提高安置难民的能力；参与国家法律认可的国际环境会议，禁用限用有害物质，禁止使用地雷，禁止使用大规模杀伤性武器；等等。

第七章

文　化

第一节　教育

莫桑比克政府管理教育的部门有两个：教育和人力资源发展部以及科技、高等教育和职业教育部。教育和人力资源发展部主管初等教育（包括基础教育和中等教育），科技、高等教育和职业教育部于 1999 年设立，专门管理高等教育、职业教育及科研工作。

1983 年莫桑比克改革教育制度，分为普通教育、成人扫盲教育、职业技术教育、教师培训和高等教育。小学实行义务教育，为 7 年制。1990 年再度实行教育制度改革，鼓励社会团体和私人办学。1995 年 8 月，政府通过决议，确定了新的教育方针，确保越来越多的公民受到教育，提高各级和各类教育服务质量。政府的目标十分明确：逐步扫除文盲，特别是降低女童的失学率；进行课程改革和教师培训，提高教学质量；加强教育部门的行政管理；逐步建立义务教育制度，确保全体公民接受基础教育，为国家经济和社会发展培养人才。

从世界银行发布的数据来看，2008 年以来，莫桑比克的小学入学率都在 100% 以上，其中小学官方入学年龄人口的入学率均在 88% 以上，基本实现了基础教育全覆盖。中学入学率在 40% 以下，即一半以上适龄学生无法接受中学教育。截至 2018 年，大学入学率最高为 7.313%，能够接受高等教育的学生可谓少之又少（见表 7－1）。

表 7－1　2008～2018 年莫桑比克各阶段入学率

单位：%

	2008 年	2009 年	2010 年	2011 年	2012 年	2013 年
小学入学率	112.052	111.905	112.533	108.220	106.902	107.855
中学入学率	20.570	23.244	25.226	25.997	25.507	34.901
大学入学率	3.586	3.887	4.662	4.944	5.227	5.596

	2014 年	2015 年	2016 年	2017 年	2018 年
小学入学率	107.598	108.629	108.647	107.813	112.605
中学入学率	33.379	33.569	—	35.407	—
大学入学率	6.216	6.659	7.244	7.123	7.313

资料来源：世界银行。

一　基础教育

独立后，莫桑比克政府极为重视教育事业，强调发展教育事业。莫桑比克政府在全国各地组织多种宣传运动，努力动员所有适龄儿童到学校上学。全国致力推行的一种观念是：所有的孩子都有权利和义务到学校接受教育。当时，女童的入学问题引起了全社会的重视，因为按照传统，女童不得接受学校教育，而要在家中参加劳动，直到出嫁。

根据 1975 年的有关法令，莫桑比克政府对私有学校和教会学校实施国有化，全部教育设施由政府统一管理。全国实行统一的全日制教育制度，推行全民小学义务教育。在义务教育阶段，一切学杂费全免。1983 年实行教育制度改革，小学实行义务教育，学制为 7 年，从 7 岁到 14 岁，分两个阶段，第一阶段为 5 年，第二阶段为 2 年；中学学制为 5 年，从 14 岁到 19 岁，也分为两个阶段，第一阶段为 3 年，第二阶段为 2 年。完全中学的学生只有在合格毕业之后，才能进入高等院校学习。然而，十几年的内战不仅造成民不聊生，而且使国家对教育的支出急剧减少，教育受到极严重的破坏。1980～1986 年，教育方面的经常项目预算占全国经常项目总预算的 17%～19%。但在 1987 年实行经济结构调整以后，这个比例骤降到 9%，这使教师的工资陡然下降了约 50%。大幅度削减教育商品和服务也对教育质量产生了明显的消极影响。

1990 年，莫桑比克颁行了新宪法。根据该宪法，接受教育是每个公民的权利和义务。全国所有的公民接受各种教育和各级教育的机会是平等的。根据这个宪法，莫桑比克实行教育制度改革，鼓励社会团体、宗教团体、合资团体、企业和私人参与办学。莫桑比克政府推行的教育政策是确保越来越多的学生能够接受学校教育，并改进各阶段教育的教育质量。政府在教育领域的目标是随着社会经济的发展和进步，逐步实施义务教育，降低文盲率，并向所有公民提供基础教育，为国家的社会经济发展培养急需的干部力量。部长会议根据国家社会经济发展的实际情况确定实施义务教育的地区。

1992 年内战结束后，莫桑比克政府更加重视教育事业，确定的核心任务之一就是修复全国各地的学校，恢复教学秩序，提高学生的入学比例。在国际社会资助和本国民众的支持下，莫桑比克确立了新的教育方针和政策，制定了多个教育发展战略行动计划，教育事业得到较快发展。根据莫桑比克教育部及世界银行数据，1990 年，莫桑比克教育部门得到的政府教育经费和所有的国外援助的经费总额为 11.34 亿美元，教育经费支出占政府总支出的 12%。2013 年，莫桑比克议会批准的教育预算支出占国家预算支出的 18.97%，占国内生产总值的 6.48%。2014 年，莫初等教育第一阶段（1～5 年级）共有教师 76572 名，较 2010 年增加 13%，共有学校 11742 所，学生 4857259 名；初等教育第二阶段（6～9 年级）共有学校 5086 所，较 2010 年增加 40%。根据世界银行数据，2017 年初等教育教师 117065 名，与 1992 年相比增加了 420.89%，其中女性教师占 45.3%，与 1992 年相比提高了 22.5 个百分点。经过培训的初等教育教师占总教师数的 97.19%。2017 年，初等教育在校学生 6107283 名，与 1992 年相比增加了 409.16%。初等教育失学率 12.46%，比 1992 年降低了 45.79 个百分点，其中女童失学率 13.77%，比 1992 年降低了 49.59 个百分点。据估算，2016 学年，莫共有 640 万名在读学生、14 万名教师和 1.2 万所学校。

目前莫桑比克教育事业面临着一系列问题，其中之一就是全国只有

1.2%的人口将葡萄牙语作为自己的母语，而大多数莫桑比克居民只会讲自己的班图语言。但由于国内各族体之间没有通用的语言，葡萄牙语成为所有学校的教学语言。这可能是导致高复读率和高辍学率的最主要原因。

二　高等教育

在莫桑比克，完成12年级基础教育的学生或具有同等学力的学生，有资格进入大学或学院接受高等教育。国家为低收入家庭的学生提供奖学金和其他形式的资助，没有名额限制。在私立大学接受高等教育的学生也可以申请这一奖学金。在学制安排上，一般经过5~6年的学习可获得准硕士学位，而少数的学科经过3年学习可获得学士学位。

在1995年以前，全国只有蒙德拉纳大学、师范大学和高等国际关系学院3所国立高校。在内战期间，高校招生人数极为有限。在1992年签署和平总协议之后，蒙德拉纳大学仍然一直是全国高等教育的主要学校，每年招生人数占全国高校招生人数的75%，其中25%为女生。

但自20世纪90年代后期以来，莫桑比克的高等教育体制开始发生变化，招生规模不断扩大，高等教育获得长足发展。1999年，全国高校在校生总人数增加到11619人。与此同时，公立大学的申请入学人数仍然是招生名额的5倍。到2000年底，莫桑比克共有高校10所，其中5所为国立大学，另外的5所为私立大学。2005年，莫全国共有高等院校16所，在校生人数为2.8万人。到2016年，莫高等院校发展到38所，教师3150人，在校学生总数约8.5万人。高等教育入学率由1992年的0.37%提高到2017年的7.12%，其中男生入学率由1992年的0.57%提高到2017年的7.66%，女生入学率由1992年的0.19%提高到2017年的6.21%。大学开设的学科包括技术科学、医药—兽医学、教育学、自然科学、社会与人文科学、经济学、建筑学、环境规划学与农业科学等。

莫桑比克政府十分重视农业高等教育，特意建立两所农业大学。希莫尤农业学校1975年独立后立即建立，位于马尼卡省；博阿尼农业学校1986年建立，位于马普托省博阿尼。这两个公立学校提供3年制课程。其中希莫尤农业学校提供3门课程供选择，即农业和畜牧业、林业和野生动物。2010年，希莫尤农业学校注册学生196人，其中农业和畜牧业95人，林业87人，野生动物14人；当年毕业获得专业证书的82人，其中农业和畜牧业49人，林业20人，野生动物13人。这些学校培养了大批中等水平专业技术人员。此外还有莫桑比克天主教大学和穆萨奥比克大学两个设立农艺学院的私立大学，都是培养大学本科生。莫桑比克天主教大学建立于1999年，位于索法拉省首府贝拉市，在尼亚萨省库安巴区设立农艺学院，于2008年开始提供研究生学位课程；穆萨奥比克大学2001建立，位于楠普拉省。

为了推动本国高教科技事业的发展，科技、高等教育和职业教育部积极开展国际合作，同多个国际机构建立了合作关系，如美国福特基金会、澳大利亚国际开发署和荷兰的相关机构等。

2011年，莫桑比克政府制定了未来10年的高等教育战略规划，目的是提高高校的入学率和教学质量，促进高等教育的可持续发展。该规划主要包括重视质量、扩大规模、增加融资、加快基础设施建设、加强管理和监督、加速国际化和区域一体化等内容，特别是要求重视师资力量的培养，加大基础设施建设和科研投入。为了保证战略规划的实施，莫桑比克高等院校的师资队伍中至少应有50%的人具有硕士学位，25%的人具有博士学位。

目前，莫桑比克发展高等教育面临不少问题。由于高等教育机构极为有限，入学竞争十分激烈，申请入学的人数远远超过全国大学的招生能力。根据英国经济学家情报所的数据，“蒙德拉纳大学每年的毕业生只占在校学生总数的20%”。由于教育资金投入有限，对外教育交流缺乏后劲，出国深造的大学毕业生很少能得到莫桑比克政府提供的奖学金，每年大约有20个名额，葡萄牙为接受莫桑比克留学人员的主要国家。

此外，大学教育与劳动力市场的需求之间存在差距。莫桑比克当地的雇主反映，本国大学培养的毕业生的学术水平不如同等学力的国外毕业生。

三　职业技术教育

莫桑比克政府一贯重视职业技术教育。职业技术教育的目标是为社会经济的发展培养有技术能力的劳动者。自独立开始，莫桑比克政府更新了职业技术教育设施，并扩大了职业教育的范围。莫桑比克的专业技术教育分为不同的类型，分设三个级别。第一级别属于初级的职业技术教育。教授基本的职业技术，如木工等，为期 3 年。完成小学教育的学生进入这类手工业学校。第二级别为中等的职业技术教育。学生在完成中学阶段前 3 年的教育之后，接受 2 年的职业技术教育。该级别的职业教育教授有关农业、机械和电器工程等专业技术知识，直接为劳动力市场培养毕业生。全国有两所这种级别的职业技术学校，分别为马普托工业学院和贝拉工业学院。这两所学院每年各自的毕业学生不超过 400 人。第三级别技术教育是在学生完成 5 年的中学教育之后，进入高级的技术学校，包括职业技术师范学校、高级专业技术学校或技术学院学习。该级别的技术教育教授农业和化学等专业技术知识。1979 年建立在马普托郊区的马普托技术学院，就是一所高级技术学院。位于楠普拉的工业技术师专则是专门培养职业技术教育师资的学校。此外，贝拉、太特等城市也设有中等专业技术学校或技术学院，培养高一级的职业技术人才。总之，这三个级别的职业技术教育提供的课程主要包括三个领域：工业、商业和农业。在通过所有的职业技术课程以后，学生可以获得毕业证书，等同于基础教育的毕业证书。

在独立后最初的一段时期内，全国的职业技术教育取得了进步。1983 年，全国有职业技术学校 23 所，在校学生 1.45 万人。但当时的多数技校主要为农业培养技术人才，1975～1982 年农业技术人员增加了 7 倍。1983 年，在职业技术学校学习的学生（包括在国外进修的）人数约 3.3 万人，约占全国 15～24 岁青年人数的 1.4%。

内战导致职业技术教育受到了极大的破坏，学校的学习和工作条件不完善，图书馆和实验室稀缺。现如今，莫桑比克国内建立了一系列的职业技术培训学院，帮助公司招募雇员，并加速进行职业培训。在职业培训中，没有特别的部门重点，培训活动主要围绕市场的需求进行。从应用市场来看，莫桑比克劳动力市场需要建筑、机械和中层管理方面的人才。对此政府开始推行在职培训，培训费用从应税利润中全额扣除，但不得超过公司应税利润额的 5%。

在农业技术培训和教育方面，分公立和私立两部分。爱德华多·蒙德拉纳大学作为公立学校的代表，其兽医科学系1964年建立，是莫桑比克唯一的兽医系。2000年至2010年，每年毕业生不超过30人，入校生2010年最多，为60人，同年毕业20人。农学和林学系1963年建立，2001年前主要培养大学本科生，2001年之后可以培养农业发展、农业经济及自然资源管理专业的硕士研究生。2011年，有98名学生注册学习研究生课程。卢里奥大学（Lúrio University）的农业科学学院位于尼亚萨省，可以提供林业、农村发展和畜牧业专业学位。加扎工艺专科学院2006年建立，位于加扎省绍奎，培养职业技术人才。马尼卡工艺专科学院2006年建立，位于马尼卡省首府希莫尤市，培养职业类型的学生。

根据中国驻莫桑比克大使馆经济商务处网站资料，莫桑比克职业教育改革委员会（COREP）执行主席2008年6月宣布重建全国25所技术专业学校的职业教育改革计划（PIREP），其中11所学校由世界银行和荷兰政府出资1960万美元（建设费用1300万美元，设备更新660万美元），葡萄牙和西班牙为5所学校出资，意大利、加拿大和非洲开发银行支持其他9所学校。职业教育改革计划包括设定国家职业技术水平框架、增设职业技术课程、重建学校、培训专业教师、提高学校管理水平等。目前课程包括行政管理、农耕和农产品加工、饭店和旅游等。政府的鼓励扶持政策，促进了职业教育的恢复与发展。到2016年，全国技术学校已经发展到95所，教师2233人，在校生达到3.5万人。另外，世界银行数据显示，2017年中学教育中接受职业教育的学生112327人，是1992年的8.13倍，其中接受职业教育的女生比例为32.62%，比1992年提高4.26个百分点。

四 师资培训

莫桑比克独立以后开始重视师资建设，不少莫桑比克青年被派往国外进修师范专业。2017年受过高等教育培训的教师占教师总数的95.05%，比2006年提高14.07个百分点。

莫桑比克的师资培训分三个层次。第一个层次是初级水平的师资培训，培养小学第一阶段教育的师资。进入这一级别师资培训的条件是获得相当于7年级毕业的合格证书。第二层次是中级水平的师资培训。这是为小学第二阶段教育培训师资，也为职业技术教育培养教师。接受这种师资培训的条件是已经获得10年级教育的证书，或具有同等学力水平。第三个层次是高级师资培训。这个层次可以培训各种层次的师资，但接受该层次培训的人必须拥有相当于基础教育12年级的合格证。

莫桑比克重视远程教育在师资培训中的作用。莫桑比克教育部认为，莫桑比克如果设立教育电视台，也要优先侧重于教师培训。为了解决全国大多数教师缺乏足够的培训的问题，教育部专门设立了专业教师培训所，并制订了教师进修计划。

莫桑比克高等师范大学是莫桑比克三所公立大学之一，主要是为本国提供不同层次的师范教育与教师培训。随着学校近几年的发展，莫桑比克高等师范大学致力于拓展教育和科研领域，其中包括能源、农业、信息技术以及工业设计等领域。

五　其他教育

扫盲教育是莫桑比克独立以来在教育战线取得成效最为显著的领域。莫桑比克独立初期，相关部门就指出，发展初等教育事业有赖于社会积极参与、实施切实可行的扫盲计划以及地方政府认真贯彻落实。因此，扫盲运动成为莫桑比克独立以后教育政策的一项主要内容。

识字班是该政策的重要组成部分。在完成了3年的课程之后，参加识字班的学生所达到的水平相当于基础教育小学5年级的水平。参加识字班的人数在1980年达到历史最高纪录，超过了41.5万人，但此后人数逐年下降，到1989年减少到4.6万人，1995年减少到2.7万人。人数的大量减少主要是因为内战的影响、过于正规的学制计划和将葡萄牙语作为教学语言。

莫桑比克政府的教育战略方针是尽快降低文盲率。教育部将工作的优先选择重点放在改进农村地区的小学教育和妇女教育方面，因为妇女教育对社会发展具有巨大影响。除了扫盲活动以外，莫桑比克还开展了其他类型的成人教育活动。2011 年，50 万名 15 岁及以上的文盲接受了扫盲教育，其中女性占 66.5%。到 2015 年，全国 15 岁及以上成年识字率为 56.04%，其中男性为 70.76%，女性为 43.06%，与 2003 年相比分别提高了 7.88 个百分点、5.18 个百分点、9.87 个百分点。到 2016 年全国开设了 2540 个成年教育（扫盲）中心，有学生 30 万人。

在特殊教育方面，莫桑比克积极采取措施，为国内的残障人员提供受教育的机会。到 20 世纪 90 年代中期，莫桑比克全国共有 4 所特殊教育学校，1 所是盲人学校，1 所是聋哑人学校，2 所是心智障碍者学校。为了进行扫盲教育，莫桑比克政府制定了《2010～2015 年成人文化教育战略规划》，计划每年对 100 万名成年人进行扫盲教育。

此外，有关部门和机构还开展了远程教育活动。莫桑比克到 90 年代中期一直没有教育电视台。但在高等工艺学院与大学内部，克林特无线广播电视公司为高等教育设立了一个电视教程。远程教育目前是蒙德拉纳大学和克林特广播电视台（RTK）与南非的比勒陀利亚的科学与工业研究委员会及肯尼亚的非洲电信基金会进行合作的一个课题。

进入 90 年代以后，政府鼓励私立教育事业的发展和壮大，尤其是在公立学校教育鞭长莫及的地区更是鼓励建立私立学校。目前，私营部门已成为莫桑比克国内兴办职业教育不可或缺的一股力量，并在一定程度上发挥作用。2016 年，私立中小学数量占所有中小学数量的 3.5%。在初始阶段，在私立学校就读学生的占比非常低，只有 1.5%。而 2011～2016 年，私立小学的学生人数增长了 66%。到 2016 年，私立中学占全国中学数量的 10.53%。私立学校也分为几种形式，通常属于宗教团体的社区学校，且在政府支付教师工资和一些费用的情况下，只能收取较低的费用（约 70 美元）。私立国际学校，小学教育每年收费约 2220 美元，中等教育每年 2425 美元至 2650 美元。这意味着私立学校费用超出了大多数人的承受范围。

第二节 科学技术

独立以后，科学技术发展落后的状况严重阻碍了莫桑比克社会经济的恢复和发展。莫桑比克政府努力促进科学技术发展，但旷日持久的内战破坏了国家整体的社会经济发展进程，科学技术发展远远落后于世界的局面不但没有改观，反而更为严重。为此，2000 年莫桑比克新设了科技、高等教育和职业教育部，以大力发展科学技术事业。2010 年莫桑比克科技、高等教育和职业教育部实施“高等教育科技”项目，以提升国家科研能力，旨在使国家战略经济部门取得相关研究成果。项目计划从 2010 年实施至 2015 年，后延期至 2018 年，项目预期基本实现。2014 年，取得数学、科学和工程硕士学位的人数增长至 20%，至少 75% 的获批研究项目达到预期成果。截至 2018 年，莫桑比克已经建立了国家科学院和科学委员会，独立的学术部门开始在国家科学创新方面发挥先导性作用。有大约 6500 名中学生在 112 位老师和 30 位师范大学导师的指导下参加基础科学相关的课外活动。水、农业、能源、民族植物学和健康科学委员会成功设立旗舰课程，科学委员会还负责监督硕士生的辅导、海外短期培训专家的选择以及莫桑比克各省的研究项目的协调。

莫桑比克的高等教育为科学技术的发展奠定了基础，科学技术门类比较齐全。以蒙德拉纳大学为例，其下属的各学院设置了社会科学以及多种自然科学与技术学科：农学与林业工程学院设有农业经济工程学、林业工程学，科学学院设有生物学、物理学、地质学、计算机科学和化学，法学院设有人权法学，经济学院设有经济学和管理学，工程学院设有土木工程学、电子技术工程学、机械工程学、化学工程学，医学院设有医学，兽医学院设有兽医学，人文学院设有地理学、历史学和语言学，建筑与人文环境规划学院设有建筑学。另外，社会科学规划与研究部设有各种社会科学课程。

莫桑比克农业科学研究院（IIAM）是莫桑比克最主要的农业研发机构，占国家农业投入以及人力资源总数的 2/3。2005 年，由三个研究所

（国家农业研究所、国家兽医研究所、国家动物生产研究所）、一个林业实验中心和一个农业培训中心整合为莫桑比克农业科学院。农科院由一个总部、四个技术部和四个区域研究中心（分别位于莫桑比克的北部、南部、东北、西北）组成。农科院主要负责农业研究计划协调、实施和评估，并与地方公共部门和私有部门、国际农业研究机构包括国际农业研究咨询组开展合作。农科院经费主要来源于农业部，部分来源于一些具体研究项目的双边合作伙伴。研究范围非常广泛，包含玉米、木薯、大米、豆类、蔬菜、主要热带水果、农业灌溉及管理、土壤及管理、牲畜、兽医以及与林业有关的内容。

莫桑比克渔业研究所（IIP）是渔业产业最重要的研究机构，隶属渔业部。主要从事渔业相关技术、水生环境以及水产养殖研究。研究所本身没有研究船。但是与水产捕捞业合作，并与挪威、葡萄牙等国家合作开展了海底及海洋学研究。据统计，渔业研究所研究人员由 2004 年的 29 人增加到 2008 年的 61 人，增长了 2 倍，占全国农业研究人员的 23%。2014 年，莫方代表团访问了中国自然资源部第二海洋研究所。2016 年，莫桑比克渔业研究所与中国自然资源部第二海洋研究所签署合作协议。双方对今后合作重点进行了详细讨论，在建立海洋环境水文和海洋地球物理观测站、开展莫桑比克海峡 ARGO 数值模拟研究等方面取得了重大进展。

除此之外，还有一些以商业为目的的研究机构。包括国家蔗糖研究院、国家腰果研究院、国家棉花研究院。2008 年，每 100 美元农业产出中，农业研发投入为 0.41 美元，而 2004 年为 0.55 美元，这意味着农业研发支出没有与农业总产值增长保持一致。2015 年每 100 万人中有研发人员 25 人。

马普托市的科学研究所创建于 1955 年，内设生物学、地理学和地质学等几个研究室。马普托市建有一座天文气象观测台，始建于 1907 年。莫桑比克其他重要的科研机构还有 1930 年建立的地质矿业服务站、1955 年建立的保险研究所。

总的来讲，莫桑比克的自然科学技术学科远比社会人文科学学科齐全和发达。莫桑比克的社会人文科学研究大体上还处于起步阶段。社会人文研究的机构也不多，主要有非洲研究中心、莫桑比克语言研究中心、莫桑比克历史档案馆、文化遗产档案馆和国家教育发展研究所等。

国家级机构与省级机构和国际机构之间的合作继续起着重要的作用。农业方面与国际机构合作的主要有国际农业研究咨询组、国际马铃薯中心、国际畜牧研究所、国际热带农业中心、国际玉米和小麦改良中心、国际半干旱热带农作物研究院、国际热带农业研究所、干旱地区国际农业研究中心、国际粮食政策研究所，其他还有荷兰皇家热带研究所、农学能力建设区域性大学论坛、南部非洲块根作物研究网、密歇根大学等。莫桑比克也签署了南印度洋渔业协定，进行渔业资源管理。

第三节　文学和艺术

在经历了长达几十年的独立战争和内战之后，莫桑比克的文学和艺术得到了空前的发展。在赢得独立以后，如何在继承传统文化艺术遗产的基础上建立和发展全新的民族文化艺术，成为新生的莫桑比克面临的紧迫问题。因而，回顾遭受殖民政府残酷压榨的莫桑比克历史、吸收和推广不同的进步文化成分以及向所有莫桑比克民众灌输诞生于解放区的革命价值观，成为当时莫桑比克制定文化政策的指导原则。莫桑比克首任总统萨莫拉对创建新型的莫桑比克文化艺术非常重视。他指出，要“让艺术设法将旧的形式同新的内容结合起来，然后创立一种新的模式。让绘画、文学作品、戏剧和艺术手工艺品等新型艺术形式与传统的文化、舞蹈、雕刻和歌谣融合为一。让一些艺术家的艺术创作成为全国从南到北的所有人——男人和女人、青年人和老年人——的艺术创作，这样，全新的革命性的莫桑比克文化就会在所有人身上孕育而生”。

一　诗歌

诗人皮·迪·诺罗尼亚创作的诗歌《希古波》（*Xigubo*）以优美的语言歌颂了莫桑比克人的斗争传统、悠久的历史文化，向殖民主义统治集团发出了严厉的警告："这块土地上的人们再次跳起了战斗之舞。"正是在他发出这一警告的6年之后，莫桑比克爆发了争取民族解放的独立战争。由于他对莫桑比克人民的热爱和歌颂，以及对殖民地统治体制的无情批判的做法，葡萄牙殖民政府将他打入监狱。现在，他被看作莫桑比克最杰出的诗人，他的作品在世界上广为流传，其代表作是《未来公民的诗》。他是政治活动家，在独立以前一直揭露和批判殖民统治，在独立以后也对莫桑比克政府提出了尖锐批评。20世纪40年代，莫桑比克另两位著名诗人是莫·杜代·桑图什和路易·诺噶尔（Rui Nogar）。另外，路易·德·诺罗尼亚的诗描写了莫桑比克人民的灾难与不幸，他的作品有《十四行诗集》（1943年）。女诗人诺埃米亚·德·索乌扎和热泽·克拉维林耶的诗颂扬了祖国和非洲人民，抨击了殖民主义者。诺埃米亚·德·索乌扎的诗歌有《其他世界的哭声》《不眠之夜》《奴隶之歌》《无法医治的创伤》，以及诗集《赤古堡》（1946年）等。

马尔塞林诺·多斯·桑托斯是20世纪50年代成长起来的著名诗人，同时还是政论家和政治活动家。他的诗以莫桑比克为中心题材，不但表达他本人，而且也表达莫桑比克人对家乡无限和永远的热爱。他在1955年发表著名长诗《山甘纳》（*Xangana*），是反抗殖民压迫、争取民族独立、渴望自由的呐喊。山甘纳是居住在莫桑比克南部的一个部族的名称。在这首诗里，山甘纳指被压迫的非洲人。整首诗写山甘纳乘独木舟在大河上漂游的所见、所闻和所感，表达对家乡大好河山的热爱和对殖民者压迫的愤恨。桑托斯曾以不同身份多次访华，对中国取得的巨大成就一再表示赞许。他的作品从20世纪50年代就开始介绍到中国，60年代出版了他的诗集的中译本。此后，中国出版的《莫桑比克战斗诗集》和各种版本的非洲诗集中都有他的作品入选。

60年代开始的民族解放战争，也促使莫桑比克的诗人用诗歌吹响战斗的号角，号召人们参加革命斗争。这一时期的诗歌作品在探讨解决社会、经济和政治问题方面摒弃了早期诗歌逃避现实的倾向。这些诗歌还反映了莫解阵战士们在行军和战斗中的生活。游击队中出色的诗人有马塞利诺·多斯桑托斯（Marcelino dos Santos）、塞尔基奥·维耶拉（Sergio

Vieiria）和热尔格·理贝罗（Jorge Rebelo）等。

1975 年莫桑比克摆脱了殖民统治独立，诗人们终于可以不受任何压抑地自由创作。这样，以轻快语言为特征的新型诗歌开始诞生并流行。代表这个时期诗歌风格变化的诗人是路易斯·帕特拉金（Luis Patraquim），他的代表作品发表在 1985 年的《紧急航程》中。

二 散文和小说

从 20 世纪 40 年代开始，莫桑比克葡语散文作家开始摆脱那些往往具有种族主义倾向的殖民作家的影响，追求描述更为真切的非洲形象。其作品的典型特征是广泛地借用口述传统的精华。莫桑比克葡语散文有少量的英文译本。1952 年，莫桑比克出版了第一部爱国主义的散文集《戈迪多》。作者朱·迪亚什在作品中呼唤人们抛弃奴隶意识和逆来顺受、屈服于命运的思想。与著名诗人热泽·克拉维林耶同处于 40 年代的民族主义者路易斯·贝尔纳多·安瓦纳（Luis Bernado Honwana）就是这一时期散文作家的代表。他以短篇故事闻名遐迩，其代表作是 1964 年发表的《我们杀了癞皮狗》（*Nós matamos o cão tinhoso*），揭露了殖民主义对非洲人民的残酷压迫。这部作品已被译成其他文字出版。1965 年发表的作家奥尔兰多·门德斯的小说《关税》也是现实主义的佳作。该书描写殖民者闯入非洲后给当地人民的生活带来的灾难。1975 年莫桑比克独立后，门德斯又出版了文集《浮起的国家》，汇集了他的诗、剧本和短篇小说。作家维尔吉利奥·希德·费朗的《北方》（1975 年）揭露了殖民军队内部的厌战情绪，并赞扬了解放区游击队与居民的融洽关系。

莫桑比克独立以后，自由的创作环境使得大批作家开始涌现。他们有米亚·科托（Mia Couto）、保利娜·齐泽安（Paulina Chiziane）、纳尔逊·萨乌特（Nelson Saute）、艾萨克·基塔（Issac Zita）、温古拉内·科萨（Ungulane Ba Ka Khossa）、海利奥多罗·伯波提斯塔（Heliodoro Baptista）、爱德华·怀特（Edward White）、丽娜·马盖亚（Lina Magaia）及其兄弟阿尔比诺·马盖亚（Albino Magaia）等。

1982 年，莫桑比克作家协会成立。这是莫桑比克文学史上的一件大事，标志着莫桑比克的文学创作进入了新阶段。该协会自成立以来一直积极组织出版新作品，促进非洲文化在全国范围的推广。90 年代中期法利达·卡罗迪亚出版了小说《破碎的寂静》（*Farida Karodia*）。该小说描述的是战争期间一位年轻的姑娘在自己的亲人相继离去后颠沛流离于全国各地的经历，该书被某读者称作“对残酷的战争灾难的精神感应”。

《梦游之地》写于 1992 年，是米亚·科托的长篇处女作。他有力地控诉了战争遗留的深重苦难，并用高度诗意、生动的语言，创造了一种与现实紧密联结的魔幻氛围。《梦游之地》获多项国际大奖，包括葡萄牙语文学最高奖项“卡蒙斯文学奖”（2013 年），和被称为“美国诺贝尔奖”的“纽斯塔特文学奖”（2014 年）。这部作品奠定了科托在世界文学领域不可撼动的重要地位。2018 年 8 月，莫桑比克作家、诺贝尔文学奖热门候选人米亚·科托携三部长篇小说《梦游之地》、《耶稣撒冷》和《母狮的忏悔》举办了与中国读者的见面会。

三 戏剧和电影

由于葡萄牙殖民政府对所有大众媒体实施严格的审查制度，戏剧成为莫桑比克最不发达的表演艺术。在独立战争期间，莫解阵部队在解放区利用政治性的戏剧作品进行宣传教育，鼓励戏剧创作、演出和传播。独立以后，莫桑比克的戏剧得到了一定程度的发展。1978 年，贝罗·马贵斯创造了一系列的无线电广播戏剧。

莫桑比克的电影事业始自解放战争时期，最初以新闻电影为主。第一批此类电影包括 1974 年发行的第一部新闻片《纳钦圭亚》和 1975 年拍摄的《从鲁伍马河到马普托》。这两部新闻片是莫桑比克电影工作者在苏联电影工作者的协助下摄制的。早期新闻电影的主题是宣传莫解阵的政策，反映扫盲事业的进展情况，介绍卫生知识和其他生活常识。在新闻片中，比较好的作品有塞·科雷阿和塞·卢卡什于 1977 年导演的《25 日》、菲·西瓦尔于 1978 年导演的《独立的日子》、迪·索马萨于 1980 年导演的《猎豹行动》以及科什塔于1981年导演的《独立之声》（*Voz Independente*）。独立以后，莫桑比克其他类型的电影也得到了大幅度的发展。第一部故事片《纪念勇士穆埃达》由蕾拉和西瓦尔导演，于1980年拍摄完成。第一部彩色片《喝点水，兄弟，请给我唱首歌！》由朱·卡德罗祖执导，于1982年拍摄完成。近代莫桑比克电影业中，有代表性的导演有乔治·卡多索（Jose Cardoso，代表作品是1987年上映的《风从北方来》）和李西诺·阿泽维多（Licino Azevedo，代表作品是1995上映的《祖先的树》）。2016年8月，由李西诺·阿泽维多和特蕾莎·派雷拉执导的战争题材电影《盐糖火车》（*Comboio de Sal e Açucar*）在洛迦诺国际电影节上进行全球首映。该片被选中代表莫桑比克参加2018年最佳外语电影的奥斯卡颁奖典礼。这是莫桑比克第一部提交给奥斯卡竞选最佳外语片奖的影片。

四　音乐和舞蹈

音乐和舞蹈在莫桑比克文化中占有十分重要的地位。莫桑比克人能歌善舞，传统舞蹈、钟琴和拨浪鼓在全国各地随处可见。

1. 音乐

传统音乐在莫桑比克广泛流行。音乐文化起源于各族人民的日常生活和礼仪习俗，但其演进过程也受到阿拉伯国家和葡萄牙音乐的影响，吸收了不少外来文化的成分。在传统的礼仪习俗中，音乐占有主导地位。例如，在举行成人仪式、结婚仪式和庆祝婴儿诞生的仪式中，音乐和舞蹈是必不可少的组成部分。

莫桑比克歌曲多种多样，其中许多歌曲以农田劳作或狩猎为主题，歌颂劳动者的勤劳和智慧。传统音乐的节奏一般短而急促，很少有重奏现象，但独立的节奏重复的情况比较常见。音乐节奏一般通过击掌、打响指或鼓点变化来体现。

莫桑比克传统乐器大致分为打击乐器、吹奏乐器、管乐器和弦乐器。打击乐器最为重要，其中又以鼓为首。传统打击乐器中的鼓以单面鼓为主。在日常礼仪和宗教活动中，鼓是为歌舞进行伴奏的主要乐器。其他打击乐器还有铃铛、响板、用猴面包果或葫芦制成的各种响锤等。这些乐器一般绑在手腕上或系在腰间，可以随着舞蹈者的节奏击打出不同的声音。还有一种打击乐器是用小木棒编织成的短裙，穿着这种短裙跳舞可以发出悦耳的声音。

在弦乐器中，最重要的是木琴。在莫桑比克传统音乐中，木琴的重要性仅次于打击乐器。目前，莫桑比克木琴共有 50 多种。其中，一种叫“姆比拉”（Mbila）的木琴相当普遍。这种木琴又分为 10 类左右，各类木琴的按键各不相同，最多的可达 30 个按键。南部的乔皮人善于弹奏马林巴木琴（Marimbas），其中马林巴琴乐队很有名。马林巴木琴是普遍流行于南部非洲地区的一种木琴。马里姆巴斯（Marimbas）和姆比拉斯（Mbiras）也是乔皮人的乐器。前者是用空葫芦装上坚果或石子制成，摇动时发出清脆的声响；后者是将细弦钉在空鼓或空箱子上制成，以手指拨动发出美妙的声音。乔皮人用独唱、合唱以及这些乐器为舞蹈伴奏。他们的一些歌曲类似于西印度群岛印第安人的节奏强劲的流行歌曲。莫桑比克中南部地区流行的不少歌曲，往往是以取笑邻居或当代事物为主题。莫桑比克最古老的弦乐器当属弓状的“奇腾德”、“卡丁布巴”和“奇桑比”等。奇腾德的发音器是葫芦，而奇桑比发出的美妙声音则是来自手指与乐器的摩擦。弦乐器中比较普遍的还有三角琴，其称谓在莫桑比克不同地区各不相同，包括“班吉埃”“彭戈”“班格”等。巡游歌手一般携带三角琴，演奏叙事诗、诗歌和讽刺性歌曲等。还有一种比较普遍的弦乐器是仅有一根弦的提琴，但各地叫法不同，如隆韦人将其称为“塔卡雷”，斯瓦希里人将其称为“雷贝卡”，奇瓦博人将其称为“穆戈勒”，马夸人分支马托人将其称为“奇奎萨”等。此外，弦乐器中常见的还有七弦琴和两根弦的吉他等。

莫桑比克的吹奏乐器也相当丰富，包括各种角乐器、用葫芦或象牙等制成的各种喇叭、用竹子和其他植物的秸秆做成的笛子、骨质或木质的哨子等。笛子是吹奏乐器中最普遍的一种，一般有 3 个以上的孔。在拜祖仪式中，笛子伴奏必不可少，至少 4～5 支，多则不限。在传统吹奏乐器中还有一种称作“帕苔内”，是将若干吹管连接在一起，吹奏效果很好。

北方马孔德人闻名于世的乐器是管乐器，称作卢培姆（Lupembe），多以动物的角制成，少数用木头或葫芦制成。

莫桑比克流行音乐源于传统音乐，通常借鉴西方和非洲其他地区音乐的节奏和技巧。最典型的流行音乐风格是马拉本塔（Marrabenta）。马拉本塔音乐将葡萄牙民俗音乐和莫桑比克南部地区音乐节奏融合在一起，采用由油罐或汽油罐和钓鱼线构成的自制吉他进行弹奏。

潘咂（Pandza）音乐是特别受莫桑比克青年欢迎的新流行音乐。潘咂源于马拉本塔，但受到拉噶（Ragga）和一些嘻哈（Hip - Hop）音乐的影响，节奏更快。大部分潘咂音乐的歌词用葡萄牙语和马普托尚加纳方言编写，详细阐述了莫桑比克年轻人的社交日常。

2. 舞蹈

莫桑比克有1000多种传统舞蹈，每个地区、村庄都有自己传统的、富有节奏变化的舞蹈。这些舞蹈大多表现节庆、宗教、战争、爱情或丰收等方面的主题。到了现代，莫桑比克的舞蹈越来越倾向于表达个人情绪或者莫桑比克丰富的传统文化。许多种类的舞蹈，基本上由女性进行表演。莫桑比克的舞蹈也显示出地区性的男女差别。但是，所有舞蹈都有一个共同之处，即节奏优先、动作次之。

图佛（Tufo）舞是莫桑比克北部的传统舞蹈，主要流行于马普托、德尔加杜角省和楠普拉省以及莫桑比克岛等地区。图佛舞蹈团体一般由15～20名女性组成。跳图佛舞时，先双膝跪地，然后伴随鼓声，有节奏地移动身体的上半部。在楠普拉省，图佛舞还用于庆祝孩子的成人礼。

跳绳舞是深受莫桑比克岛上妇女喜爱的一种舞蹈。这种舞蹈伴随急速的鼓点，将跳绳游戏同优雅的舞步结合在一起。

玛皮克舞是马孔德人的经典舞蹈，带有宗教性质。一般由代表正义的表演者向代表邪恶的戴着巨大恶魔面具的表演者发起进攻。每次进攻中，伴随着鼓点和羚羊角融合的乐曲，恶魔们都被村民们击败。值得一提的是，恶魔的面具是不允许妇女接触的。

高跷舞是位于莫桑比克北方中部地区的马夸人的传统舞蹈。表演者穿戴着五颜六色的服装和面具，踩在高跷上起舞。

狩猎舞是位于南部地区乔皮人的传统舞蹈。舞者扮演英勇的武士，身穿狮子皮衣和猴子尾巴，手持锋利的枪矛和宽大的圆形盾牌表演进攻和反攻。

民族独立运动对莫桑比克传统的音乐和舞蹈文化产生了深远影响。古老的传统音乐和舞蹈中增添了许多新型的革命内容，高度歌颂争取独立的革命斗争事业，号召非洲人民团结一致共同反对南非种族主义政权的统治等。莫桑比克独立以后，全国各地的农民喜欢用优美的歌声和欢快的舞蹈赞美自己的历史，并表达对未来美好生活的向往。1978 年，50 多万名莫桑比克人参加了民族舞蹈节活动。为了挖掘全国性的音乐文化遗产，莫桑比克民族文化研究所比较系统地研究、收集、记录民族音乐、艺术、史话和神话传说等，并推广传统音乐。这个机构一直是城市地区和较大乡村的文化活动中心。为了促进民族音乐文化的发展，莫桑比克于 80 年代初建立了国家歌舞团。

现代音乐在城市地区盛行，马普托的现代音乐表演就是杰出的代表。一种被称作马拉本塔的音乐可能是最典型的莫桑比克音乐，运用了农村传统音乐玛依卡的节奏。奥克斯特拉·马拉本塔乐队（Orquestra Marrabenta）在国家独立时成立，并得到国家资助，该乐队也是萨莫拉总统努力推广和鼓励非洲当地文化的一个杰作。该乐队于 1989 年解散，其中的几个成员组成了名为戈尔瓦内的非洲爵士乐队，并获得了一定的国际声誉。他们经常在马普托市的港口社交中心现场表演。其他演奏具有传统色彩的流行音乐的音乐家还有亚纳和明盖斯，亚纳作为音乐教师和其他乐队的推广人，享誉南部非洲地区。

莫桑比克国家资助的另一个乐队称作 RM 乐队，在 80 年代后期和 90 年代早期盛极一时，在向国际社会推广莫桑比克现代音乐方面发挥了重要的作用。自内战结束以来，知名的莫桑比克音乐家还有罗伯特·希德逊德索（Roberto Chidsondso）、热泽·巴拉塔和埃尔维拉·维耶盖斯（Elvira Viegas）等。

五 美术和雕刻

木雕是莫桑比克最发达的传统艺术之一。许多莫桑比克人至今还从事

这一行业。北方马孔德人的雕刻艺术被公认为是非洲最成熟的艺术形式之一。他们使用铁木、乌木和花梨木等硬木料雕刻享誉世界的雕像和面具等。马孔德人的雕刻艺术品属于传统艺术，但许多马孔德艺术家已经发展出了现代艺术形式。马孔德人新一代雕刻艺术家中的一个主要人物是恩卡图恩加（Nkatunga），他的雕刻品刻画了农村生活的方方面面。其他的新一代马孔德人雕刻家还有米古埃尔·瓦林贵（Miguel Valingue）和马卡莫（Makamo），他们擅长细腻地刻画痛苦不堪的人物雕像。莫桑比克另一位著名雕刻艺术家另辟蹊径，不同于马孔德人的雕刻风格，其作品获得了国际声誉。

20世纪50年代以来，莫桑比克出现了一大批非常有天赋的画家。其中最著名的画家为马兰加塔纳·格恩纳·瓦勒恩特·恩戈温亚（Malangatana Goenha Valante Ngwenya），他与著名诗人克拉维林耶属于同一时代。早在独立以前，他就同莫解阵建立了密切的联系，为此曾被殖民政府投入监狱。他在狱中完成了一生中最好的一些作品。他的作品所刻画的人物形象代表了非洲信念与欧洲文化之间的斗争。例如，他有一幅作品刻画了一个巫医和一个传教士为了一个死去的非洲人的灵魂进行较量的场景。他的作品在世界各地展出。与恩戈温亚处于同一时期、享有国际声誉的画家还有波蒂娜·洛佩斯（Bertina Lopes）和罗伯特·希绍罗（Roberte Chicorro）。波蒂娜·洛佩斯的作品反映出她对非洲人肖像、色彩、造型和主题具有很深的造诣，希绍罗的作品以少年时期的朦胧记忆的题材而闻名。90年代中期，恩戈温亚被人称为“非洲的毕加索”，他在马普托的画室成为严肃艺术爱好者的朝圣之所。莫桑比克独立以后，出现了一大批具有天赋的画家和雕刻家，其中包括曼克乌（Mankeu）、维克多·苏萨（Victor Sousa）、萨马特（Samate）、希卡尼（Shikani）、纳夫塔尔·兰加（Naftal Langa）、恩圭布（Naguib）、热纳塔（Renata）等。这些艺术家的雕刻品和绘画作品在马普托市的国家艺术馆中展列，参观这些各具特色的艺术品是到访马普托市的人们不可或缺的活动内容之一。

莫桑比克还存在着另一种非常著名的绘画艺术，那就是壁画。这些壁画出现在城市或城镇的某些特定位置，其中最著名也是全国最大的一幅壁画位于马普托市机场附近英雄环岛对面，有95米长，反映的是莫桑比克革命时期的许多故事和人物。恩戈温亚是完成这一作品的最著名作者之一。他的另一幅著名壁画位于自然历史博物馆花园，以“人们在自然环境中的斗争”为主题。

在莫桑比克的绘画雕刻史上，马普托艺术中心协会发挥了不可替代的作用。马普托艺术中心协会是莫桑比克历史最悠久的艺术家组织机构，坐落于马普托市中心一座古老的别墅内，是画家、雕塑家和陶艺家聚会的场所。该中心拥有100多名画家、雕塑家和陶艺家，经常举办各种艺术展览，并自20世纪90年代中期以来积极开展同国外艺术家的各种交流活动，在都市文化生活中发挥了重要作用。

莫桑比克艺术家自20世纪90年代中期以来利用废旧武器雕塑的精美艺术品取得了举世瞩目的成就。内战结束后，莫桑比克基督教委员会在90年代中期开展了“易枪以锄”运动。为了配合该项活动的进行，基督教委员会组织艺术家用废旧武器雕塑成各种艺术品，以纪念来之不易的和平。马普托艺术中心协会的不少艺术家参加了这一有意义的艺术创作活动，并完成了一系列独树一帜的艺术创作。在艺术中心的工作室里，他们用AK-47步枪、地雷和手枪等武器装备创作出了各式各样的艺术品。通过这些作品，艺术家们将人类潜在的不可遏制的乐观、自信和开朗的特性展现出来。艺术家们把用于战争目的的武器弹药雕塑成或纤弱优雅或铿锵有力的作品。

六 博物馆和图书馆

莫桑比克的博物馆业发展也很快。在马普托市建有若干种类的博物馆，包括1911年建立的民族学和自然历史博物馆、1940年建立的地质博物馆、1978年建立的国家革命历史博物馆和1982年建立的国家艺术博物馆。此外，贝拉市建有一座民族学博物馆，楠普拉市建有一座艺术画廊。1978年，在古巴的援助下，马普托市建立了一个附带图书馆的文化宫。

莫桑比克全国的图书馆集中于马普托市。马普托市建有一系列的图书馆，主要有：1961 年建立的国家图书馆，至 1984 年藏书达 11 万册；蒙德拉纳大学图书馆，藏书 7.5 万册；1930 年建立的地质服务图书馆，藏书 1.5 万册；市政图书馆，藏书 8000 册；1977 年建立的情报文献中心图书馆，藏书 3000 册。1980 年，马普托市专门为工人开设了一个开放式的图书馆。另外，楠普拉的工业技术师专内建有一座图书馆。

七　体育

莫桑比克国家体育场位于马普托郊区，占地面积近 27 万平方米，总建筑面积近 4.2 万平方米，拥有 4.2 万个座位，是一个拥有国际标准比赛场地的综合性体育场，是中国援外十大体育场之一，总造价近 5 亿元人民币，也是中国在非洲国家最大的援建项目之一。

莫桑比克体育行政组织主要有青年和体育部、国家体育委员会、国家体育局、国家体育学院等。青年和体育部是在中央一级代表政府的实体，其任务是通过在全国范围内界定体育政策和体育方案，促进体育活动的组织和体育运动的发展。国家体育委员会是政府设立的咨询机构，负责制定体育政策。国家体育局是青年和体育部的一个机构，旨在确保制定体育领域的政府政策，以政府计划和相关条例中的标准为指导，对政策实施进行监测和评估。国家体育学院是一个具有法人资格和行政自主权的公共机构，2011 年 6 月初开始运作，其主要任务是执行体育领域的政策、方案以及其他公共和私人举措，管理和促进体育运动的发展，完善体育事务管理机制。国家附属机构、省级协会和体育俱乐部是私人非营利组织的法人，其目标是促进和开展体育活动。

健身逐渐成为莫桑比克大众的一股潮流。2019 年，一群年轻的莫桑比克人推出了曼宁格健身杂志，这是“莫桑比克第一家为莫桑比克人制作的数字健身杂志”，旨在为越来越多的当地读者量身定制信息丰富的健身内容。

在东京奥运会上，莫桑比克派出 10 名运动员参赛，参加拳击、柔道、帆船等 6 个大项的比赛。

第四节 新闻出版

一 报纸、期刊与通讯社

莫桑比克全国性报纸分别是《消息报》(*Noticias*)、《莫桑比克日报》(*Diário de Moçambique*)、《媒体传真》(*Mediafax*，电传单页报纸)、《商业报》(*Diário de Negócios*)、《公报》(电传单页报纸)、《梅蒂卡尔报》(*Metical*)、《星期天报》、《人民报》(*O Popular*)、《挑战报》和《运动报》。

《莫桑比克日报》和《消息报》是全国性的日报。《莫桑比克日报》创刊于 1902 年，1981 年改为现名，是葡文日报，地址在贝拉，1991 年以后由政府接管，发行量 2 万份。《消息报》创刊于 1926 年，地址在马普托，是全国发行量最大的报纸。该报属于早报性的葡文日报，1991 年以后由政府接管，发行量 2 万多份。现在，政府握有该报的股份。《公报》为电传单页报纸，报社在马普托，只向订户以传真形式发送单页报纸。《梅蒂卡尔报》也是电传单页报纸，于 1997 年创刊于马普托，由独立的记者组织——媒体联合社创办，以传真或互联网形式向订户传送新闻散页。《星期天报》于 1981 年创刊，是葡文周报，发行量 2.5 万份。《人民报》是私营日报。《挑战报》和《运动报》是葡文体育周报，两家社址也在马普托。《挑战报》创刊于 1987 年。另外，还有私营的小型画报《周末画报》(*Fim de Semana*)，每周出版。

比较有影响的周刊有《时代》(*Tempo*)、《热带原野》(*Savana*)、《猛汉》(*Demos*)、《挑战》(*Desafio*) 和《运动》(*Campão*)。《时代》是全国发行量最大的葡文周刊，发行量为 2.5 万份。该杂志于 1970 年创设于马普托，1991 年以后由政府接管。《热带原野》由媒体联合社于 1994 年在马普托创办。

其他的期刊还有：《环球》(*Aro*)，是月刊，1995 年在马普托创刊；《莫桑比克观察》(*Mozambique Inview*)，为英文半月刊，由媒体联合社于 1994 年在马普托创办；《莫桑比克新闻汇编》(*Mozambique File*)，由莫桑比克新闻社主办，英文月刊合订本；《农业》（*Agricultura*），由国家农业经济调查研究所主办，1982 年在马普托创办，由农业信息资料中心等部门出版发行；《历史档案》（*Arquivo Histórico*），1987 年创刊于马普托市；《共和国公报》（*Boletim da República*），是在马普托发行有关政府和官方的消息，由莫桑比克国家出版社出版发行；《莫桑比克统计资料》（*Moçambique-Informação Estatística*），由国家计划委员会主办，1982 年在马普托创刊，由经济信息中心出版发行；《莫桑比克新时代》（*Moçambique-Novos Tempos*），于 1992 年在马普托创刊，为“莫抵运”所属的月刊；《港口与铁路》（*Portos e Caminhos de Ferro*），所属杂志社在马普托，为季刊，以英语和葡语发行，是关于港口和铁路运输的杂志；《莫桑比克医药》（*Revista Médica de Moçambique*），由国家卫生研究所、卫生部所属医学院和蒙德拉纳大学主办，于 1982 年在马普托创刊，为医学季刊。此外还有《商业公报》（*Gazeta Mercantil*）等杂志。

莫桑比克新闻社为国家通讯社，于 1975 年在马普托创建，每天用葡语和英语发布新闻。

外国在马普托派驻的新闻机构有法国的法新社、葡萄牙的路莎新闻社、意大利的国家联合新闻社和英国的路透社等。

二　广播与电视

根据 1993 年 6 月 22 日公布的“1993 年第 9 项法令”，合作、合资和私营部门可以兴办无线电和电视广播事业。而在此之前国有的无线电广播电台是许多莫桑比克人接收新闻和信息的主要来源。近年来，独立的新闻媒体得到了相当程度的发展，私营的或商业性的无线电广播电台大多在城市地区经营。在莫桑比克设立无线电和电视广播机构，需要从总理办公室所属的国家新闻局申请经营许可证，还要从国家通信协会申请无线电波段许可证。

莫桑比克采取公共媒体与私营媒体并存的电台体制。其中，莫桑比克电台是最重要的无线电广播电台，为官方广播电台，建于 1975 年，到 90 年代中期设有 1 个频道的广播节目，用葡萄牙语、英语和 17 种非洲语言进行广播。该电台具有全国性的无线网络，设有省级和地方级频道，每天对内广播 19 个小时，对外广播约 5 个小时。在全国主要区域均可接收莫桑比克电台的广播节目。莫桑比克电台下属的城市广播台是很受欢迎的面向年轻人的调频广播网络。

国内影响较大的私营广播电台是克林特广播电视公司，设在马普托。在全国主要区域内可以接收该台的无线电广播。绿野广播电台（Rádio Terra Verde）的正式名称是"莫抵运之声"，这是由"莫抵运"掌管的广播电台，在马普托、戈龙戈萨和索法拉省设有转播站。宗教广播电台有 3 家，分别为神迹布道台（Miramar）、教友聚会台（Encontro）和玛丽亚台（Maria），其中神迹布道广播电台由巴西教派上帝王国普救教会掌管。

全国性的国家电视台是莫桑比克电视台（Televisão de Moçambique, TVM），创建于 1981 年，是国营电视台。90 年代中期，该电视台覆盖全国 56% 的国土，每天播 18 小时。克林特广播电视公司于 1993 年在马普托市设立了电视台，当时有一个电视频道，每天提供 6 ~ 9 小时的电视节目。上述两个电视台的节目以当地的新闻、幽默剧、体育活动和宗教等内容为主，还转播葡语电视节目。

此外，全国有若干个社区无线电广播电台和电视台在政府及联合国教科文组织的资助下开展活动。在能够接收国家电视台信号的一些地区还能接收到葡萄牙国家电视台非洲频道，在马普托地区还可以收到英国广播公司的世界频道葡语广播节目。联合国教科文组织是支持莫桑比克建立社区无线电广播的机构之一。这些机构支持着莫桑比克的 4 个无线电广播电台，建立了一个妇女社区无线电广播网、一个关于无线电广播的全国合作论坛以及 8 个社区无线电广播站。参加这些活动是联合国教科文组织实施的"在莫桑比克通过发展传媒加强民主和政府管理"工程的一部分内容。

社区无线电广播站以服务社区为目的建立，服务功能包括信息、培训、教育和娱乐。为了确定社区无线电广播站的职能，电台志愿者就广播的内容、时间和语言等问题进行了调查。根据调查结果所做的研究表明，大多数听众更愿意收听新闻广播、包括道德教育在内的各种教育节目、广播剧、戏剧、妇女节目、儿童和青年人节目、农业节目、畜牧业节目、运动节目和无线电辩论节目。地方电台在收集当地的新闻事件的同时，也要转播莫桑比克无线电广播电台对社区感兴趣的主要新闻内容。这些社区广播电台还要将社区本身纳入广播内容，通过读者来信、现场辩论、录音采访、电话讨论以及其他方法，使听众的姓名和声音通过广播为社区所了解。

莫桑比克社区无线电广播电台的发展面临着一系列问题。其中，文盲率高和葡萄牙语普及率不高是最主要的问题。因此，如何加强和确保社区电台发挥作用，是现阶段社区电台必须解决的问题。

在莫桑比克的社会经济建设中，无线电广播所应发挥的潜在作用日益受到政府和国际社会的重视。在2000年2~3月洪水灾害期间，救援工作人员和莫桑比克政府认识到，有必要建立一个能够让普通民众容易理解的信息渠道。在水灾过程中最大的一个问题就是信息传播迟缓、不准确或者人们对已经获得的信息持怀疑态度。在洪灾期间，为了解决廉价的无线电收音机问题，国内外的一些非政府机构为灾民发放了大约7500台手摇充电收音机。广播节目来自马普托市的莫桑比克无线电广播电台，在灾害最严重的加扎省和马普托省，当地的2家无线电广播电台也予以转播。

莫桑比克政府还通过电台促进农业信息技术的传播。2016~2019年的多媒体扩展项目由美国国际开发署、英国国际发展部、国际农业发展基金和比尔及梅琳达·盖茨基金会资助，旨在利用信息通信技术传播害虫/疾病管理、农业投入、市场信息和其他小农户所需的农业培训信息并销售他们的产品。为此，该项目与国际农场广播电台合作，使当地社区广播电台用葡萄牙语和当地语言播放农业广播节目。该项目还依赖于莫桑比克农业部门的一系列公共和私人合作伙伴的支持，特别是农业和粮食安全部（MASA）、非洲绿色革命联盟（AGRA）以及利用该平台营销其产品和服务的各种私营公司。2017年，多媒体扩展项目在上莫洛奎（Alto Molócuè）地区电台通过名为“农民一小时”的系列节目向居住在其75公里半径范围内的7万余人广播首个农业推广节目。政府通过对其员工的培训和提供必要的资源（台式计算机、录音机等）来支持广播。“农民一小时”讨论与木薯最佳生产实践相关的话题，从整地到收获后的实践和营销，每周以葡萄牙语和当地语言播出三期。2017年5月至8月，上莫洛奎电台播出了13集“农民时光”，打包为一个系列节目，以确保听众保持最大兴趣和参与度。

2020 年 10 月，由中国提供优惠贷款、四达时代承建实施的莫桑比克广播电视数字化改造项目正式启动。此次莫桑比克广播电视数字化改造项目包括建设覆盖全国的数字传输网络、国家电视台数字化改造、国家台制作中心大楼建设、全国数字电视终端建设和莫方人员培训等内容。该项目不仅将改善莫桑比克广电基础设施和技术，更将极大地丰富民众的精神生活，为信息、教育、支援救灾等方面提供便利，缩小地区间信息数字鸿沟，推动各领域更好发展。项目内容之一——中央数字电视中心于 2021 年 6 月揭幕，总建筑面积 5456 平方米，其设计融入当地理念，充分考虑莫人民喜欢热烈和丰富的颜色，以反映本地文化。在大楼内部整合相同的功能区域，整个大楼划分为节目中心、TVM 办公区域、TMT 办公区域。

三 出版社

全国主要的出版社几乎都位于首都马普托市，其中著名的出版机构有历史档案出版社、中央新闻出版公司、现代出版有限公司和国家图书与音像录制研究所等。中央新闻出版公司创建于 1908 年，侧重出版和印刷教育、科技和医学教科书等。现代出版有限公司创建于 1937 年，主要出版历史和小说题材的图书以及教科书。国家图书与音像录制研究所则是政府出版和图书采购部门。国家所属的出版局设在马普托的莫桑比克国家出版社。

第八章

外　交

第一节　外交政策

莫桑比克始终奉行“广交友，不树敌”的独立、不结盟外交政策，主张在相互尊重主权和领土完整、平等、互不干涉内政和互利的原则基础上与其他国家发展友好合作关系，重视睦邻友好和地区经济合作，主张通过谈判解决国家之间的争端。

在外交领域，莫桑比克政府坚决避免与某一国家形成任何形式的新型依赖关系。莫桑比克领导人在独立初期就明确指出：“我们经过 15 年的斗争，是为了解放我们自己而不是为了成为另一个外国势力的卒子。”莫桑比克支持在非洲联盟内部建立预防和解决冲突机制，支持全面裁军的原则，主张南南合作，主张建立国际政治、经济新秩序，认为贫穷与不公正是世界不安定的根本原因，国际社会特别是西方国家应关注非洲发展，加大科技、知识产权转让和免债力度，不断增加资金和技术援助。

在人权问题上，莫桑比克主张尊重世界人权宣言及其他有关文件所阐明的人权及人的基本自由，认为人权首先是生存权和发展权。

在联合国安理会改革问题上，坚持非盟立场，强调非洲应该有两个拥有否决权的常任理事国席位，认为各国不应再以缺乏协商一致为由拖延改革；第三世界国家在安理会中应享有更大发言权，安理会应当以更加民主的方式开展工作；安理会应该减少官僚主义，提高效率。

在难民问题上，认为救济和保护难民是基本的人道主义义务，主张根据本国法律和国际有关难民的公约处理难民问题。

在西撒哈拉问题上，认为阿拉伯撒哈拉民主共和国是一个“独立国家”且为非洲联盟成员，与其建立了大使级外交关系。主张和平谈判解决这一问题。

莫桑比克谴责一切形式的恐怖主义，主张反恐须遵照有关国际法准则，反对自行其是；联合国应在反恐斗争中发挥中心作用；贫困是犯罪的根源，反恐和打击有组织犯罪需与消除贫困相结合。

2010 年莫桑比克通过新的外交政策，莫桑比克政府发言人阿尔贝托在部长会议结束后对媒体说，新制定的外交政策是莫桑比克为实现国家利益最终目标的一份纲领性文件。他指出，莫桑比克将在捍卫国家独立和主权、巩固民族团结、加强民主和自由的原则基础上与世界各国发展双边、地区或多边关系；莫桑比克将同国际社会的所有成员发展友好合作关系，为促进国际和平与安全、消除贫困、促进世界各国协调和持续发展做出贡献；强调执行新的外交政策将有利于莫桑比克实现国内稳定、安全及领土完整和经济社会持续发展的目标。

第二节　与中国的关系

中国同莫桑比克之间的友好关系是在双方并肩反对帝国主义和殖民主义、实现莫桑比克政治解放的斗争中凝结而成的，并在各自国家建设进程中不断巩固。1975 年 6 月 25 日莫桑比克独立当日，中国就同莫桑比克建立了正式的外交关系。

建交以来，两国重视相互之间的合作关系，在国际事务和国家建设中密切合作、相互支持。进入 21 世纪，在中非合作论坛以及中国 - 葡语国家经贸合作论坛（澳门）框架下，两国关系进入新的快速发展期。尤其是 2016 年中莫关系提升至全面战略合作伙伴关系以来，高层互访频率热度空前，政治互信进一步巩固。中国已成为莫最大外资来源国、主要贸易伙伴以及最重要的基建融资提供方和建设者，经贸合作进一步深化。中莫双边人文联系与交往延伸扩大至教育、卫生、青年、妇女、智库、媒体等各个领域，人文交流进一步密切。这些都为中莫双边关系进一步发展构筑了坚实基础。中莫关系堪称南南合作的典范。

一 政治关系

两国建交以后，尤其是在莫桑比克结束内战以后，两国关系发展顺利，中国与莫桑比克领导人和各级团体的友好往来一直没有间断，两国高层领导人之间互访频繁。中莫建交以来，中方重要往访有：国务院副总理李先念（1979 年），外交部长黄华（1980 年），国务委员兼外交部长吴学谦（1987 年），外交部长钱其琛（1989 年），全国人大常委会副委员长陈慕华（1990 年），国务院副总理朱镕基（1995 年），国务院总理李鹏（1997 年），国务委员兼国防部长迟浩田（1998 年），外交部长唐家璇（2000 年），全国人大常委会副委员长田纪云（2000 年），国家主席胡锦涛（2007 年），中国政府特使、商务部长陈德铭（2010 年），全国政协副主席李兆焯（2011 年），中共中央政治局常委李长春（2011 年），全国政协副主席齐续春（2013 年），外交部长王毅（2016 年），中共中央政治局委员、北京市委书记郭金龙（2017 年），国务委员兼国防部长常万全（2017 年），全国人大常委会委员长栗战书（2018 年），中央军委副主席许其亮（2019 年）等。

莫方重要来访有：总统萨莫拉（1978 年和 1984 年）、总统希萨诺（1988 年、1998 年和 2004 年）、总理马顺戈（1987 年和 1993 年）、议长多斯桑托斯（1992 年）、外长莫昆比（1990 年和 1992 年）、总理莫昆比（1997 年）、外长西芒（1998 年和 2000 年）、莫解阵党总书记托梅（1996 年、1998 年和 2000 年）、莫解阵党总书记格布扎（2003 年）、总统格布扎（2006 年、2008 年、2011 年和 2013 年）、外长阿布雷乌（2006 年）、莫解阵党总书记帕温德（2008 年、2012 年）、议长穆伦布韦（2008 年）、总理阿里（2010 年、2012 年）、外长巴洛伊（2011 年、2013 年）、总检察长保利诺（2012 年）、第一副议长绍梅拉（2014 年）、国防部长姆图穆克（2015 年）、总统纽西（2009 年和 2012 年以国防部长身份访华，2016 年对中国进行国事访问，2018 年 9 月来华出席中非合作论坛北京峰会）、总理多罗萨里奥（2016年赴澳门出席中国－葡语国家经贸合作论坛第五届部长级会议）、莫解阵党总书记马沙瓦（2016年）、议长马卡莫（2017年）、经济和财政部长马莱阿内（2019年）等。

2015年中非合作论坛约翰内斯堡峰会以后，两国交往更加密切，全国人大常委会委员长栗战书、北京市委书记郭金龙、外交部长王毅、国防部长常万全、全国政协外事委员会主任委员潘云鹤、商务部国际贸易谈判副代表张向晨、商务部副部长钱克明、农业部副部长张桃林、湖北省人大常委会副主任李春明、山东省常务副省长孙伟等多位国家领导人、省部级官员先后访问莫桑比克。2015年12月，习近平主席在中非合作论坛约翰内斯堡峰会期间会见纽西总统。2016年5月，莫桑比克总统纽西应邀对中国进行国事访问，分别与习近平主席、李克强总理在北京会晤。访华期间，两国领导人宣布建立中莫全面战略合作伙伴关系，将两国关系提升到新的高度，两国政府有关部门还签署了关于开展产能合作的框架协议和推动开展经贸合作区建设的谅解备忘录。2016年10月，李克强总理在澳门会见来华出席中国－葡语国家经贸合作论坛的莫桑比克总理多罗萨里奥。应全国人大常委会委员长张德江的邀请，莫桑比克议长韦罗妮卡·马卡莫于2017年2月13～17日率团访华。2017年5月，莫桑比克副外长涅莱蒂·蒙德拉内（Nyeleti Mondlane）出席了在北京举办的“一带一路”国际合作高峰论坛。2018年9月，纽西总统来华出席中非合作论坛北京峰会，习近平主席同其会见。此外，莫桑比克解阵党总书记、多名政治局委员等党政高官，以及大批部级官员赴华访问或研修。

作为发展中国家，中国和莫桑比克在国际政治领域相互帮助，互相支持，在涉及国家主权、领土完整、安全稳定以及发展利益等核心和重大利益问题上相互理解与支持。莫桑比克坚持一个中国原则，反对任何形式的“台独”，支持中国政府为实现两岸关系和平发展和国家统一所做的一切努力；支持中方与有关直接当事国根据双边协议和地区共识，通过友好磋商与谈判解决领土和海洋争议问题。双方都同意应继续发挥高层互访的政治引领作用，保持高层交往与对话势头，不断深化传统友好和政治互信，加强战略协调，密切两国政府部门、立法机关、执政党之间的交流与合作，加强治国理政和发展经验交流，支持对方探索符合各自国情的发展道路。

在国际关系问题上，中国和莫桑比克一致认为，发展中国家为发展经济做出了巨大的努力，但是南北差距仍在扩大。两国都主张建立公正、合理的国际政治、经济新秩序，主张所有国家一律平等。中国政府支持莫桑比克政府奉行独立不结盟的和平外交政策、积极促进地区合作以及在国际事务中致力于维护发展中国家的共同利益所做的努力。对于包括莫桑比克在内的非洲国家的沉重外债问题，中国政府历来支持减免非洲国家的外债，主张发达国家应该为缓解非洲国家的债务负担做出努力。

在非洲政治经济发展问题上，中国和莫桑比克拥有许多共同的观点，并且相互支持。中国支持非洲国家为联合自强所做的努力和区域合作的发展势头。对非洲地区冲突问题，中国政府支持非洲国家主要依靠自己的力量寻求解决地区冲突的原则立场，主张通过协商对话解决战乱和冲突，通过民族和解实现国内和平与稳定。作为联合国安理会常任理事国，中国坚持为促进非洲和平与发展发挥积极作用。这些主张和政策都与莫桑比克的政策接近，得到了莫桑比克政府的赞同。

中国和莫桑比克的党际交往密切。莫桑比克解放阵线党总书记曼努埃尔·托梅率领的莫桑比克解放阵线党代表团先后于1996年、1998年和2000年应邀访问中国。1998年2月16日，中共中央政治局常委、书记处书记胡锦涛会见托梅时表示，两国和两国人民之间的友谊源远流长，中国共产党同莫解阵党早在莫桑比克争取民族解放斗争时期就结下了深厚的友谊，胡锦涛还对莫解阵党和莫政府在台湾问题、人权问题上给予中国的支持表示感谢。托梅指出，莫解阵党和中国共产党的友谊已有35年的历史。几十年来，在双方共同努力下，莫中两党、两国和两国人民之间的友好关系不断得到加强。托梅还表示，莫解阵党在国际事务中将永远站在中国一边，并将继续坚持一个中国的立场，支持中国的统一大业。

中国同莫桑比克的军事合作关系也得到了加强和进一步的发展。双方一致认为应加强军队、警察、情报等强力部门间的交流，密切双方在非洲和平与安全事务中的沟通，共同打击各类跨国犯罪，并加强国防、维稳能力建设及情报分享、人员培训、装备技术和军工军贸等领域合作。1998年11月22日，国务委员兼国防部长迟浩田上将抵达马普托进行访问，就两国军事领域的合作问题同莫桑比克国防部长马祖拉进行了会谈。2015年10月22日，中央军委副主席范长龙22日在京会见了莫桑比克国防部长姆图穆克。2018年11月，中国派遣了首批援助莫桑比克军事医疗专家。

二　双边经贸关系和经济技术合作

建交以来，双边经贸合作发展迅速，涉及基础设施建设、承包劳务、项目投资、商品贸易等领域。2001年，中国与莫桑比克签订投资保护协定，并共同成立“中国－莫桑比克经济、技术、贸易合作联合委员会”（简称“中莫经贸联委会”）。2015年6月，中国商务部副部长高燕率中国政府经贸代表团访问莫桑比克。其间，高燕副部长和莫桑比克外交与合作部副部长蒙德拉内共同主持召开中莫经贸联合会第五次会议，双方达成了多项共识。2018年6月在马普托召开第六次会议。中方在中非合作论坛框架下免除莫桑比克截至2005年底对华到期债务共计2.94亿元人民币。中国对莫桑比克的经济援助和援建项目取得了显著的成效。

在双边贸易方面，发展势头良好。自建立外交关系之后两国之间就开始了贸易往来。1982年8月，两国政府签订了贸易协定。合作初期由于莫桑比克经济落后，可供中国进口的商品品种较少且货源不足，再加上中国外汇短缺和外贸体制等问题，两国贸易发展缓慢，贸易额不高。1975～1991年，中国对莫桑比克年均出口额不足500万美元。自1992年莫桑比克结束内战以来，中国对莫桑比克出口获得了较大幅度增长。从1993年开始，中国对莫桑比克年出口额保持在1000万～2000万美元。莫桑比克从中国进口商品主要通过国际招标的方式进行。1992年双边贸易额达到5900万美元。1999年双边贸易额为2224万美元，其中中国对莫桑比克出口1894万美元，从莫桑比克进口330万美元。

进入21世纪以后，双边贸易发展迅猛。2009年中莫两国贸易额为

5.17 亿美元，与 1999 年相比增长了 23.08 倍。其中，中方出口 3.39 亿美元，与 1999 年相比增长了 17.90 倍；中方进口 1.78 亿美元，与 1999 年相比增长了 53.94 倍。中国出口莫主要商品种类由 1999 年的机电产品、鞋类、医药品、纺织品、服装等五大类增加到机械及运输设备、纺织品、鞋类、谷物及其制品、金属制品、医药品等六大类，从莫桑比克进口的产品由 1999 年的原木、锯材等增加到木材、铁矿砂及其精矿、芝麻等四大类。

两国的经济发展不平衡，导致双边贸易不平衡。为了解决这一问题并促进莫桑比克对华出口产业的发展，从 2005 年 1 月 1 日起，中国政府对自莫桑比克进口的 190 种商品免征关税；从 2007 年 7 月 1 日起，莫方 454 种输华商品享受零关税待遇。莫方的对华贸易迅速增长，改变了过去单向贸易的格局。这与中非合作论坛和中国－葡语国家经贸合作论坛（澳门）以及双边经贸关系发展是密不可分的。

2016 年，中莫两国政府宣布提升建立全面战略合作伙伴关系，这为中莫双边经贸关系和技术合作指明了方向。两国决心在以下领域进一步展开合作。

第一，海洋领域。双方一致同意并决心加强“21 世纪海上丝绸之路”倡议与各自发展战略和政策的协同与对接，共同推进两国近海水产养殖、海洋渔业捕捞、海洋运输、港口和临港工业区建设、海洋科研等互利合作。

第二，双边贸易。双方同意采取切实措施，加强出入境检验、动植物检疫等合作，推动食品、农产品等进入对方市场，扩大双边贸易规模，努力实现贸易平衡。中方将继续落实给予莫桑比克 97% 的税目输华产品零关税待遇，鼓励更多中资企业赴莫桑比克投资，提升莫方输华产品生产能力。

第三，产业对接和产能合作。双方一致同意加强双边互利合作规划和政策协调，积极推进产业对接和产能合作，着力拓展在能矿开发和加工制造业等领域的互利合作，助力莫桑比克加快实现工业化和现代化。

第四，投资。双方同意优先鼓励中资企业和金融机构采取“公私合营”或“建设—经营—转让”等多种形式，积极参与莫桑比克建设铁路、公路、航空、港口、电力、信息通信等基础设施，改善投资和发展环境。

第五，金融。双方同意加强金融合作，鼓励互相增设金融分支机构，支持双方企业在投资和贸易中使用本币结算，积极探讨包括“资源换贷款”在内的融资新模式，拓宽融资渠道。

第六，农业。双方同意加强在粮食和经济作物种植、畜牧养殖、农产品仓储和加工等领域的投资合作，帮助莫桑比克提高农业产量、加工水平和农民收入，助推莫桑比克实现农业现代化。中方愿发挥援莫桑比克农业技术示范中心在农业研究、示范、培训等方面的作用，加强对莫桑比克农业技术转让。

第七，旅游。双方同意进一步推进两国旅游合作，支持对方在本国境内举办旅游推介活动，并为各自公民赴对方国家旅游提供便利。中方愿继续鼓励中国公民赴莫桑比克旅游，并支持中资企业到非洲投资宾馆和景点建设等旅游基础设施。

良好的双边关系让经贸和经济技术合作取得丰硕成果。2017 年，双边贸易额 18.34 亿美元，同比增长 2.46%。其中，中方出口 13.07 亿美元，同比下降 0.23%；进口 5.27 亿美元，同比增长 9.79%。2018 年，双边贸易额 24.95 亿美元，同比增长 36.04%。其中中方出口 18.62 亿美元，同比增长 42.46%；进口 6.33 亿美元，同比增长 20.11%（见表 8-1）。中方向莫主要出口机电产品，钢材、服装鞋类等，从莫主要进口木材、矿砂、农产品等初级产品。

表 8-1　2013~2018 年中莫双边贸易情况

单位：亿美元

	2013 年	2014 年	2015 年	2016 年	2017 年	2018 年
中国进口	4.51	16.50	4.52	4.80	5.27	6.33
中国出口	11.90	19.60	19.41	13.10	13.07	18.62
进出口总额	16.41	36.10	23.93	17.90	18.34	24.95

资料来源：中国海关统计数据。

在投资和经贸合作方面，据中国商务部统计，2016 年中国对莫桑比克直接投资流量 4425 万美元。截至 2016 年底，中国对莫桑比克直接投资存量 7.82 亿美元。莫桑比克投资促进中心数据显示，2016 年中国是莫桑比克最大的投资来源国，投资总额 1.54 亿美元，占同期外商直接投资总额的一半以上。在莫桑比克开展投资合作的中国企业超过 70 家，投资的主要领域为农业、能源、矿产、房地产开发、酒店、汽车装配、零售业等。2016 年中国商务部与莫桑比克工贸部签订在莫建设经贸合作区的谅解备忘录。由中国企业投资开发，项目一期投资 2.6 亿美元，占地面积 10 平方公里。2016 年 5 月，中莫两国签署了关于产能合作的框架协议，双方约定将根据各自国家的法律和政策，推动两国间企业和金融机构开展产能合作。

中国对莫桑比克的经济援助和援建项目成效显著。中方援助的议会办公楼、外交部办公楼、国际会议中心等一批建筑矗立在首都马普托，大大改善了莫桑比克基础设施落后的状况，惠及当地民众，成为中莫友谊的象征。截至 2019 年，中方为莫方援建了经济住房、国家体育场、2 所农村学校、农业技术示范中心等 34 个成套项目，开展农业技术合作等 22 个技术合作项目。

打井项目受到莫桑比克人的一致欢迎。莫桑比克是一个缺水的国家。全国 80% 的人口生活在卫生用水严重缺乏的状况下，马普托市更是水贵如油。当地的自来水工厂覆盖面有限，供水不足。有些区完全没有自来水，平均 1 万名居民才有 1 口水井。1986 年中国政府与莫桑比克政府签订协议，中方提供 360 万美元无偿援助，帮助打井，解决马普托部分市民的用水问题。进入 21 世纪以来，中国政府援助打井项目没有中断，先后于 2014 年在南部加扎省援助 100 口打井项目、2017 年在马普托和加扎省援建 202 口打井项目，这些打井项目的成功实施，缓解了当地民众饮水难的问题，有效地改善了民众生活。

中国在莫桑比克开展承包劳务业务始于 1985 年。近几年来，中国各类型企业在莫桑比克投资数千万美元，成立公司，建办事处。现有中国（莫桑比克）投资开发贸易促进中心、华安（莫桑比克）公司、江苏地质工程有限公司莫桑比克分公司、甘肃华陇莫桑比克公司、河南国际公司莫桑比克办事处、中水电莫桑比克办事处、中国地质工程集团公司莫桑比克办公室、华为通信技术有限公司办事处、中兴通讯股份有限公司代表处等。中莫承包劳务合作涉及建筑、机场改扩建、公路、桥梁、城市管网、石油工程、港口、学校、电信等多个领域。莫桑比克对工程建设及验收、免责的相关规定适用欧盟标准，不适用中国标准，但随着中国企业在莫桑比克实施工程项目数量增长，中国标准也逐渐受到认可，一些项目的当地业主和国际监理公司在经过测试后同意使用中国标准。据中国商务部统计，2017 年中国企业在莫桑比克新签承包工程合同 73 份，新签合同额 6.02 亿美元，完成营业额 11.09 亿美元；累计派出各类劳务人员 927 人，年末在莫桑比克劳务人员 4065 人。新签大型工程承包项目包括中铁二十局集团有限公司承建莫桑比克楠普拉省及太特省矿区土石方机械作业项目，烟建集团有限公司承建援莫桑比克莫中文化中心项目及援莫桑比克孔子学院和传媒艺术学院教学楼项目，中铁国际集团有限公司承建莫桑比克 N13 公路 D 标古万巴至穆伊达段升级改造项目等。

尽管中莫经贸合作取得新发展，但目前也存在一些不利于两国经贸关系发展的因素。由于莫桑比克经济落后，外汇和资金、技术管理人才都短缺，到莫桑比克投资的企业需要自带资金、技术设备，并且由中方进行管理。在贸易方面，由于两国文化存在差异，当地银行又缺乏外汇，为保险起见，中国企业在同莫方进出口商签署协议之前，建议其提供第三国银行开具的保单。同时，莫方境内从事进出口贸易的企业多为中小公司，一般订货量小、所需商品品种多，往往提货较急，因而，中方的贸易公司要想长期开展业务，最好在莫桑比克本土建立保税仓库。

三　文教、科技和卫生等方面的双边交往

2016 年中莫两国战略伙伴关系联合声明指出，双方同意扩大人文交流，促进文化、教育、卫生、青年、地方政府、智库、媒体等领域的合作。中方将向莫方提供更多奖学金名额，继续向莫桑比克派遣医疗队，并同莫方探讨加强疟疾、艾滋病防治等领域合作。双方将共同建设好莫中文

化中心和孔子学院，加强两国青年、智库、媒体交流，支持两国建立更多友好省市关系，促进地方政府交流与合作。

中莫两国政府签有文化协定，两国文化和教育交流频繁。2008 年，两国签署了《中华人民共和国政府和莫桑比克共和国政府科学技术合作协定》。2011 年，又签署了《中华人民共和国和莫桑比克共和国关于广播电视的合作协定》。2015 年，《中华人民共和国政府和莫桑比克共和国政府关于在莫桑比克设立中国文化中心的谅解备忘录》签字仪式在马普托举行。中国驻莫桑比克大使李春华、莫桑比克文化和旅游部长敦杜罗共同签署备忘录并发表讲话，经济商务参赞王利培、莫桑比克文化和旅游部主要官员以及驻莫使馆部分外交官参加活动仪式。2016 年，两国签署互免持外交和公务护照人员签证协议。中国将莫桑比克列为中国公民自费出境旅游目的地国。中国湖北省与莫桑比克加扎省、海南省与楠普拉省为友好省份。

孔子学院是莫桑比克和中国紧密合作的成果之一。自 2012 年成立蒙德拉纳大学孔子学院至 2017 年底，现有 1 名中方院长和 26 名汉语教师，超过 4000 名莫桑比克学生受益于汉语的短期培训课程和学位课程。在中莫两国合作关系框架内，中莫双方将继续增进信任，巩固两国合作，孔子学院相关学位课程将为莫桑比克学生提供更多的赴中国学习以及在莫中资企业工作的机会。截至 2017 年底，莫在华留学生 571 名，其中中方共接收莫奖学金学生 335 名。2017 年，孔子学院积极助力“一带一路”建设，举办中医、书画等专场讲座并协助驻莫使馆接待访莫团体。孔院在莫桑比克电台（Rádio Moçambique）开设“汉语之声”节目，莫桑比克国家电视台（TVM）、社会电视台（STV）3 次专题报道孔院办学和文化活动，知名杂志发行了五周年特刊，孔院通过借助当地媒体的力量扩大了知名度和影响力。孔院两名学员在第十届全球中学生“汉语桥”大赛中获得非洲冠军，这是莫桑比克首次参赛，获得历史性突破。

援助莫桑比克医疗队是中国援助医疗的重要组成部分。自 1976 年起，中国先后向莫派出 21 批医疗队，共 323 人次。目前，中国在莫有医疗队员 12 人，第 6 批和第 9 批医疗队分别被授予莫桑比克国家勋章。

中莫农业技术示范中心是 2006 年中非论坛北京峰会期间，中国政府宣布的援非“八项举措”内容之一，主要是为莫桑比克试验、示范和推广农业技术，培训农技人才，帮助莫桑比克解决粮食安全问题。项目位于马普托省博阿内地区，占地52公顷，2007年胡锦涛主席和格布扎总统为示范中心揭牌。2013年，中莫双方签署技术合作协议，合作期为3年。中莫农业技术示范中心正式进入技术合作以来，农业专家们进行了水稻、棉花、蔬菜的种植试验和畜禽的养殖试验，筛选出10多个适宜在当地种植的高产优质水稻品种，其中已有2个水稻品种经莫农业部门审批参加当地试种。从中国引进的6个特种玉米品种，尤其是“荆花糯6号”表现特别优异，每亩玉米棒的鲜重达到1000公斤，为当地产量的数倍，而且味道更好。从中国引进的鄂杂棉26号亩产籽棉达到400公斤。从中国引进的蔬菜品种达30多个。

就目前两国经济发展水平和莫桑比克的整体条件来看，农业作为莫桑比克鼓励外国投资的重点部门，成为中莫双方加强合作的主要领域之一。莫桑比克是自然灾害频发的国家，台风、洪涝和干旱灾害对莫桑比克的社会经济危害极为严重。中国在自然灾害的预防和处理方面有成熟的经验，开展在这个领域的合作，帮助莫桑比克建立自然灾害的早期预警机制，对其社会经济发展也有重要意义。莫桑比克政府曾多次明确表示欢迎南非、中国等国企业到莫桑比克进行农业开发。

第三节　与美国的关系

一　政治关系

在莫桑比克取得独立时，美国迅速予以外交承认，希望尽快同其建立外交关系。但直到独立后近3个月时间，莫桑比克才于9月23日同美国建立了外交关系。美国驻马普托大使馆于1975年11月8日开馆，但当时两国关系并没有实质性的进展。美国第一任驻莫桑比克大使1976年3月到达马普托上任。同年，美国向莫桑比克政府提供了1000万美元的赠款，作为其实施制裁南罗得西亚造成损失的补偿。但到1977年，美国国会指责莫桑比克为遏止“莫抵运”所推行的国内政策侵犯人权，禁止向其提供发展援助。美国官员指出，除非莫解阵政府允诺尊重人权，否则就终止对莫桑比克的经济援助。这导致两国关系陷入僵局。

1978 年，莫桑比克开始调整对西方国家的外交政策，表示愿意同以美国为首的西方国家改善外交关系。这一年萨莫拉总统同卡特总统在纽约会晤，萨莫拉提出，希望两国捐弃前嫌（指美国支持葡萄牙殖民政府的历史），重新开始建立新的关系。在此后不久接受采访时，萨莫拉重申，他希望改善同美国的双边关系。他也认识到，卡特总统与以往的美国总统完全不同，已经“尝试着采取新型的美国对非政策，这种政策首次使美国同不公正的殖民主义、种族主义和种族隔离制度脱离关系”。莫桑比克为改善同美国的外交关系，还在国内进行了宣传工作。在 1978 年接受当时国内唯一的全国性杂志《时代》采访时，萨莫拉总统指出：“我们发现两国（莫桑比克和美国）之间符合双方利益的经济关系还有很大的发展空间。政治上，双方都对缓和印度洋区域的紧张关系感兴趣，双方还同样努力争取结束南部非洲地区的殖民主义、种族主义和种族隔离制度统治。我们对发展合作关系感兴趣——请明确地了解我的含义，是同包括美国在内的所有国家发展政治的、经济的、文化的、科学的、技术的和商业的合作关系。”美国政府为了改善同莫桑比克的关系，在美国国会禁止美国向莫桑比克提供非人道主义的双边援助的情况下，于 1978 年承诺通过进出口银行为其提供贷款以购买巴西生产的通用电力机车。

里根就任美国总统以后，美国采取强硬的反对共产主义和支持南非的政策。美国对莫桑比克政策的倒退又使两国关系走向低谷。虽然莫桑比克希望改善同美国的关系，但莫桑比克在 1981 年 2 月发现美国中央情报局人员在莫桑比克开展活动，并向南非有关部门提供莫桑比克情报。莫桑比克于 3 月驱逐了美国的 4 名使馆官员，两国外交关系因而跌到历史上的最低点。美国中央情报局向南非提供的情报使得南非突击队在 3 月顺利袭击了马普托近郊。在解释莫桑比克驱逐美国使馆官员时，时任外长希萨诺强调：“我国政府反对所有外国情报机构在莫桑比克开展活动，尤其当它们的活动危害了我国国家主权，政府就必然会采取适当措施。如果是苏联情报机构的话，我们也会这么做。”作为回应，美国取消了向莫桑比克提供发展援助的允诺，拒绝向莫桑比克出售波音707飞机和急需的农业机械设备，并拒绝任命新的驻莫大使。此时，两国关系完全陷入了互不信任的僵局。

1982年以后，两国之间紧张的外交关系开始出现转机。1983年底，美国驻莫桑比克新任大使到达马普托上任，莫桑比克派驻美国的第一个外交使节到达华盛顿就职。

到80年代中期，莫桑比克开始摆脱侧重苏联方面的外交轨道，并加紧同西方国家发展关系，莫桑比克政府于1984年加入国际货币基金组织和世界银行，并继续加强同美国的友好关系，争取美国的援助。在与大国关系中，由于不采取“一边倒”的做法，美国才确认莫桑比克是“真正的不结盟”，之后两国关系出现生机。

1984年，美国为了鼓励莫桑比克进行经济改革计划而取消了禁止向莫桑比克提供经济援助的禁令，启动了一项援助计划。自1984年起，美国力促莫桑比克内战双方通过谈判解决问题，以后又积极参与莫桑比克实现和平的进程。萨莫拉总统在1985年对美国进行了一次具有象征意义的工作访问。希萨诺在继任总统职务后分别在1987年10月会晤了里根总统、1993年3月会晤了布什总统和1992年7月会晤了贝克国务卿。

在1994年10月莫桑比克多党大选期间，美国参加了为监督实施罗马和平总协议而建立的几个最重要的委员会，在其和平进程中发挥了重要作用。

莫桑比克与美国在军事领域也开展了合作。1990年1月，美国将莫桑比克从“马列主义国家”名单中剔除，取消对莫桑比克提供军援的禁令。2010年2月，美国海军两艘军舰对莫桑比克进行访问，访莫主要目的是同莫桑比克建立合作关系，共同促进和保护莫桑比克海域的安全。同年8月，莫桑比克和美国两国军队在莫南部举行了代号为“2010共享协议”的联合军事演习，来自莫桑比克武装力量的800名士兵和来自美国的760名士兵就提高指挥系统的能力、射击、训练支持维和行动等科目进行演练，主要目的是提高莫桑比克军队的作战能力，以便在维护国家和地区安全、打击非法捕捞、打击走私毒品和贩卖人口等活动中发挥更大的作用。2013年3月，美国非洲司令部司令卡特访问莫桑比克，并与莫桑比克总统格布扎会晤，双方重点讨论了两国完善在海上安全、打击海盗和打击海上走私等领域内的合作，并就加强两国在防务领域的双边合作关系交换了意见，美国向莫桑比克提供雷达系统和海上巡逻飞机等支持。莫桑比克总统多次访美。2015年9月，纽西总统赴美出席第70届联合国大会，其间会见美企业界人士，鼓励美企扩大对莫投资。2016年9月，纽西总统对美国进行工作访问并出席第71届联合国大会。2017年6月，纽西总统对美国进行工作访问并出席第11届美非商务峰会及美非议会论坛。2018年9月，纽西总统出席第73届联合国大会。2019年6月，美非商业峰会在马普托举行，美商务部副部长凯伦·凯利赴莫出席。

二 经贸关系

积极吸引美国投资和开辟美国市场也是莫桑比克对美外交关系的工作重点之一。1998年12月，莫桑比克与美国谈判达成双边贸易协定。美国参议院于2000年11月批准，双边贸易协定于2005年3月3日生效。该协定为美国投资者提供更高水平的保证，也为美国企业开发莫桑比克市场开辟了道路；同样，协定也为莫桑比克吸引外国投资以扩大就业市场和利用美国市场准备了条件。2005年6月，美国和莫桑比克签署了贸易和投资框架协议，建立了贸易与投资理事会，讨论双边和多边贸易与投资问题。理事会于2006年10月举行了第一次会议。

2016年，两国举行了第四轮贸易和投资框架协议会谈，就解决贸易限制、改善莫桑比克的商业和投资环境、扩大和多样化美国与莫桑比克之间的贸易举行了磋商。会谈还讨论了两国如何合作履行世界贸易组织规定的义务，发展和推进与卫生、植物检疫措施以及技术性贸易壁垒有关的贸易促进活动。莫桑比克没有与美国政府签订双边税收协定。

莫桑比克的大量外商直接投资来自美国。美国在莫桑比克的三大主要投资者是阿纳达科石油公司（Anadarko Petroleum）、莫桑比克烟叶烟草有限公司（Mozambique Leaf Tobacco）和埃克森美孚公司。埃克森美孚在签署了一项28亿美元的交易，购买了意大利石油天然气公司埃尼天然气开发项目的大量股份后，成为莫桑比克最大的投资者之一。

2015年，在莫美两国建交40周年庆典上，莫桑比克外交部副部长蒙德拉内称："迄今已有24个涉及美国私人投资的项目获批，涉资160亿美元，投放领域包括石油和燃气、农业和工业、运输、旅游和服务业，估计可创造就业职位约400万个。"两国的贸易量也达到令人鼓舞的水平。莫桑比克向美国出口的货值，由2012年的0.6246亿美元，增加至2013年的1.4486亿美元。莫桑比克从美国进口货值，由2012年的2.5326亿美元，下跌至2013年的2.0198亿美元（见表8-2）。

表8-2　2008~2015年莫美双边贸易情况

单位：百万美元

	2008年	2009年	2010年	2011年	2012年	2013年	2014年	2015年
莫出口	18.57	40.79	15.70	25.23	62.46	144.86	51.98	57.53
莫进口	160.32	135.50	74.84	290.08	253.26	201.98	157.37	197.70
进出口总额	178.89	176.29	90.54	315.31	315.72	346.84	209.35	255.23

资料来源：世界贸易组织莫桑比克贸易政策审查报告（2017）。

三　美国援助

根据美国国务院网站数据，美国是莫桑比克最大的援助来源国，每年提供超过4亿美元的援助，在援助莫桑比克经济发展中发挥主导作用。如粮食安全、健康、教育、减贫和创造就业一直是美国援助的优先方向。

2002年，美国总统布什提出"千年挑战账户"计划，援助对象主要是发展中国家。美国为申请国确定的三个标准是公平施政、投资人民和鼓励经济自由，莫桑比克是第一批有资格从美国设立的“千年挑战账户”计划中申请资金援助的国家。2007 年 7 月，美国向莫桑比克提供 5.07 亿美元援助，用以帮助改善人民生活和提高农业生产能力等。

2010 年 3 月，美国联邦政府批准向若干亚非拉和中东国家提供价值 1.45 亿美元的援助，其中莫桑比克获得包括大米、玉米、大豆、大豆粉及大豆油等总价值近 2630 万美元的粮食援助，大约 5.7 万贫困人口从该粮食援助项目中获益。

2010 年 8 月，莫桑比克政府和美国政府在马普托签署一项援助协议。美国政府承诺在之后 4 年内每年向莫桑比克提供 2.5 亿美元援助，帮助莫桑比克防治艾滋病。

2015 年 4 月，美国国际开发署向 5 万名莫桑比克农民提供援助。美国国际开发署发布公告称，未来三年内，美国将通过四个合作机构，向莫桑比克约 5 万名农民提供援助，涉资达 3000 万美元。合作机构“将向约 5 万小农户提供获取种子、肥料、仓储、拖拉机、贷款的渠道”。这些服务“将由私人机构通过与美国国际开发署、国际和本国非政府组织合作，提供具体所需”。该计划是美国政府在全球范围对抗饥饿、实现粮食安全的一项倡议，包括花生、大豆、腰果和杧果等作物。

2015 年 10 月，美国国际开发署向莫桑比克提供 190 万美元，以支持改善其营商环境。

2017 年 2 月，莫桑比克媒体俱乐部报道，美国驻莫桑比克使馆宣布，美国向莫桑比克提供 3720 万美元援助，用以改善莫商业环境，促进莫经济增长。该援助资金具体用于莫农业、贸易、能源、供水和生物多样化等领域的私营商业环境改善，此次援助仅为“改进莫商业环境，促进莫经济增长”项目的部分内容。

2019 年 3 月，强热带气旋“伊代”登陆非洲东南部，导致 1000 多人死亡，并对莫桑比克造成了巨大破坏，导致近 7.7 亿美元的损失，近 40 万人流离失所。时速 200 公里的大风和洪水不同程度地损坏了房屋、学校、农田、重要基础设施，马尼卡省、索法拉省、太特省、赞比西亚省受损尤为严重。热带气旋发生后，美国加紧提供应急援助，并帮助莫桑比克开展灾后重建工作。3 月 20 日，美国国际开发署部署了灾难救援应对小组（DART），派往莫桑比克评估受灾程度、确定当务之急，以提供莫桑比克人民需要的关键援助。一周后，在美国国际开发署的要求下，美国军队与莫桑比克政府协调合作，开始通过空中活动递送人道主义援助物资。

第四节　与欧洲的关系

一　与欧盟的关系

莫桑比克与欧盟关系比较复杂。在外交现实中，莫桑比克发展同欧洲国家的关系既要考虑非欧关系框架下的整体性，又要考虑作为主权国家的独立性；既要考虑到历史渊源，又要考虑到现实需要。所以，莫桑比克与欧洲国家之间建立了复杂的、多方位的和适时调整的外交关系。另外，在同西方国家的交往中，莫桑比克政府十分注意对西方国家区别对待，更注意将某些国家的政府同其人民区分开来。这种外交策略也确保了莫桑比克外交政策的灵活主动性。

在莫桑比克独立战争期间，西方国家中只有北欧国家支持莫解阵的民族解放事业，为其提供了大量的人道主义援助，并在联合国一直反对葡萄牙政府为其殖民地政策所做的辩解。莫桑比克政府认为，美国和其他北大西洋公约组织成员国在莫桑比克独立战争期间偏袒葡萄牙，为葡萄牙提供的军事装备虽然名义上是为了使葡萄牙能够履行北约成员国的义务，但实际上增强了葡萄牙的实力以助其镇压莫桑比克民族解放运动。所以莫桑比克独立初期在同西方国家的交往过程中，只同北欧国家进行密切的友好交往。另外，在意识形态领域，莫桑比克认为，北欧国家具有社会主义倾向，同情莫解阵的民族解放运动。因而，莫桑比克只将北约国家列入资本主义阵营。

正是基于北约在莫桑比克独立战争期间支持葡萄牙的历史事实，在获得独立时，莫桑比克同北约国家的关系处于僵持状态。为了表示对北约国家支持葡萄牙殖民政策的不满，莫桑比克没有邀请美国和联邦德国参加独立庆典，而且关闭了这两个国家的领事馆。虽然北约其他国家参加了这个庆祝活动，但并未得到热情友好的接待。与此形成鲜明对比的是，莫解阵对那些来自北约国家但曾对其民族解放事业提供支持的进步团体，公开地表达了敬意。这是莫桑比克政府将西方国家的政府与人民截然分开、区别对待的一个例子。在独立庆典上，莫桑比克领导人还对支持其民族解放事业、提供了人道主义援助的北欧国家表达了感激之情，表达了要同其建立更广泛、更深入的关系的愿望。

从 1978 年开始，几个因素促使莫桑比克打开了同西方国家交往的大门。首先，莫桑比克越来越认识到，西方国家对于南罗得西亚少数白人非法政权的立场以及对于南非非法占领纳米比亚的立场，并不妨碍莫桑比克改善同它们的外交关系。其次，莫桑比克希望其外交关系网络实现多样化，以减少对某个集团的过度依赖，同时也希望同西方国家扩展经济交流的范围。再次，莫桑比克将要展开的规模巨大的建设工程需要巨额资金和先进技术，但社会主义国家无力满足这种需求。这种现实以及同西方国家建立经济联系具有潜在的长期利益促使莫桑比克政府愿意进行多边合作。最后，莫桑比克还希望吸引更多的西方投资，迫使北约国家向南非施加压力，以减少其对“莫抵运”的支持与援助。莫政治局常务委员会在其报告中提出：“在完全平等、无条件尊重主权和领土完整、不干涉内部事务和互利互惠的基础上，我们愿意同所有国家建立友好合作关系，不论是什么社会制度的国家。”

因此，从 1978 年开始，莫桑比克在多个领域寻求同西方国家的合作与交流。到 80 年代中期，在经济领域，莫桑比克已经同以下西方发达国家签署了一系列经济援助协议：英国、荷兰、美国、意大利、法国、加拿大、葡萄牙、希腊、瑞典等。这些经济协议涉及莫桑比克的农业、交通运输、港口、水电、纺织、石油和天然气勘探、卡车制造等多种建设工程项目。

在 80 年代后期莫桑比克进入政治、经济改革时期以后，尤其是在冷战结束以后，莫桑比克重视发展同西欧国家的关系。北欧诸国一直是莫桑比克的援助国。英国、法国、荷兰、瑞士等国也对莫桑比克给予数千万美元的财政和物资援助。英、法、德等国还积极参与莫桑比克和平民主进程，是监督实施罗马和平总协议的监督与核查委员会的成员国。英国和法国还为莫桑比克培训国防军，西班牙为莫桑比克培训警察。

从欧盟与非洲关系视角看，随着非洲政局的稳定和经济发展，包括莫桑比克在内的非洲国家的国际地位得到较大提升，各大国逐鹿非洲，竞争激烈，欧盟发现传统模式越来越难以维系欧非关系。为维护其在非洲的传统影响力和现实利益，欧盟调整对非政策，进一步优化其非洲战略，改善欧非关系。1975 年至 1989 年，欧共体与非洲、加勒比海沿岸和太平洋地区签订四个《洛美协定》，2000 年签署《科托努协定》，2005 年首次将非洲视为政治上平等伙伴的首个对非政策文件《欧盟与非洲：走向战略伙伴关系》出台。冷战时期，欧非关系以贸易和援助为重点；90 年代，欧盟对非洲强调民主、人权、良治等政治性条件，积极推动非洲民主化改革；21 世纪后，在欧非战略伙伴关系框架下，从安全、民主、能源、移民、气候变化、农业等八大领域入手，进行全方位、多领域、多层次的合作。这些政策的调整也促使莫桑比克与欧盟关系更加灵活、成熟、务实。

莫桑比克与欧盟关系总体平稳。目前，欧盟和莫桑比克关系的法律框架基于非加太国家与欧盟于 2000 年 6 月签署的《科托努协定》。根据规定，《科托努协定》有效期为 20 年，每 5 年修订一次，前 8 年为过渡期，后 12 年为执行期，主要内容包括双方进行全面政治对话、扩大经贸合作、实现贸易自由化等。欧盟在 8 年过渡期向非加太国家提供 135 亿欧元的援助，非加太国家 97% 的产品可以免税进入欧盟市场。

《科托努协定》签订后，一些拉美国家对欧盟给予非加太国家的特殊“照顾”表示不满，并诉诸世界贸易组织。世贸组织于 2001 年裁定，非加太国家与欧盟应在 2007 年底前取消单方面贸易优惠安排，并达成新的贸易协定。

2002 年，欧盟开始与非加太国家就《经济伙伴协议》进行谈判。2018 年 2 月，莫桑比克加入欧盟和南部非洲发展共同体的伙伴协议，保证了莫桑比克免税和无配额进入欧盟市场以及更优惠的贸易条件。

欧盟统计，莫桑比克的国际援助2/3来自欧盟，约占国家预算的20%。2004年1月，莫桑比克与欧盟签署一项渔业协定，有效期为3年。其间，欧盟成员国将到莫桑比克的水域捕鱼，作为交换，莫政府每年将得到300万欧元用于发展渔业。2006年3月，欧盟委员会莫桑比克代表处宣布，欧盟提供7500万欧元重点资助水资源项目，从而为千年发展计划目标的实施做出贡献，项目的主要合作伙伴是莫桑比克政府，通过其公共工程部国家水务局（DNA）和水利投资与管理基金会（FIPAG）执行。2007年11月，莫政府、欧盟和南非马库鲁萨建筑公司（Marcleusa Construções）财团三方代表在马普托签署协议，使用欧盟向莫提供的390万欧元实施莫桑比克港口铁路公司的一项基础设施的现代化改造工程，内容是修复从马普托港口起到加扎省希瓜拉瓜拉镇共计8个铁路车站和车站相应的供水、供电设施系统，总预算600万欧元。2008年3月，欧盟与莫桑比克签署了价值600万欧元的基金协议，由欧盟帮助莫实施改进食糖生产。2008年3月，欧盟与莫桑比克签署援助协议，莫政府与欧盟签订三项总额为943万欧元（约1450万美元）的援助协议，其中440万欧元用于改善莫贸易和商业环境，联合国工业发展组织同时为该项目出资90万欧元，项目内容包括：为提高产品质量，引进检测和发放证书的国际准则和质量认证体系；为改善对出口商和投资者的建议和信息服务，莫出口促进局将获部分资金，为客户降低进出口成本、缩短操作时间；欧盟和意大利政府分别出资290万欧元和240万欧元，为伊尼扬巴内省伊尼亚里梅、然加莫、乌穆伊尼、潘达和莫龙贝内5镇3.8万人修复供水系统；欧盟和世界银行分别出资107万欧元和35万欧元，为莫能源部生物燃油项目提供技术支持，并改善马普托、贝拉、楠普拉和克利马内等主要城市和农村能源洁净能力，提高中央和省级政府能源计划与管理能力。2011年12月，粮农组织与欧盟帮助莫桑比克改良种子，以增加粮食产量。欧盟粮食融资机制向项目提供了总值为730万欧元的资金支持。2012年7月，欧盟签署了一项向莫桑比克的地方经济发展部门、政府部门和非政府部门分别提供2700万欧元、900万欧元和500万欧元的援助协议。2016年2月，第26届非盟峰会期间莫政府与欧盟委员会签署协议，欧盟提供2亿美元援助莫桑比克。

根据全球气候风险指数（2017 年）报告，莫桑比克是受天气相关损失事件影响最大的国家之一。几乎每年莫桑比克都在经历人道主义危机，受影响民众的流离失所是普遍现象。欧盟通过欧洲委员会人道主义援助部（ECHO）和欧洲发展基金平台提供大量援助。欧盟通过制定不同的方案，以应对气候变化和减少自然灾害风险。2015 年，为支持莫桑比克应对洪涝和厄尔尼诺灾害，提供 2075 万欧元援助。2016 年 8 月，欧盟和奥地利给予莫桑比克民众 160 万欧元救灾援助，以应对气候变化带来的灾难。欧盟第 11 个欧洲发展基金国家指示性方案（2015～2020 年）中包括一项 3000 万欧元的营养计划，该计划于 2017 年开始实施，与联合国儿童基金会、莫国家卫生研究所和太阳民间社会网络合作 5 年，以解决莫桑比克儿童极度发育迟缓的问题。此外，欧盟于 2018 年启动一项补充计划，旨在通过农业和农村发展中的“营养敏感干预”，用可持续的方式解决这一问题。

欧盟是莫桑比克的主要贸易伙伴，是莫桑比克的主要出口伙伴，也是继中国、南非和印度之后的第四个进口伙伴。尽管近年来莫桑比克的贸易余额大部分为负，但其与欧盟的贸易余额仍然为正，主要是由于对欧盟铝出口占优势。2016 年，莫桑比克全球出口总额的 30% 以上是向欧盟出口的，主要是向欧盟出口铝，使欧盟成为莫桑比克的主要出口目的地。2016 年，欧盟从莫桑比克进口了价值 13 亿欧元的货物，向莫桑比克出口了价值约 7 亿欧元的货物。莫桑比克向欧盟出口的主要是燃料和矿物（主要是铝）以及农业和渔业产品，如烟草、坚果、蔬菜和虾；而从欧盟进口的主要是制成品、机械、运输设备和化学品。

欧盟与莫桑比克有四个主要沟通渠道。一是政治对话。双方就共同关心的政治、社会和经济形势等广泛问题定期举行政治对话。除此之外，欧盟也与莫桑比克议会各政党代表和民间社会代表进行长期对话。二是合作对话。奥地利、比利时、丹麦、芬兰、法国、德国、爱尔兰、意大利、荷兰、葡萄牙、西班牙、瑞典等是为莫桑比克提供援助的主要国家。三是捐助者协调平台（DCP）。2016 年 11 月成立，作为一个非正式的发展伙伴平台，参与者（欧盟成员国、挪威、瑞士、世界银行、非洲开发银行、联合国、国际货币基金组织、加拿大、日本和美国）包括了传统双边和多边援助。目的是优先考虑所有传统捐助者之间的工作效率，促进信息交流、讨论和协调发展合作事项，积极寻求捐助者可以在优先问题上共同合作的机会。四是与民间社会对话。2015 年 7 月，纽西总统对法国进行国事访问。2016 年 4 月，纽西总统访问德国、比利时和欧盟总部。2017 年 5 月，纽西总统对荷兰进行了国事访问。2018 年 2 月，纽西总统对瑞士进行正式访问。

二　与葡萄牙的关系

葡萄牙是莫桑比克原殖民宗主国，对莫桑比克语言、宗教、文化、社会制度等各方面影响深远。两国政治、经济关系密切。

莫桑比克同葡萄牙高层领导人之间互访频繁，葡萄牙企业在莫桑比克的经营活动日渐增多。莫桑比克还积极参加葡共体举行的一系列会议和活动。葡萄牙和莫桑比克已经形成了新型的合作伙伴关系。

2010 年 3 月，葡萄牙总理索克拉特斯对莫桑比克访问期间，两国签署了建立双边峰会机制协定、气候变化合作协定、军事技术合作协定、能源合作议定书、文化合作议定书、学校图书馆合作议定书以及交通与通信合作谅解备忘录等文件。此外，两国还计划成立莫桑比克—葡萄牙投资银行，共同管理葡萄牙向莫桑比克提供的贷款。议定书和谅解备忘录解决了阻碍两国关系发展的历史遗留问题，使两国关系步入了快速发展的轨道。莫总统格布扎评价索克拉特斯的访问将进一步拓宽莫葡两国的合作领域，有力地推动两国友好合作关系的发展。索克拉特斯认为，访问使两国在不断加强各个领域内的广泛友好合作关系方面迈出了历史性的一步。这次访问，主要有三个方面成果最为亮眼。一是政治方面建立双边峰会机制协定，每年举行一次峰会，通过这一机制共同探讨发展双方在各个领域的友好合作关系。二是经济方面，葡萄牙方面表示将进一步加大对莫桑比克的投资力度，全力支持莫桑比克的发展计划，积极参与各项促进经济发展的基础设施建设，帮助莫桑比克加快经济发展的步伐。莫葡两国此次签署的各项文件所涉及的贷款总额达 10 多亿欧元。三是解决了多年来制约两国关系发展的卡奥拉巴萨水电站问题。该水电站是由葡萄牙设计和建造的一座大型水电站，对莫桑比克的经济发展具有举足轻重的作用。1975 年莫桑比克独立后，这座水电站由莫葡双方共同管理，葡萄牙拥有水电站 82% 的股份，莫桑比克拥有 18% 的股份。为了使水电站真正回到莫桑比克人民的手中，莫葡两国围绕水电站的股权问题进行了多年的艰难谈判，最终于 2006 年达成协议。莫桑比克在偿还葡萄牙 7 亿美元的资金后拥有水电站 85% 的股份，葡萄牙拥有 15% 的股份。莫桑比克把水电站的回归比喻为莫获得了“第二次独立”。此次访问中，葡萄牙方面提出出售拥有股份的想法，并得到莫桑比克方面的积极回应。最后，两国政府签署了一份股份转让协议，由两国各指定一家本国公司出面收购葡萄牙一半的股份。这项股份转让工作结束后，莫桑比克将拥有水电站 92.5% 的股份。2017 年 11 月，葡萄牙与莫桑比克在马普托签署 2017～2021 年新战略合作方案，其中包括 2.025 亿欧元的财务计划，约一半款项以信贷优惠条件提供。新战略将聚焦于投资和贸易领域，继续加强对教育和卫生等传统领域的援助。

葡萄牙是对莫桑比克提供人道主义援助最多的国家之一。2000 年 2 月底，葡萄牙政府应莫桑比克请求国际社会提供援助的呼吁，宣布向其捐助 200 万美元。3 月 1 日，葡萄牙向莫桑比克输送了包括食品、医药、橡胶筏和帐篷等重 40 吨的援助物资。葡萄牙在 2000 年 3 月 2 日宣布取消莫桑比克与葡萄牙之间双边债务总额的近 1/10 债额，将近 1.45 亿美元，作为援助莫桑比克洪水灾害的一部分措施。此外，葡萄牙还捐款 500 万美元专门用于雇用直升机在灾区从事搜索救援活动。

葡萄牙是莫桑比克第二大贸易伙伴，在外国对莫桑比克投资中居第二位。2014 年，莫葡贸易额 3.53 亿美元。葡萄牙也是在莫桑比克投资最多的国家之一。截至 1998 年底，葡萄牙在莫桑比克直接投资总额为 1.7 亿美元（225 个项目）。2007 年对莫投资 8060 万欧元，达到顶峰。2008 年，净投资额约 2100 万欧元。2014 年，葡萄牙对莫桑比克投资 3.36 亿美元。

2014 年 4 月，葡萄牙总理佩德罗·帕索斯·科埃略对马普托进行访问。2015 年 1 月，葡萄牙总统席尔瓦、副总理波尔塔斯赴莫桑比克出席纽西总统就职典礼。2015 年 7 月，纽西总统对葡萄牙进行国事访问。2016 年 3 月，纽西总统访问葡萄牙并出席葡萄牙总统马尔塞洛·德索萨就职仪式。2016 年 5 月，葡萄牙总统德索萨访问莫桑比克。2017 年 10 月，莫桑比克议长马卡莫应邀访问葡萄牙；11 月，葡萄牙外交与合作国务秘书访莫桑比克。2018 年 6 月，葡萄牙总理安东尼奥·达科斯塔对莫桑比克进行国事访问。2019 年 3 月，葡萄牙外交与合作国务秘书里贝罗访莫桑比克；7 月，纽西总统对葡萄牙进行国事访问。

三 与德国的关系

德国统一之前，德意志民主共和国（俗称“东德”）于 1975 年与莫桑比克建立外交关系，第二年，德意志联邦共和国（俗称“西德”）也与莫桑比克建立外交关系。德国统一之后，德国继承了东德与莫桑比克的友好关系。

莫桑比克与东德保持着密切的关系，许多莫桑比克人在那里学习，其中约 22000 人被雇用为合同工。80 年代末，双方高层之间进行的一系列互访加强了双边关系。在莫桑比克和平进程中成立的监督与核查委员会中，德国是成员国之一。另外德国还参加了根据罗马和平总协议建立的其他委员会。德国为促成莫桑比克的和平进程做出了一定的贡献。1992 年莫桑比克内战结束后，德国帮助莫桑比克重建。大量的高层访问证明了两国关系的友好性质。2006 年 4 月，德国总统霍斯特·克勒正式访问莫桑比克。2007 年 11 月，莫桑比克总统阿曼多·埃米利奥·格布扎访问德国。2010 年 1 月，德国联邦经济合作与发展部长尼贝尔前往马普托和贝拉。2011 年 6 月，莫桑比克总理阿里访问了巴伐利亚。2013 年 3 月，德国联邦外交部和联邦经济技术部的国务卿在商务代表团的陪同下访问了莫桑比克。不久之后，2013 年 4 月，当时的德国联邦外交部长韦斯特韦勒也在商务代表团的陪同下对莫桑比克进行了访问。随后，德国联邦外交部长斯坦迈尔于 2015 年 11 月访问莫桑比克。莫桑比克外交部长巴洛伊于 2014 年 6 月访问了德国，随后纽西总统也于 2014 年 8 月访问了德国。

2016 年 4 月，纽西总统再次访问德国，会见了默克尔总理和经济合作与发展部长穆勒。德国联邦参议院议长和黑森州州长布菲耶于 2015 年 3 月在商务代表团的陪同下前往莫桑比克。经济合作与发展部长穆勒于 2018 年 8 月首次访问莫桑比克。近年来，莫桑比克政府部长多次访问德国。德国联邦议院和联邦参议院与莫桑比克的交流非常频繁，莫桑比克议员于 2015 年 10 月、2017 年 2 月访问德国，2018 年 7 月三个议会团体主席首次联合访问德国。2016 年 10 月，为促进与南部非洲发展共同体国家的关系，德国联邦议院议会友谊小组访问马普托。

莫桑比克是德国在南部非洲发展共同体中第三大重要的贸易伙伴，仅次于南非和安哥拉。2011 年在莫桑比克鲁伍马盆地北部发现的海上天然气资源，激发了德国公司对莫桑比克的兴趣。2014 年 4 月，南非 - 德国工商会在马普托设立了代表处，目的是促进贸易往来。自 2007 年停止参加马普托国际博览会后，2012 年至今德国每年都参加并有自己的展厅。2018 年，有 10 家德国公司参展。德国和莫桑比克之间没有双重征税协定。

2016 年至 2018 年，德国与莫桑比克双边贸易额分别为 1919 万欧元、29820 万欧元、23370 万欧元。铝是莫桑比克向德国出口的主要商品。从 2013 年起，德国对莫桑比克的出口显著增加，2018 年出口额达到 1.05 亿欧元。

目前德国每年向莫桑比克提供 5000 万 ~ 6000 万欧元援助。自 20 世纪 80 年代以来，莫桑比克在双边发展合作中从德国获得约 13 亿欧元援助。德国是为莫桑比克提供大量多边资金的国家之一，同时也是积极为莫桑比克提供自然灾害救济的国家之一。

在 2000 年和 2001 年的水灾中，德国为莫桑比克提供了人道主义援助。2000 年 9 月 11 日，德国政府表示向莫桑比克提供大约 2120 万美元的援助，帮助其修复中部地区的赞比西亚省、索法拉省以及北部的楠普拉省的道路和通信设施。修复楠普拉城和纳卡拉港口之间 110 千伏的输电线路是这笔援助款项的特定项目。

2001 年 1 月底，莫桑比克及邻国的赞比西河流域连续降雨再次引发洪水灾害，100 多人丧生，50 万人流离失所。德国人道主义援助突击队密切关注灾情的变化，并与有关救济机构进行联系。在莫桑比克于 2 月 21 日向国际社会发出请求援助的呼吁之后，德国红十字会在几天之内就向受灾地区发送了急需的救援物资。德国外交部为莫桑比克灾区准备了总值 140 万德国马克的人道紧急援助物品，包括饮用水、医药、帐篷、毯子和疏散工具等。德国经济合作与发展部也允诺为莫桑比克重建工作提供 200 万马克的援助。此外，德国在 2000 ~ 2001 年实施了排雷行动，包括清除加扎省高山城至马巴拉内铁路沿线的地雷。德国援助的这项工作没有受到洪水灾害的影响，德国在 2001 年为莫桑比克的排雷活动提供了大约 200 万马克的援助。

为了解决发展合作中的具体问题，德国和莫桑比克定期举行政府间磋商和谈判，共同确定了教育（包括职业培训）、财政以及可持续发展等优先合作领域。2018 年 10 月在柏林举行的政府间谈判中，德国承诺 2018/2019 年的援助总额为 9040 万欧元。除了政府层面的双边合作外，德国非政府组织也在莫桑比克开展广泛的活动。

作为学生或合同工而居住在德国的莫桑比克人数量众多。他们中的许多人讲德语，并在莫桑比克建立了自己的校友协会。2003 年成立的德国 - 莫桑比克/歌德文化中心，2007 年作为德国 - 莫桑比克文化中心（Centro Cultural Moçambicano-Alemão，CCMA）下的一个协会正式注册，负责组织定期的文化活动和语言课程。2009 年 10 月，莫桑比克与德国签署了一项双边文化协定。热衷于数字技术和生活在城市地区的年轻人日益成为两国文化领域交流的重要组成部分。自 2012 年 9 月起，德国学术交流中心（DAAD）派遣一名教师在马普托大学的教育学院工作。

四　与法国的关系

冷战结束以后，法国的对非政策进行了较大的调整，即在新的形势下努力保持与法语非洲国家的传统友好合作关系的同时，突破传统法语非洲领域，将其外交活动领域扩展到包括英语非洲、葡语非洲和阿语非洲在内的整个非洲大陆。2006 年，莫桑比克成为法语国家国际组织的观察员。

1998年6月25～30日，法国总统希拉克对纳米比亚、南非、莫桑比克和安哥拉四国的访问，就是这种政策调整的具体体现。法国对非政策调整之后，呈现出如下的态势。

在政治上加强交流与合作，2015年7月，莫桑比克总统纽西访问法国，双方签署了债务减免和发展合同。2015年11月，莫桑比克文化和旅游部长席尔瓦·敦杜罗访问法国。2016年8月，法国环境、能源和海洋事务部长罗雅尔女士访问莫桑比克。另外，法国政府支持2016年进行的莫桑比克政府与反对党“莫抵运”的和平谈判。

在经济上继续无偿援助非洲和通过贸易与投资的方式帮助非洲发展经济，在军事上不再武力干涉非洲国家内部事务。针对法国对非政策的重大调整和希拉克出访南部非洲四国，法国《费加罗报》以《希拉克走向另一个非洲》为题进行报道。希拉克在访问莫桑比克期间，对莫桑比克所取得的社会经济建设进展表示赞赏，并表示支持莫桑比克的民族和解进程。

法国对莫桑比克的发展援助主要通过多边渠道（向欧洲发展基金和全球基金捐款）来实现。从双边关系来看，自1981年以来法国开发署已做出超过11亿欧元（包括3亿欧元的赠款）的财政承诺，主要是在能源和交通基础设施建设领域。

在2000年莫桑比克特大洪水灾害期间，法国也积极为莫桑比克提供人道主义援助。据莫桑比克新闻社当年5月4日的报道，法国政府为莫桑比克中部和南部灾区的难民安置提供500万法郎（约70.8万美元）的捐助。此外，法国还组织了巴黎俱乐部成员国对莫桑比克实施免除债务的紧急援助活动。为了修复在2000年2月被恩科马河洪水严重冲毁的马普托省的道路，法国政府在2001年5月23日又向莫桑比克提供了650万欧元（约560万美元）的援助。

军事方面，双方签署有《军事合作协定》（2006年生效）。1999年9月，法国驻印度洋海军对马普托港进行了友好访问。据莫桑比克新闻社报道，法国驻印度洋舰队司令宣布，应莫桑比克政府的要求，法国驻印度洋海军将帮助莫桑比克监视位于莫桑比克海峡的渔船和商船，并将这些船只的信息通报莫桑比克政府部门。他还表示，法国舰队还可以向莫桑比克提供更多的援助。法国舰队的此次访问，促进了两国之间的军事合作与交流。

莫桑比克也与法国积极开展文化、语言和科学领域的合作。法国莫桑比克文化中心主要促进两国开展语言和文化交流。

五 与英国的关系

不管是在双边关系上还是在英联邦内部，莫桑比克同英国的关系都非常密切，包括政府各部级间的关系和官员之间的关系。莫桑比克和英国之间的高层互访频繁。近年来，莫桑比克几乎每年都有高级官员和政治领导人到访英国，其中希萨诺总统在 1997 年、2000 年和 2001 年三次访问英国，莫桑比克部长级官员访问英国的次数更多，“莫抵运”主席德拉卡马也于 2001 年访问英国。英国也有不少的高级官员到莫桑比克访问。1990 年 11 月 15 日，英国女王在爱丁堡公爵的陪同下对莫桑比克进行国事访问。在 2000 年希萨诺总统的就职仪式上，也有英国代表参加。

2000 年 12 月 12～14 日，希萨诺总统对英国进行正式访问，取得丰硕成果。英国政府承诺致力于帮助莫桑比克未来的长期发展，通过贸易、投资和发展援助帮助莫桑比克战胜贫困并改善民众生活。

在 2000 年 2～3 月莫桑比克遭受 50 年一遇的洪水灾害后，英国成为国际上向其提供紧急援助最多的国家之一。在 2000 年 5 月举行的罗马国际社会捐助会议上，英国允诺为其提供 4480 万美元的援助。按照英国政府的统计数字，2000 年，英国政府为帮助莫桑比克应对水灾提供了 3600 万英镑的紧急援助，其中 800 万英镑为紧急救济，1200 万英镑为紧急修复援助，1000 万英镑为紧急财政援助以补偿莫桑比克遭受水灾的损失，600 万英镑为基础设施修复重建的费用。这些援助是在英国国际发展部正常的双边发展计划的基础上提供的。2008 年 5 月，英国公共卫生部长吉莉安·梅隆（Gillian Merron）在马普托宣布，向莫提供为期 10 年、总额 2000 万欧元的粮食补贴。2019 年 3 月，强热带气旋“伊代”对莫桑比克造成巨大伤害。英国政府表示，将向莫桑比克和马拉维提供价值 600 万英镑的人道主义援助，并称将为莫桑比克提供帐篷及数千个建造避难所的装备。英国国际发展部在2002年对莫桑比克的经济援助总额估计为2800万英镑。英国还承担欧洲委员会承诺的向莫桑比克提供救济和重建援助总额的17%，即在欧洲委员会允诺的向莫桑比克提供1500万英镑中，英国的份额是275万英镑。英国民众也通过灾害紧急救助委员会组织的全国捐助活动，为莫桑比克提供了2200万英镑的紧急援助。据统计，2002～2008年，英国援助莫桑比克资金由0.48亿美元增加到2008年的1.98亿美元。

英国在莫桑比克的投资和贸易也获得了长足发展，自1994年以来，莫桑比克经济的强劲增长激励了英国投资的增长。1985～1990年，英国是继南非之后在莫桑比克投资最多的国家，投资总额达3.68亿美元，占外国在莫桑比克投资总额的19%。在2000年9月开始投产的总值达13.4亿美元的莫桑比克铝业项目中，由英国的比利登（Biliton）和澳大利亚BHP合并而成的必和必拓是其中最大的投资者，掌握控股权。英国的英联邦投资集团融资合作公司也在该项目中投资5亿美元。尽管受2000年水灾的影响，但该项目的建设还是提前6个月在预定的开支范围内完成了。该项目是莫桑比克目前已有的最大的私营投资项目，其资本总额约占当年国内生产总值的1/3。另外，一个以墨尔赛伊·道克斯为首的英国－瑞典财团获得了马普托港口15年的租赁期，负责管理港口。该财团计划在租赁期内投资5000万美元用于改进港口的基础设施，包括牵引设施和疏浚设施。马普托港口的修建是扩大马普托走廊范围的最后一个关键环节。2004年，莫桑比克与英国签署投资保护和促进协定。2011年11月，英国负责非洲事务的外交大臣亨利·贝林厄姆在马普托与莫桑比克总统格布扎会晤后表示，英国与莫桑比克贸易关系发展顺利，莫桑比克是英国重要的合作伙伴，英国愿意进一步发展与莫桑比克在各个领域的合作关系。他同时指出，有107家英国公司在莫桑比克投资。英国政府鼓励更多的英国公司对莫桑比克的采矿、石油勘探、农业、基础设施建设和再生能源等领域投资。

据英国官方统计数据，2000年，英国从莫桑比克的进口总额为510万英镑，较上一年度增长104%；英国对莫桑比克的出口总额为1850万英镑，较上一年度增长65%。但后一数字只是英国直接出口莫桑比克的贸易数字，不包括先出口到南非再转运到莫桑比克的贸易额。目前，在莫桑比克经营的英国公司包括石油开采和销售公司、会计师行、咨询公司、旅馆管理公司、蔗糖采购机构和化学品制造公司等。英外交和联邦事务部政务次官阿莫斯女男爵于2002年5月15~17日访问莫桑比克，会见莫桑比克总理，英免除莫桑比克一切债务。2008年8月1日，英首相布朗访问莫桑比克。2013年，有形商品双边贸易额增加了14%，超过1.5亿英镑。英国对莫桑比克的货物出口额为4500万英镑。

第五节 与周边及其他非洲国家的关系

在历史上反对殖民统治和种族主义统治的斗争中，莫桑比克同周边国家结成了密切友好的关系，不存在双边、多边争端。莫桑比克独立后积极发展同非洲国家特别是南部非洲国家的关系，实行睦邻政策。由于经济上一直依赖邻国，尤其是南非，所以莫桑比克一向重视同周边国家的关系。南非是莫桑比克第一大外来投资国，两国经贸关系密切。莫桑比克是南部非洲发展共同体、东南非共同市场等地区组织成员国。莫积极参与地区政治、经济事务，主张加快地区经济一体化步伐、和平解决地区冲突，赞同成立非洲常备部队，对冲突国家和地区进行主动干预。2005年，格布扎就任总统后遍访邻国，进一步巩固与南部非洲国家的传统关系。莫桑比克还与博茨瓦纳、南非、斯威士兰等签署了互免签证协议，方便人员流动。

莫桑比克于2009~2010年担任南共体政治、防务和安全机构主席国。2011年，莫与科摩罗、坦桑尼亚等签署了《莫桑比克与科摩罗关于确定海上边界的协议》《莫桑比克与坦桑尼亚关于确定海上边界的协议》《莫桑比克、坦桑尼亚和科摩罗关于确定海上边界三方分界点的协议》，并与赞比亚完成了陆地边界的划定。2014年3月，坦桑尼亚、马拉维尼亚萨湖划界争端新一轮调停会在马普托举行，调停小组组长、莫总统希萨诺主持会议。2012年，莫成功举办葡语国家共同体和南部非洲发展共同体峰会，接任两组织轮值主席国，并以轮值主席身份多次召开特别首脑会议，推动解决马达加斯加、津巴布韦和几内亚比绍政治危机。2015 年 6 月，纽西总统出席在南非举行的非盟第 25 届峰会。2015 年至 2016 年，莫再次担任南共体政治、防务和安全机构主席国。近年来，纽西总统多次出席非盟峰会。2018 年，纽西接待博茨瓦纳、南非、肯尼亚、乌干达和津巴布韦等国元首到访，并出访肯尼亚和卢旺达两国。2019 年，南非总统拉马福萨、塞舌尔总统富尔先后访问莫桑比克。纽西总统先后访问毛里求斯、斯威士兰、埃及，赴津巴布韦出席津巴布韦前总统穆加贝的葬礼，赴博茨瓦纳出席马西西总统就职典礼。2020 年 8 月，莫桑比克主办第 40 届南部非洲发展共同体首脑视频会议，莫桑比克总统纽西担任 2020 年南共体轮值主席国主席。

一　与津巴布韦的关系

莫桑比克同津巴布韦在历史上关系密切。津巴布韦在独立以前称南罗得西亚，以伊恩·史密斯为首的少数白人控制国家政权。在白人统治南罗得西亚期间，两国关系一直紧张。在经济领域，莫桑比克支持联合国对南罗得西亚实施经济制裁，于 1976 年中断了南罗得西亚经莫桑比克贝拉港和马普托港的铁路运输，封锁了同津巴布韦的边界。但莫桑比克也为此付出了高昂的代价，包括铁路和港口运费收入损失以及运输工人失业等，估计总值超过 5 亿美元。

在津巴布韦的民族解放斗争中，莫桑比克政府曾经发挥了重要作用。在促成前线国家联盟成立后不久，莫桑比克就向穆加贝领导的津巴布韦非洲民族联盟和恩科莫领导的津巴布韦非洲人民联盟开放了同南罗得西亚相邻的 1200 公里的边界，允许这两个组织在本国境内建立军事基地，为莫桑比克境内的非洲民族联盟游击队提供了急需的重型武器装备。此外，莫桑比克为苏联东欧社会主义国家向津巴布韦民族解放力量输送武器提供了通道，还收留津巴布韦在民族解放战争期间逃到其境内的 15 万难民。

津巴布韦解放运动最终是爱国阵线取得了胜利。1979 年 9 月，津巴布韦民族解放组织、南罗得西亚政府和英国政府在英国伦敦的兰卡斯特宫签署协议，结束津巴布韦的白人少数统治，承认津巴布韦独立。在 1980

年3月的津巴布韦总统选举中，穆加贝获胜当选。津巴布韦于1980年4月赢得了完全的独立。此后，两国的关系得到了进一步巩固和加强。为了相互支持，两国共同进行反对南非种族主义政权的斗争。1981年1月，莫桑比克同津巴布韦签署了一项防卫和安全协议，规定如果两国中的任何一国遭受南非的进攻即视为对两国的进攻。南非则支持“莫抵运”集中力量破坏莫桑比克港口通往内陆国家的铁路和石油管道。因而，自1982年起，津巴布韦应莫桑比克政府要求派兵驻守贝拉走廊，以后驻兵逐步增多，最多时达1.3万人。1991年以后，津巴布韦领导人力促莫桑比克内战双方达成和平协议。罗马和平总协议签订后，津巴布韦驻莫桑比克军队逐渐撤回本国。

莫桑别克与津巴布韦经贸往来频繁。据世界银行统计数据，2008～2015年，莫桑比克向津巴布韦累计出口额7.01亿美元，平均每年0.87亿美元，其中2011年出口额最大，达到1.26亿美元。莫桑比克从津巴布韦进口累计2.56亿美元，平均每年0.32亿美元，其中2015年进口额最大，达到0.95亿美元。

二 与南非的关系

南非与莫桑比克的关系有其历史渊源，最早可追溯到1928年，当时南非和葡萄牙签订了一项规范南非与莫桑比克殖民地之间劳动、运输和商业事务的条约。在获得独立时，莫桑比克与南非的关系面临着尴尬的选择。莫桑比克在铁路及港口运输和劳务出口方面一直长期依赖南非。马普托港在历史上一直是南非主要的工业区和矿产出海口。莫桑比克为南非提供铁路运输和港口运输，所赚得的收入构成了其殖民地经济的一个支柱。

在两国建交以后，尤其是1994年新南非建立以后，高层领导人互访频繁，两国政治关系迅速得到了加强。为了对莫桑比克支持南非人民反对种族主义政权表示感谢，曼德拉总统出访的第一个国家就是莫桑比克，而1995年初期南部非洲地区到南非访问的第一个国家元首是希萨诺总统。南非政府支持经由民主选举产生的希萨诺政府，促进莫桑比克正在进行的民主重建和发展进程。两国合作开发大型工程项目，包括马普托走廊项目以及两国与斯威士兰合作的三方跨界开发项目。

1994 年 7 月 20 日，莫桑比克同南非就建立联合常设合作委员会问题达成了协议。为了加强两国间的经济合作，两国于 1991 年建立了两国国家首脑经济论坛。该论坛每季度由南非总统或莫桑比克总统主持召开，两国相关部门的部长或官员参加，两国之间战略性的项目要经过两国首脑经济论坛讨论。此外，莫桑比克在南非总统塔博·姆贝基倡导的非洲复兴计划中发挥着重要作用，两国之间经常举行总统会议、部长会议和官员会议。南非企业在莫桑比克占有重要的位置，承揽重要的工程项目，也促进了两国关系的发展。

南非曾经是莫桑比克第一大投资国。2008 年，来自南非的直接投资额达到 1.60 亿美元，占全年外国投资的 27%，比第二大投资来源国巴西投资额高近 10%。然而随着莫桑比克投资环境改善，特别是新的自然资源的发现，南非投资比重逐渐降低，2015 年，南非的直接投资额为 2.36 亿美元，仅占莫桑比克全年吸收外国投资的 6.4%。

莫桑比克和南非间的公路和铁路网络将彼此的经济紧密地联系在一起。目前，更新扩建南非的豪登省、姆普马兰加省通往莫桑比克的公路、铁路和港口是两国经济建设的核心，成为两国重点合作领域。按照南部非洲发展共同体目前推行的实现经济一体化的计划和政策措施，南非、莫桑比克和斯威士兰三国政府开始实施边界地区开发计划，例如卢姆博跨界开发计划、大林波波跨界公园、贝拉走廊和纳卡拉走廊等。这些合作的基础设施开发项目和边界地区开发项目，可以利用互补优势，共享基础设施、便利条件、自然资源和人力资源，提高本地区的市场竞争能力和吸引国际投资的能力。莫桑比克已经同南非和斯威士兰确定了一些待开发的跨界工程项目，并处于实施过程之中。

南非是莫桑比克最重要的贸易伙伴。据世界银行统计，2015 年，双边贸易额达到 29.64 亿美元，其中莫出口 5.84 亿美元，进口 23.8 亿美元，进口额占莫桑比克进口总额的 33.6%，居进口国家首位。2008 ~ 2015 年，莫桑比克对南非累计出口 48.77 亿美元，平均每年 6.10 亿美元；从南非进口累计 163.59 亿美元，平均每年 20.45 亿美元。其中 2013 年进口额最大，达到 33.02 亿美元。

2000 年、2001 年以及 2019 年莫桑比克发生洪水灾害期间，南非积极援助莫桑比克受灾民众，多次派军队和飞机深入莫桑比克灾区抢险救灾。此外，南非向莫桑比克提供了大量的食品和医药物品援助。

三 与坦桑尼亚的关系

尼雷尔领导下的坦桑尼亚同莫解阵领导下的莫桑比克结成了亲密的联盟，但双方对社会主义原则在非洲背景下如何具体实施存在着不同的看法。在坚决反对殖民统治和种族主义统治的立场方面，坦桑尼亚和莫桑比克同样始终如一并患难与共，莫解阵就是在尼雷尔的大力推动之下在达累斯萨拉姆建立的。坦桑尼亚对莫解阵早期斗争的有力支持和援助，对莫桑比克的民族解放斗争，尤其是长期的游击战争顺利展开、持久存在并深入发展起到重要作用。在莫桑比克解放战争初期，莫解阵高级官员在坦桑尼亚的首都建立了办公系统。坦桑尼亚还为莫解阵游击队提供训练基地、后勤供应线以及其他一些军事援助，并为躲避战火的莫桑比克难民提供营地和教育中心等。

在莫桑比克独立以后，为了加强两国之间在银行、卫生、财政和贸易等领域的协调与合作，莫桑比克同坦桑尼亚建立了联合协调委员会，由双方各派 8 名内阁部长组成。两国还试图从 1984 年开始逐渐建立一个自由贸易区。但由于莫桑比克长期陷入内战，再加上两国之间的陆路交通条件恶劣，这方面的进展十分缓慢。坦桑尼亚还积极支持莫桑比克政府打击“莫抵运”的军事斗争，坦桑尼亚的军事教官曾到楠普拉省的军事学院执教，并一度派军队直接参加莫桑比克政府军对“莫抵运”的战斗。

在 2000 年莫桑比克发生特大洪水灾害期间，虽然坦桑尼亚在过去的 3 年主要粮食作物玉米严重歉收，但还是决定从本国的粮食库存中向莫桑比克受灾群众捐赠 1000 吨玉米。坦桑尼亚外交部的一位发言人说：“坦桑尼亚政府决定捐赠这些粮食，以示同莫桑比克人同甘共苦。”

四 与赞比亚的关系

莫桑比克同赞比亚的关系一直比较和谐。在20世纪70年代早期，赞比亚是莫解阵的可靠基地。赞比亚的支持对莫解阵取得民族解放事业的胜利发挥了重要作用。赞比亚的国际贸易需要利用莫桑比克的沿海港口，这又有利于两国的经济合作和发展，进而构成了双方关系的牢固基础。1976年，两国签署协议，成立类似于莫桑比克同坦桑尼亚之间的联合协调委员会，以加强两国之间的合作。

在促成莫桑比克结束内战的和谈过程中，赞比亚领导人发挥了积极的协调作用。1990年12月，德拉卡马到卢萨卡的政府宾馆同赞比亚总统肯尼思·卡翁达举行会晤，商讨结束莫桑比克内战的问题。在他们的第一次会晤中，卡翁达没能成功地说服德拉卡马放弃抵抗，并同希萨诺进行面对面的会谈。在第二轮磋商中，德拉卡马向卡翁达提交了同希萨诺进行直接会谈的前提条件清单，请他转交希萨诺。当时，卡翁达同意转达德拉卡马的请求：希萨诺在其讲话中停止指称“莫抵运”为“匪帮”，国家控制的媒体同样要放弃用“匪帮”这一称谓，以此作为和解的象征。卡翁达于1991年1月与希萨诺会晤，讨论其与德拉卡马会谈的结果。

在1991年以后，为了协调在莫桑比克和平进程中同津巴布韦的关系，卡翁达逐渐淡化了其在该进程中的影响。

2007年，赞比亚发展署与莫桑比克出口促进局签署了一份备忘录，旨在加强双方的贸易促进联系，发展和扩大双边合作、贸易和投资。2015年，赞比亚首都卢萨卡至莫桑比克贝拉港的快速货运列车开通运营，线路全程逾1000公里，单程运行时间2天。首列车包括20个集装箱平台，共可搭载240个集装箱，月度货运能力10000吨。新货运列车将由赞比亚铁路公司、津巴布韦国家铁路公司和莫桑比克港口与铁路公司联合管理，共同提供机车、车厢等运输装备。同年，莫桑比克马尼卡省玛卡特区（Macate）出口60000公斤香蕉到赞比亚，获取了较大的经济利益。

五 与马拉维的关系

在历史上莫桑比克同马拉维之间的关系比较微妙。在莫桑比克民族独立战争期间，葡萄牙殖民政权曾以破坏马拉维通过莫桑比克境内港口的贸易活动为要挟，阻止其支持莫解阵的民族解放斗争，所以，马拉维在莫桑比克解放战争期间一直同葡萄牙保持外交关系，而且没有为莫解阵提供支持和援助。从 1983 年开始，马拉维开始同莫桑比克合作打击“莫抵运”反政府势力，但两国边境地区山高林密，而且相同的族体跨境而居，这种情况决定了两国的合作效果难以如愿。1986 年，在莫桑比克和其他南部非洲国家的压力下，马拉维政府允诺驱逐“莫抵运”。

在莫桑比克内战结束以后，两国加紧在经济领域的合作与交流，不断取得新的进展。其中的成果之一就是两国铁路运输走廊的重新开通。内战期间遭严重破坏的纳卡拉走廊，经多年修建于 2000 年 9 月正式开通。该走廊的正式开通促进了两国农业、矿业和旅游业的发展。此外，马拉维还同莫桑比克积极开辟其他经济领域的合作。马拉维南部地区的姆兰杰山脉中蕴藏着大量的铝土矿，马拉维政府希望将这些铝土矿出售给莫桑比克的莫桑比克铝业。这既有益于马拉维创造就业机会，又可削减莫桑比克从澳大利亚进口铝原材料所耗费的成本。

六 与其他非洲国家的关系

莫桑比克和纳米比亚距离遥远，但莫桑比克在独立以后积极支持纳米比亚西南非洲人民组织的斗争。在迫使西方国家压迫南非接受联合国安理会第 435 号决议的过程中，莫桑比克外交官员发挥了积极的作用。按照该决议，纳米比亚确定了多数统治的原则，并举行国际监督下的全国大选。该协议的实施，最终结束了南非的殖民地统治，确立了西南非洲人民组织的胜利和纳米比亚的最终独立。

莫桑比克同非洲其他的葡语国家存在着天然的内在联系。安哥拉和几内亚比绍是同莫桑比克具有相同经历的两个非洲国家——共同遭受葡萄牙的殖民统治，并肩进行民族解放斗争。莫解阵一度将安哥拉人民解放运动看作非洲唯一真正的马克思列宁主义党派，因而双方在意识形态领域一直是密切的伙伴。

在莫桑比克独立不到10年的时间内，非洲5个葡语国家安哥拉、佛得角、几内亚比绍、莫桑比克以及圣多美和普林西比举行了多次首脑会议，协调其外交政策，并在经济和贸易合作方面制定共同遵守的规则。

第六节　与国际组织的关系

莫桑比克在独立后积极加入国际组织，在国际事务中积极发挥作用。莫桑比克目前已经参加了如下国际组织或集团：非洲、加勒比和太平洋地区国家集团（简称非加太集团），非洲开发银行，英联邦，南部非洲关税联盟，联合国非洲经济委员会，联合国粮农组织，世界银行，国际民用航空组织，欧洲自由贸易联盟，国际放射性核素计量学委员会，国际开发协会，伊斯兰开发银行，国际农业发展基金，国际金融公司，红十字会与红新月会国际联合会，国际水文组织，国际劳工组织，国际货币基金组织，国际海事组织，国际奥林匹克委员会，国际移动卫星组织，国际通信卫星组织，国际刑事警察组织，国际电信联盟，非洲联盟，伊斯兰合作组织，南部非洲发展共同体，联合国，联合国贸易和发展会议，联合国教科文组织，联合国工业发展组织，万国邮政联盟，世界卫生组织，世界知识产权组织，世界旅游组织，世界贸易组织等。

此外，莫桑比克是国际移民组织的观察员国和国际标准化组织的协调员国。莫桑比克还是葡萄牙语国家共同体和环印度洋联盟的成员国。莫桑比克还积极参与葡语国家共同体的建设和发展。该共同体于1996年7月17日在葡萄牙首都里斯本成立，成员国包括巴西、葡萄牙、佛得角、几内亚比绍、莫桑比克、安哥拉、圣多美和普林西比7个以葡萄牙语为官方语言的国家，地跨欧洲、南美洲和非洲。共同体的宗旨是在相互支持、相互尊重的基础上进行政治协商以及在经济、文教和社会等领域开展合作。2000年7月17~18日，莫桑比克作为葡语国家共同体轮值主席国在马普托举办了共同体第三届首脑会议。会议发表了呼吁葡语国家加强政治、经济、文化等多方面合作的《马普托宣言》，全面阐述了葡语国家共同体进行全面合作的要求。

在联合国各种机构及其他国际组织中，莫桑比克一般坚持原则性与灵活性结合的政策。作为不结盟运动的成员国，莫桑比克坚持不结盟政策，但反对不结盟运动采取不辨是非的完全中立路线和政策。此外，加强同世界经济领域的合作是莫桑比克积极参加国际组织的主要目标之一。非加太集团与欧盟自 1956 年《罗马条约》签订以来发展合作已有半个多世纪。作为非加太集团的成员国，莫桑比克积极同欧盟开展合作，每年得到欧盟的经济援助。莫桑比克还是非洲联盟和南部非洲发展共同体成员国。南部非洲发展共同体在南部非洲地区的政治和经济生活中发挥着越来越重要的作用。1994 年 12 月，莫桑比克成为伊斯兰合作组织的第 52 个正式成员国。莫桑比克加入伊斯兰合作组织，一方面扩大了国际援助的来源，另一方面满足了国内人数众多的穆斯林的要求和愿望。

在非洲合作与发展问题上，莫桑比克积极支持非洲国家联合自强的方针政策，积极参与非洲统一组织和非洲地区组织的活动，维护非统等非洲国家组织的团结。例如，在 2000 年 7 月非统首脑会议在多哥首都洛美举行之前，由于多哥政府在安哥拉国内冲突中采取了支持安哥拉反政府武装的立场，违犯了联合国安理会的制裁决议，因此安哥拉拒绝参加在多哥举行的非统首脑会议。安哥拉政府为此发起外交攻势，说服非统成员国抵制洛美首脑会议，还要求时任南部非洲发展共同体轮值主席国的莫桑比克组织共同体成员国集体抵制洛美首脑会议。但莫桑比克外交与合作部长西芒在 6 月 23 日宣布，莫桑比克不会抵制在洛美举行的非统首脑会议。西芒强调，安哥拉政府要求抵制洛美首脑会议或许有一定的道理，但“我们必须根据非洲国家的整体利益来考虑问题，应当尽力避免使非统发生破裂”。他说，在这个问题上，我们现在应当做的是“确保联合国对安盟的制裁得到全面执行，而不是在非洲国家之间制造新的矛盾”。

莫桑比克还积极促进非洲联盟的发展壮大。非洲统一组织于 1999 年 9 月在利比亚的苏尔特举行特别首脑会议，通过了《苏尔特宣言》，决定成立非洲联盟，并确定了非洲政治、经济和社会一体化目标。2000 年 7

月在洛美举行的非统第36届首脑会议通过了《非洲联盟章程草案》。2000年11月23日，莫桑比克总统希萨诺在非洲统一组织总部亚的斯亚贝巴签署了《非洲联盟章程草案》，莫桑比克从而成为签署该项文件的第32个非洲国家。希萨诺在签字仪式上强调，《非洲联盟章程草案》是一项关系到非洲国家命运的“重要文件”，所以他决定亲自到非洲统一组织总部签署这一文件。2001年3月，在苏尔特召开的非洲统一组织特别首脑会议上，非洲联盟正式宣告成立。

1997年英联邦政府首脑会议在苏格兰爱丁堡举行，莫桑比克首次作为正式成员国出席会议，从此开始在英联邦事务中发挥作用。

自加入英联邦以来，莫桑比克积极参加其内部的一系列事务和活动。莫桑比克以英联邦成员国的身份有力地促进种族主义制度结束以后南部非洲地区的经济合作和一体化进程，加强和巩固了现有的共同文化遗产，便利了不同民族间的沟通与合作。

莫桑比克从英联邦成员国提供的培训项目中受益。为了适应津巴布韦、纳米比亚和南非等英联邦国家的多语言模式，莫桑比克对教育体制进行了调整，在小学早期教育阶段引入英语和当地语言，促进与邻国之间教学课本的交流。莫桑比克高等教育的发展也得益于英联邦国家大学——包括那些实行双语制的大学的经验和学术交流。

在行政管理方面，莫桑比克积极探讨和借鉴英联邦非洲成员国的经验，寻求在人力资源开发和交流领域的合作，借鉴其他成员国的经验，设置公共服务委员会、组织地方选举等。此外，在立法及防范与解决冲突方面，英联邦国家也为莫桑比克提供了有益的帮助。

莫桑比克同世界银行和国际货币基金组织等国际金融机构的关系经历了一个复杂的过程。由于长期遭受国际资本主义的剥削，莫桑比克在独立初期对于主要由西方发达资本主义国家控制的世界银行和国际货币基金组织等机构一直采取怀疑和戒备的态度。在80年代中期以前，莫桑比克曾断然拒绝向这两个国际金融机构申请贷款的建议。莫桑比克认为，这两个机构向申请贷款的国家提出的前提条件将损害本国的经济主权。因此，尽管莫桑比克希望同欧洲经济共同体建立联系，但在首次签署《洛美协定》

时，莫桑比克还是保留了自己的态度。

80 年代中期，随着国内经济改革开始进行，莫桑比克越来越需要大批的国际资金和贷款来实施经济改革计划。因而在 1984 年，莫桑比克加入了国际货币基金组织、世界银行和国际金融公司等国际金融机构。从 1987 年开始，莫桑比克政府开始实施经济复兴计划，进行大规模市场改革和经济结构调整，处理宏观经济扭曲和不平衡、市场自由化和私有化等重要问题。为了赢得国际金融机构的支持，莫政府于同年与世界银行和国际货币基金组织签署了结构调整协议，以缩减财政赤字，将国有企业私有化，扭转经济下降颓势。此后，世界银行和国际货币基金组织全面参与莫桑比克经济发展规划和经济体制改革进程。莫桑比克此后的不少重大社会经济政策都是根据这两个国际金融机构的建议制定的。

促进南部非洲国家的合作，实现地区经济互补和共同发展，是莫桑比克积极参与南部非洲国家组织的动因之一。

在经济领域，莫桑比克独立后采取措施加强与邻国的联系和合作。1979 年 5 月，非洲前线国家外长在哈博罗内举行会议，首次讨论了地区经济合作的问题。1979 年 7 月，前线国家和国际捐助机构在坦桑尼亚举行的阿鲁沙会议上决定加强成员国之间的经济合作，将前线国家联盟扩展为经济合作组织，莫桑比克代表团为此发挥了重要的作用。为了落实阿鲁沙会议精神，减少南部非洲国家对南非的经济依赖，开发各国的资源以实现自力更生、合作实施对各国和整个地区有积极影响的工程项目以及争取国际社会的理解与支持，莫桑比克、坦桑尼亚、津巴布韦、斯威士兰、赞比亚、马拉维、安哥拉、博茨瓦纳和莱索托九国于 1980 年 4 月 1 日在赞比亚首都卢萨卡举行首脑会议。会议发表了《南部非洲：奔向经济解放》（又称“卢萨卡宣言”），宣布成立南部非洲发展协调会议。宣言指出，成员国推行政策的目标是寻求实现地区经济的自主性，减少对南非经济的依赖，促进整个地区经济全面平衡发展。

随着南非在 80 年代末 90 年代初启动政治改革和向民主政治过渡，推动整个南部非洲经济发展成为该地区各国的共识，为此南部非洲国家于 1992 年 8 月 17 日在纳米比亚首都温得和克举行首脑会议，签署了成立南部非洲发展共同体的宣言和条约，莫桑比克是这个组织的创始成员国。南部非洲发展共同体取代了南部非洲发展协调会议，在地区经济、政治和社会发展中开始发挥越来越大的作用。

在南部非洲发展共同体中，莫桑比克负责文化、信息、体育部门以及交通运输和通信部门的协调工作，负责为这两个部门的政策、战略和优先发展项目提供建议，处理这两个部门的发展事宜，并向部长委员会提交部门报告等。

在南部非洲发展共同体中，莫桑比克积极参加共同体的活动，签署或批准了有关共同体建设和发展的一系列条约或协定。莫桑比克已签署或批准的条约或协定包括《南部非洲地区分享水资源系统协定》《南部非洲地区打击非法走私毒品协定》《能源协定》《矿产协定》《贸易协定》《交通运输、通信与气象协定》《教育与培训协定》《旅游协定》《野生动植物保护和法律实施协定》《卫生协定》等。

莫桑比克历史发展脉络梳理

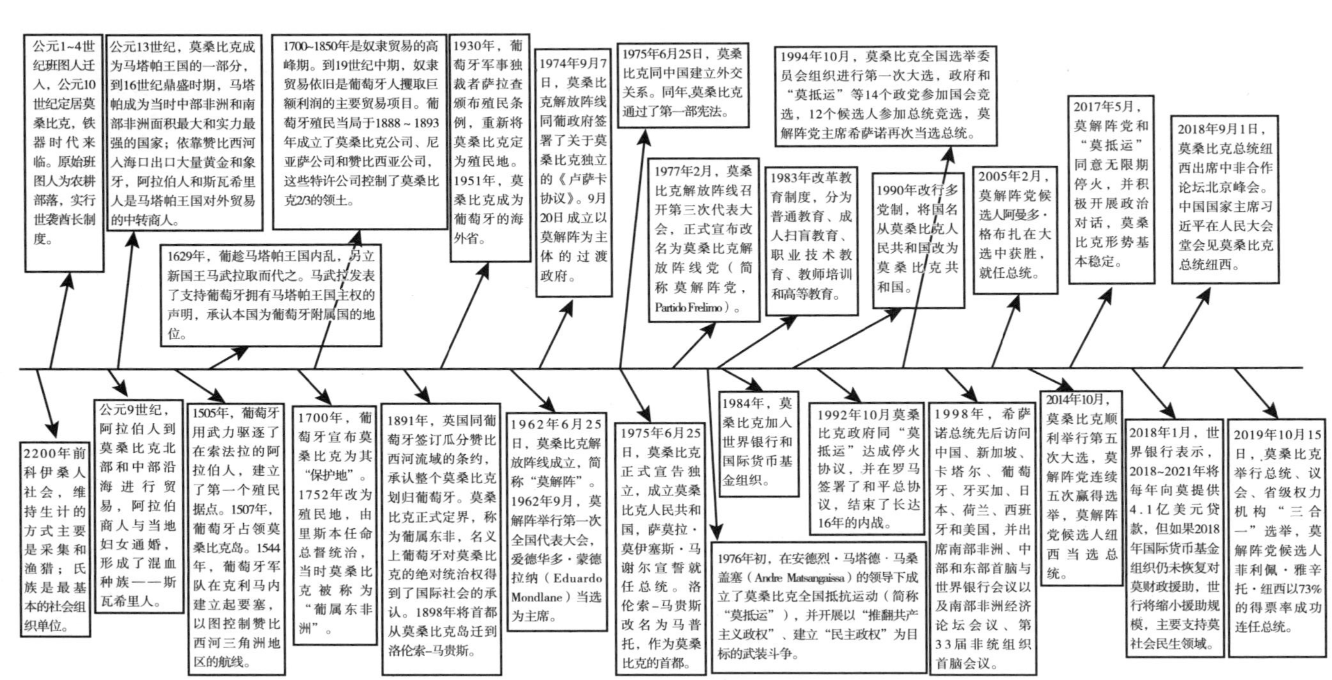

大事纪年

公元1～4世纪	来自非洲北部地区的班图人陆续迁入莫桑比克。
9世纪	阿拉伯人开始到莫桑比克北部和中部沿海进行贸易。
15世纪中叶	莫桑比克成为姆韦尼·马塔帕王国的一部分。
1498年	葡萄牙探险家瓦斯科·达·伽马率领船队首次来到莫桑比克。
1505年	葡萄牙用武力驱逐了在索法拉的阿拉伯人，建立了第一个殖民据点。
1629年	莫桑比克国王马武拉承认本国为葡萄牙附属国的地位，葡萄牙取得了对莫桑比克内陆地区的支配权。
17世纪中叶	葡萄牙开始从莫桑比克输出奴隶。
1752年	莫桑比克正式成为葡萄牙的殖民地，被称为“葡属东非洲”，由里斯本任命的总督统治。
1891年	英国同葡萄牙签订协议瓜分赞比西河流域，承认整个莫桑比克划归葡萄牙。
1962年	莫桑比克解放阵线成立，简称“莫解阵”。
1965年	葡萄牙首次允许西方资本独自在莫桑比克进行投资。
1975年	莫桑比克正式宣告独立，成立莫桑比克人民共和国，萨莫拉·马谢尔宣誓就任总统；中国同莫桑比克建立外交关系；莫桑比克共和国的第一部宪

	法生效。
1976 年初	莫桑比克全国抵抗运动（简称“莫抵运”）成立，莫桑比克内战开始。
1983 年	改革教育制度，分为普通教育、成人扫盲教育、职业技术教育、教师培训和高等教育。
1984 年	莫桑比克加入了世界银行和国际货币基金组织。
1986 年	莫桑比克总统萨莫拉·马谢尔因空难去世，希萨诺继任为莫桑比克总统。
1990 年 8 月 15 日	莫桑比克改行多党制，国家名称从“莫桑比克人民共和国”改为“莫桑比克共和国”。
1992 年	莫桑比克政府同“莫抵运”达成停火协议，结束了长达 16 年的内战。
1994 年	莫桑比克举行第一次多党选举，希萨诺当选为莫桑比克共和国第一任民选总统。
1998 年	希萨诺总统先后访问中国、新加坡、卡塔尔、葡萄牙、牙买加、日本、荷兰、西班牙和美国，并出席南部非洲、中部和东部首脑与世界银行会议以及南部非洲经济论坛会议、第 33 届非洲统一组织首脑会议。
2004 年	莫解阵党候选人阿曼多·格布扎在大选中获胜并于 2005 年就任总统。
2006 年	世界银行免除了莫桑比克大部分债务。
2014 年	莫桑比克顺利举行第五次大选，莫解阵党连续第五次赢得选举，莫解阵党候选人纽西当选总统。
2015 年	莫桑比克宣布完成全国排雷工作。
2016 年	莫桑比克贷款丑闻曝光，一些国家和国际金融机构切断对莫桑比克的经济援助，导致莫桑比克陷入 40 多年来最严重的金融危机。
2017 年	莫解阵党和“莫抵运”同意无限期延长停火时间，

	并积极展开政治对话，莫桑比克形势基本稳定。
2018 年	莫桑比克总统纽西出席中非合作论坛北京峰会；国家主席习近平在人民大会堂会见莫桑比克总统纽西。
2019 年	强热带气旋“伊代”在索法拉省造成大面积洪水和人员伤亡；纽西总统赢得连任。
2021 年 11 月 28 日	中国国务委员兼外长王毅在达喀尔会见出席中非合作论坛第八届部长级会议的莫桑比克外长马卡莫。
2022 年 7 月 4 日	莫桑比克总统纽西在马普托会见中共中央政治局委员、中央外事工作委员会办公室主任杨洁篪。
2023 年 4 月 13 日	中国外交部国际司司长申博在北京同莫桑比克外交与合作部国际司司长瓦耶内举行中莫（桑比克）联合国安理会事务磋商。

参考文献

一 中文文献

联合国非经委、非洲开发银行、非盟委员会：《非洲统计年鉴》，2018。

联合国开发计划署：《人类发展报告》，1998。

联合国开发计划署：《人类发展报告》，2005。

联合国开发计划署：《人类发展报告》，2010。

联合国开发计划署：《人类发展报告》，2018。

联合国粮农组织：《粮食与农业状况（1997年）》（中文版），1997。

梅人朗：《莫桑比克的卫生保健和医学教育》，《国外医学：医学教育分册》1996年第4期。

中华人民共和国农业部国际交流服务中心：《非洲农业国别调研报告集》第8辑，中国农业科学技术出版社，2015。

中华人民共和国商务部：《对外投资合作国别（地区）指南（莫桑比克）》，2017。

二 外文文献

Allen Isaacman & Barbara Isaacman, *Mozambique from Colonialism to Revolution, 1900 – 1982*, Bounder: Westview Press, 1983.

Allen Isaacman, *A Luta Continua: Creating a New Society in Mozambique*, New York: Binghamton, 1978.

Barbara Isaacman and Allen Isaacman, "A Socialist Legal System in the Making: Mozambique before and after Independence," Richard Abel, ed., *The Politicis of Informal Justice*, New York, 1980, pp. 307 – 310.

Donor Funds Needed for Demining, IRIN, Johannesburg, August 24, 2000.

Eric Axelson, *Portuguese in South-East Africa, 1600 – 1700*, Johannesburg: Witwatersrand, 1960.

Government Revises Economic Plan, IRIN, Johannesburg, September 13, 2000.

IMF Eases Economic Reform Pressure, IRIN, Maputo, December 6, 2000.

James Ciment, *Angola and Mozambique*, *Postcolonial Wars in Southern Africa*, Facts on File, Inc., 1997, p. 227.

Mozambique News Agency AIM Reports, No. 157, May 10, 1999.

Mozambique News Agency AIM Reports, No. 168, November 9, 1999.

Mozambique News Agency AIM Reports, No. 180, April 5, 2000.

Mozambique News Agency AIM Reports, No. 196, December 5, 2000.

World Trade Organization, Trade Policy Review (Mozambique), 2017.

World Health Organization and United Nations Children's Fund, National Decision Making for Primary Health Care, Geneva, 1981.

三　主要网站

德国外交部：https：//www. auswaertiges – amt. de。

法国外交部：http：//www. diplomatie. gouv. fr。

防务网：https：//www. defenceweb. co. za。

进步通信协会：https：//www. apc. org。

联合国粮农组织：http：//www. fao. org。

美国国务院历史学家办公室：https：//history. state. gov。

美国政府官网：http：//www. state. gov。

莫桑比克国家统计局：http：//www. ine. gov. mz。

莫桑比克政府官网：https：//www. portaldogoverno. gov. mz。

欧盟对外行动署：https：//eeas. europa. eu。

全球火力网：https：//www. globalfirepower. com。

日本外务省：https：//www. mofa. go. jp。

世界银行国别数据库：https：//data. worldbank. org. cn/country。

英国政府门户网：https：//www. gov. uk。

中华人民共和国商务部：http：//www. mofcom. gov. cn。

中华人民共和国外交部：https：//www. mfa. gov. cn。

索　引

新版《列国志》总书目

亚洲

阿富汗
阿拉伯联合酋长国
阿曼
阿塞拜疆
巴基斯坦
巴勒斯坦
巴林
不丹
朝鲜
东帝汶
菲律宾
格鲁吉亚
哈萨克斯坦
韩国
吉尔吉斯斯坦
柬埔寨
卡塔尔
科威特
老挝
黎巴嫩
马尔代夫
马来西亚
蒙古国
孟加拉国
缅甸
尼泊尔
日本
沙特阿拉伯
斯里兰卡
塔吉克斯坦
泰国
土耳其
土库曼斯坦
文莱
乌兹别克斯坦
新加坡
叙利亚
亚美尼亚
也门
伊拉克
伊朗
以色列
印度
印度尼西亚
约旦
越南

非洲

阿尔及利亚
埃及
埃塞俄比亚
安哥拉
贝宁
博茨瓦纳
布基纳法索
布隆迪
赤道几内亚
多哥
厄立特里亚
佛得角
冈比亚
刚果共和国
刚果民主共和国
吉布提
几内亚
几内亚比绍
加纳
加蓬
津巴布韦
喀麦隆
科摩罗
科特迪瓦
肯尼亚
莱索托
利比里亚
利比亚
卢旺达
马达加斯加
马拉维
马里
毛里求斯
毛里塔尼亚
摩洛哥
莫桑比克
纳米比亚
南非
南苏丹
尼日尔
尼日利亚
塞拉利昂
塞内加尔
塞舌尔
圣多美和普林西比
斯威士兰
苏丹
索马里
坦桑尼亚
突尼斯
乌干达
赞比亚
乍得
中非

欧洲

阿尔巴尼亚
爱尔兰
爱沙尼亚
安道尔

奥地利
白俄罗斯
保加利亚
北马其顿
比利时
冰岛
波兰
波斯尼亚和黑塞哥维那
丹麦
德国
俄罗斯
法国
梵蒂冈
芬兰
荷兰
黑山
捷克
克罗地亚
拉脱维亚
立陶宛
列支敦士登
卢森堡
罗马尼亚
马耳他
摩尔多瓦
摩纳哥
挪威
葡萄牙
瑞典
瑞士
塞尔维亚
塞浦路斯
圣马力诺
斯洛伐克
斯洛文尼亚
乌克兰
西班牙
希腊
匈牙利
意大利
英国

美洲

阿根廷
安提瓜和巴布达
巴巴多斯
巴哈马
巴拉圭
巴拿马
巴西
秘鲁
玻利维亚
伯利兹
多米尼加
多米尼克
厄瓜多尔
哥伦比亚
哥斯达黎加
格林纳达
古巴
圭亚那
海地
洪都拉斯
加拿大
美国
墨西哥

尼加拉瓜
萨尔瓦多
圣基茨和尼维斯
圣卢西亚
圣文森特和格林纳丁斯
苏里南
特立尼达和多巴哥
危地马拉
委内瑞拉
乌拉圭
牙买加
智利

大洋洲

澳大利亚
巴布亚新几内亚
斐济
基里巴斯
库克群岛
马绍尔群岛
密克罗尼西亚
瑙鲁
纽埃
帕劳
萨摩亚
所罗门群岛
汤加
图瓦卢
瓦努阿图
新西兰

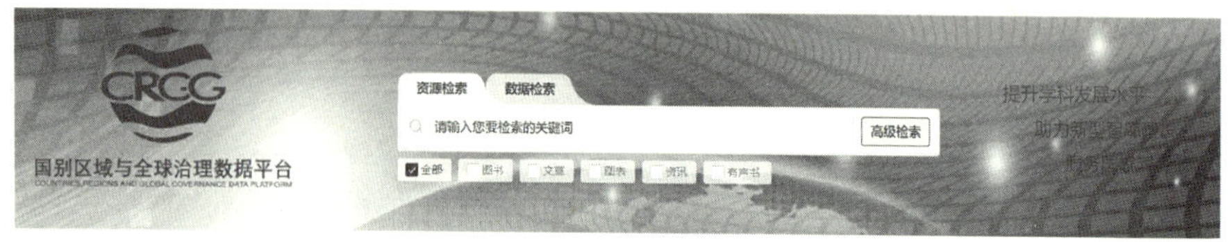

国别区域与全球治理数据平台

www.crggcn.com

“国别区域与全球治理数据平台”（Countries, Regions and Global Governance Data Platform, CRGG）是社会科学文献出版社重点打造的学术型数字产品，对接新一级交叉学科区域国别学，围绕国别研究、区域研究、国际组织研究、全球智库研究等领域，全方位整合一手数据、基础信息、科研成果，文献量达 30 余万篇。该产品已建设成为国别区域与全球治理数据资源与研究成果整合发布平台，可提供包括资源获取、科研技术服务、成果发布与传播等在内的多层次、全方位的学术服务。

从国别区域和全球治理研究角度出发，“国别区域与全球治理数据平台”下设国别研究数据库、区域研究数据库、国际组织数据库、全球智库数据库、学术专题数据库、学术资讯数据库和辅助资料数据库 7 个数据库。在资源类型方面，除专题图书、智库报告和学术论文外，平台还包括数据图表、档案文献和学术资讯。在文献检索方面，平台支持全文检索、高级检索，并可按照相关度和出版时间进行排序。

“国别区域与全球治理数据平台”应用广泛。针对高校及区域国别科研机构，平台可提供专业的知识服务，通过丰富的研究参考资料和学术服务推动区域国别研究的学科建设与发展，提升智库学术科研及政策建言能力；针对政府及外事机构，平台可提供咨政参考，为相关国际事务决策提供理论依据与资讯支持，切实服务国家对外战略。

数据库体验卡服务指南

※100 元数据库体验卡，可在“国别区域与全球治理数据平台”充值和使用

充值卡使用说明：

第 1 步 刮开附赠充值卡的涂层；

第 2 步 登录国别区域与全球治理数据平台（www.crggcn.com），注册账号；

第 3 步 登录并进入“会员中心”→“在线充值”→“充值卡充值”，充值成功后即可使用。

声明

最终解释权归社会科学文献出版社所有

客服电话：010-59367072

客服邮箱：crgg@ssap.cn

欢迎登录社会科学文献出版社官网（www.ssap.com.cn）和国别区域与全球治理数据平台（www.crggcn.com）了解更多信息

社会科学文献出版社
SOCIAL SCIENCES ACADEMIC PRESS (CHINA)
卡号：3658986700034692
密码：

图书在版编目（CIP）数据

莫桑比克 / 张传红，张宝增编著．-- 北京：社会科学文献出版社，2023.6

（列国志：新版）

ISBN 978-7-5228-0472-9

Ⅰ．①莫… Ⅱ．①张… ②张… Ⅲ．①莫桑比克-概况 Ⅳ．①K947.1

中国版本图书馆 CIP 数据核字（2022）第 133213 号

·列国志（新版）·

莫桑比克（Mozambique）

编　　著 / 张传红　张宝增

出 版 人 / 王利民
组稿编辑 / 高明秀
责任编辑 / 叶　娟
文稿编辑 / 徐　花
责任印制 / 王京美

出　　版 / 社会科学文献出版社·国别区域分社（010）59367078
地址：北京市北三环中路甲 29 号院华龙大厦　邮编：100029
网址：www.ssap.com.cn
发　　行 / 社会科学文献出版社（010）59367028
印　　装 / 三河市尚艺印装有限公司

规　　格 / 开 本：787mm × 1092mm　1/16
印 张：17.75　插 页：1　字 数：259 千字
版　　次 / 2023 年 6 月第 1 版　2023 年 6 月第 1 次印刷
书　　号 / ISBN 978-7-5228-0472-9
定　　价 / 89.00 元

读者服务电话：4008918866